南京博物院学人丛书

嵇亚林文集

南京博物院　编

文物出版社

图书在版编目（CIP）数据

嵇亚林文集 ／ 南京博物院编．－－ 北京 ： 文物出版
社，2020.7
　（南京博物院学人丛书）
　ISBN 978-7-5010-6701-5

　Ⅰ．①嵇… Ⅱ．①南… Ⅲ．①书画艺术－中国－文集
②博物馆事业－中国－文集 Ⅳ．①J212-53
②G269.2-53

　中国版本图书馆CIP数据核字(2020)第087154号

嵇 亚 林 文 集

编　　者：南京博物院

封面设计：刘　远
责任编辑：彭家宇　秦　彧
责任印制：苏　林

出版发行：文物出版社
地　　址：北京市东直门内北小街2号楼
邮　　编：100007
网　　址：http://www.wenwu.com
邮　　箱：web@wenwu.com
印　　刷：北京荣宝艺品印刷有限公司
经　　销：新华书店
开　　本：889mm×1194mm　1/16
印　　张：20.75
版　　次：2020年7月第1版
印　　次：2020年7月第1次印刷
书　　号：ISBN 978-7-5010-6701-5
定　　价：210.00元

南京博物院

人书

学丛

嵇亚林

2015 年 12 月 31 日，召开中共南京博物院委员会全体党员大会

2015 年 9 月，故宫博物院院长单霁翔欢迎南京博物院副院长刘文涛挂职故宫博物院

2016 年 7 月 13 日，南京博物院领导干部"一岗双责"责任书签字仪式

2016 年 4 月 26 日，"佛光菜根谭——星云书法展"在南京博物院开幕时与星云大师合影

2007 年 8 月 22 日，与南非民间艺人在一起

2013 年 7 月 16 日，参访美国大都会艺术博物馆

2016 年 7 月 4 日，考察古罗马斗兽场

2016 年 8 月 12 日，应邀出席中台世界博物馆落成大典，中台禅寺住持见灯法师接收南京博物院贺礼

2016 年 11 月 29 日，法兰西艺术院院士胡日蒙、通讯院士迪迪耶在巴黎中国文化中心原主任殷福的陪同下来到南京博物院参观访问

2015 年 10 月 22 日，接待法国驻华使馆文化参赞罗文哲（M. Robert Lacombe）一行赴南京博物院交流访问

2016年南京博物院院领导及相关部门负责人检查民国馆安全保障措施

2017年8月19日，"闲墨澄怀——嵇亚林绘画展"在南京博物院艺术馆大观厅开幕，江苏省文化厅党组书记、厅长徐耀新，江苏省文化厅巡视员、全国中国画学会副会长、江苏省中国画学会会长高云，江苏省文化厅党组成员、副厅长、南京博物院院长龚良，江苏省文化厅党组成员、副厅长方标军，江苏省美术家协会原主席、江苏省国画院原院长宋玉麟，盐城市文化广电新闻出版局局长季德荣等领导、嘉宾出席开幕仪式

2016 年 7 月，与巢臻、张晓婉出席意大利米兰国际博物馆协会第 24 届全体大会

2004 年 11 月，出席香港特别行政区主办的亚洲文化合作论坛

凡　例

（一）为了传承先辈学者的治学精神，介绍当代学者的研究成果和治学方法，也为了激励青年学人的学术热情，探索一条新时期可持续的学术途径，南京博物院决定编辑《南京博物院学人丛书》，陆续出版我院学人的学术论著，以集中展示我院的整体学术面貌和科研水准。

（二）学人丛书以个人的形式推出文集，定名"ＸＸ文集"。每集40万字左右，对于著述量较多的文集，则又根据内容分成若干专辑，冠以"ＸＸ卷"，如"考古卷"、"博物馆卷"、"文物科技卷"等。

（三）学人丛书以严谨审慎的态度认真遴选，尤其注重著述的学科意义和学术史价值，原则上只收录已公开发表的学术论文，不能体现作者学术水平的杂谈、小品、通讯等一般不予收录。

（四）学人丛书各卷编排一般以内容题材和发表时间并行的原则编定次序，以见专题性和时代性。

（五）大凡学术著述多受作者所处时代环境之制约，征引、论断未必尽善。诸如此类，学人丛书一般未予匡正，以存历史原貌，使之真实地再现每位作者撰述时的时代气氛和思想脉络。对于入选论文，在文末以按语的方式附简单说明，主要介绍写作背景、发表或出版等情况，基本不做主观评价。

（六）学人丛书一般改正原稿中的个别错字，删除衍文，包括古今字、异体字、纪年、数字、标点等，一律按国家语言文字工作委员会颁布之标准体处理，而少量的未刊稿则酌情进行细微的文字处理。

（七）各卷前刊主编撰写的总序一篇，阐明学人丛书编纂缘起和意义等，以便读者对该丛书获致一轮廓性的了解。同时，设有前言或序（作者自序或由直系亲属决定的他序）。在体例上，每卷卷首配有若干照片、手稿等，卷末附有编后记，而论文所附插图、照片、线图等基本采用原有样式以保持论文原貌。

（八）学人丛书编辑委员会本着务实、有效的原则，分别由专人担任每卷的责任整理者，在主编主持下分工合作，共襄其役。丛书的整体设计和最后定稿均由主编全权负责。

《南京博物院学人丛书》编辑委员会

2009年8月

总　序

　　南京博物院坐落于六朝古都的江南胜地，其前身是国立中央博物院筹备处，1933年由时任国立中央研究院院长的蔡元培先生倡议成立，是当时全国唯一仿照欧美现代博物馆建设的综合性博物馆。原拟建"人文""工艺""自然"三馆，后因时局关系，仅建"人文馆"，即现在的南京博物院主体建筑仿辽式大殿。建院之初，就明确提出"提倡科学研究，辅助公众教育，以适当之陈列展览，图智识之增进"的宗旨，为博物院的筹建和发展奠定了理论基础。故院长曾昭燏先生在《博物馆》中明确提出："研究为博物馆主要功用之一"，这一观念至今对南京博物院的业务工作产生着积极而持久的影响。

　　建院70余年来，尊重科学研究的优良传统在南京博物院一直传承着，并不断发扬光大。建院之初，这里汇聚了一大批享誉海内外的著名学者，如叶恭绰、傅斯年、胡适、李济、吴金鼎、马长寿、王介忱、李霖灿、曾昭燏、王振铎、赵青芳等，即便在烽火弥漫的抗日战争期间，在十分艰苦的生活工作条件下，他们也不忘自己的职责，进行卓有成效的科研工作，为民族文化的传承保存了可贵的薪火，也为南京博物院后来的科研人员树立了榜样。

　　1937年8月，中央博物院奉命带院藏文物向西南迁移，研究人员则在艰辛条件下开展田野考古和民族民俗调查工作。20世纪三四十年代，吴金鼎、曾昭燏、王介忱在云南苍洱地区进行考古调查和发掘；李济、吴金鼎、王介忱、冯汉骥、曾昭燏、夏鼐、陈明达、赵青芳等发掘四川彭山汉代崖墓，收集了大批汉代文物资料；以马长寿、凌纯声为团长的川康民族调查团在西南地区进行了历史遗迹、民族服饰、手工业、语言和象形文字、动植物的调查，采集了大量的少数民族文物；中央博物院与中央研究院史语所等联合组建了西北科学考察团，在敦煌、玉门关等地进行科学考察，并发掘了甘肃宁定阳洼湾齐家文化墓地等。在此期间，中央博物院在研究的基础上整理编写了《博物馆》《远东石器浅说》《云南苍洱境考古报告》《麽些标音文字字典》《麽些象形文字字典》等一系列学术著作。这些代表性论著，知识建构博大精深，社会学方法论应用得当，新学科新知识光芒闪烁，其学术开创意义和精神价值，足可视为经典。

　　1949年10月，随着新中国的成立，我院进入新的发展阶段。1950年3月，前中央博物院正式更名为南京博物院。南京博物院继承了前中央博物院前辈学人的治学精神和学术理念，坚持循序渐进地开展学术研究工作。随后开展了江苏南京南唐二陵发掘、六朝陵墓调查，以及山东沂南汉画像墓、安徽寿县春秋时代蔡侯墓等考古发掘工作，还奉命派人到郑州协助发掘商代城址，都取得了良好科研成果。同时，先后在江苏境内发掘了淮安青莲岗、无锡仙蠡墩、南京北阴阳营、邳县刘林和大墩子等重要遗址，发掘了丹徒烟墩山"宜侯夨簋"墓、南京东晋砖印壁画"竹林七贤及荣启期"墓、东晋王氏家庭墓地王兴之与王献之墓等重要墓葬，并对江苏境内的淮河、太湖、洪泽湖、射阳湖流域和宁镇山脉进行了大规模的考古调查。随之提出的"青莲岗文化"和"湖熟文化"的命名，将江苏考古纳入系统研究范畴，为后来的江苏考古学文化区系类型研究开启先河。

自1978年中国实行改革开放政策的30余年来，南京博物院在积极倡导创新精神的同时，秉承前中央博物院学人"博大深约"之精神理念，注重将社会教育与学术研究交融贯通，形成了"兼容创新"和"与时俱进"的学术风气，迎来了学术研究的美好春天，在博物馆学、考古学、历史学、民族民俗学，以及古代建筑、艺术文物、文保科技、陈列展览等相关领域均取得了不斐成绩，并呈现了以老专家引领、中青年骨干为中坚力量的梯队式研究群体，其治学之道、研究之法亦与前中央博物院前辈学人的传统息息相通。

现今南京博物院是一所拥有42万余件各类藏品，20万余册中外专业图书的大型综合性博物馆，集探索、发现、典藏、保护、研究、教育、服务于一体，具有举办各种展览、开展科学研究的深厚基础，在学术方面已经拥有比较深厚的历史积淀和鲜明的综合性特色。近年来，南京博物院将科学研究与服务公众作为工作的两极。立足科研，努力提升学术水平，逐步提高工作能力，最大程度地扩大学术声誉和影响力，为公益性博物馆的发展提供基础和动力；努力将博物馆的科研成果转化为现实生产力，服务于文物遗产的保护和利用，服务于社会公众教育，成为南京博物院长远发展的基本方针和工作目标。

今天，随着博物馆事业的快速发展，我们清晰地认识到，开展科研工作是公益性博物馆发展的基础和动力，要提高对科研工作重要性的认识，有的放矢、循序渐进地开展工作。首先，要认识到科学研究是生产力，是博物馆实现社会价值的重要手段。要从发展生产力的高度认识博物馆科研工作的重要性，认识到我们的职责是利用古代文化及其研究成果来推动和促进当地经济社会的和谐发展。通过博物馆的研究成果，使社会认识到，古代文化遗产是一个地区、一个民族、一个国家的象征，具有精神上的巨大作用，发展博物馆事业，也直接间接地发展了社会生产力；通过博物馆的科研发明和技术创造，让社会认可文物保护技术的重大作用，它不仅可以使文物坚固、延年，并保持美感，更让公众在欣赏文物的过程中认识、理解并尊重了其中"过去的辉煌"和"今天的创造"。其次，要促进科研成果的转化和推广。科研成果只有进行有效转化，才能真正成为现实生产力，更好地发挥科研成果服务社会的功能；积极促进科研成果的推广，可以为文物保护力量比较薄弱的地区提供技术支撑；科研成果的研究和推广，可以培养、锻炼一批既具有理论研究水平，又有实践能力的队伍。第三，要明确科研的内容和重点。南京博物院作为大型综合性博物馆，能够在国际国内博物馆界有一定地位和影响，积极的科学研究无疑是重要条件。全院有一支专业素质好、知识水平高的业务队伍，他们探索古远历史，研究地域文化，保护物质遗产，服务社会公众。科研的内容和重点主要围绕服务社会发展、服务江苏文博事业、服务公众文化享受的目标来进行。具体而言，主要围绕研究江苏文明史发展的考古发掘研究、文物保管及科学保护、文物展示及公众服务、文物利用及社会作用的发挥等内容来进行。其中在考古发掘研究方面，70余年的考古收获成果，基本可以勾划出江苏历史发展的轮廓概貌，弥补了文献记载之不足。在文物科学保护方面，共有获奖科技成果20多项，在文物保护实践中都得到了广泛的应用。在文物展示及服务公众方面，在完成了南京博物院艺术馆陈列，还开展了文博系统人文社会科学重点课题研究，并帮助多家博物馆进行展览设计与布展。在利用文物发挥社会作用方面，多方组织精品展览服务各地公众。同时积极利用科研技术，保护地面文物建筑，启动"身边的博物馆"走进农村基层的数字化博物馆项目，致力于将博物馆与公众的距离拉得更近。

回首往昔，我们欣喜地看到，南京博物院70余年的科研成就硕果累累；筹划今朝，深感我们仍需砥砺精神，不断求索，以更好的业绩促更大的发展。为了集中展示并检阅南京博物院在学术研究方面的综合性成果，并藉此体现服务与研究相结合的学术导向和科研特色，我院组织编辑出版《南京博物院学人丛书》，通过整理与学习前辈学人的学术成就与传承脉络，介绍当代学者的研究成果和治学方法，使之作为系统的历史文献资料保存下来，并成为后人获得知识、方法与灵感的重要源泉。同时，真诚希望我院青年学人能得以站在前人肩膀上，坚持良好的学术风气，促进科研工作的不断开展，探索一条新时期可持续发展的学术途径。在我看来，《南京博物院学人丛书》是一种精神资源，在叙述和阐释的过程中，不仅仅是对历史文化积淀的整理，也是对南京博物院学术精神的弘扬。我们有理由相信，无论从文献价值还是从学术传承着眼，作为一项系统的文化工程，《南京博物院学人丛书》随着时间的推移必将会显示出嘉惠后人的永恒价值，成为激励后来者不断前进的动力。

南京博物院院长　龚　良

2009年9月1日

目　录

凡　例……………………………………………………………………… i

总　序……………………………………………………………………… iii

自　序……………………………………………………………………… 1

艺术研究与鉴赏

豪气吞山河　风骚独自领

　　——傅抱石创作毛泽东诗意画之动因……………………………… 7

用笔墨意象写时代新风

　　——关于中国当代花鸟画创作实践的思考………………………… 15

现代意蕴在花鸟画创作中的体现………………………………………… 28

狂肆纵横　开拓千古

　　——南京博物院藏徐渭《杂花图卷》赏析………………………… 32

细微见精妙　豪放显神韵

　　——江苏古代雕塑艺术略论………………………………………… 35

神圣与世俗的圆融

　　——雍和宫弥勒大像的象征意蕴研究……………………………… 52

丹青当写草木心

　　——岭东画家方若琪………………………………………………… 61

吴为山写意雕塑的风格特质……………………………………………… 69

吴为山雕塑作品赏析……………………………………………………… 83

博物馆与公共文化服务

真情传播文明　恒心塑造未来

　　——当代博物馆可持续发展不可或缺的关键要素………………… 107

博物馆的责任担当……………………………………118

拓展博物馆社会教育的创新之路………………………123

博物馆安全之弦永不可松………………………………130

追寻历史足迹 弘扬李庄精神
　　——中央博物院坚持文化抗战的实践及其影响…………142

公民文化权利与公共文化服务
　　——对构建江苏公共文化服务体系的分析与思考…………151

江苏公共文化服务体系多元供给研究…………………164

调研考察与思考

享受博物馆从人性化服务开始
　　——从博物馆、美术馆看美国、加拿大公共文化…………183

法兰西：一个文明浪漫的国度…………………………191

感叹于意大利的文物保护………………………………197

南非给我的文化印象……………………………………202

江苏民间艺术之乡建设研究……………………………207

文化惠民永远在路上……………………………………217

文化干部当以学养德……………………………………221

演讲与致辞

李庄：南博人不可忘怀的地方…………………………225

资源共享 活化典藏……………………………………227

优势互补 共建共享
　　——努力打造博物馆联盟……………………………230

新时代 新使命 新作为
　　——基层文化工作者的时代责任……………………233

讲古代女性故事 融时代浪漫风华……………………243

花开见佛…………………………………………………245

海棠依旧…………………………………………………247

浩荡画卷 光照千秋……………………………………249

乱坠天花…………………………………………………252

《草木有情》序言………………………………………254

创作随感

大师，永远的艺术魅力
　　——观江苏美术作品特展有感……………………………259

召唤"灵感"
　　——有感于笔墨新旅·江苏省万里写生作品展…………263

《神灵之面》（组画）创作随感………………………………265

闲话闲墨……………………………………………………………269

心血倾注"红楼"中
　　——高大中和他的《大观园微型景观》…………………272

仁者爱人　德高为范
　　——忆吴耀先先生……………………………………………274

艺术对话

几分闲余墨　一纸生活情
　　——与雅昌网记者房卫对话………………………………279

作品在物我相融的境界中………………………………………285

画为心音　境若清泉——嵇亚林……………………………289

附　录

丹青嵇亚林………………………………………………………295

心有独创　敢标一格
　　——品赏嵇亚林画作………………………………………297

略施丹粉　神气迥出……………………………………………301

肯将金色洒故园
　　——嵇亚林与他的工笔淡彩画……………………………304

理性之思　温情之墨……………………………………………306

编后记……………………………………………………………309

自 序

　　从江苏省东台市时堰文化站到江苏省文化馆、从文化馆到江苏省文化厅、从文化厅到南京博物院，稍不留神竟走过40个春秋。风雨人生几十年，积累的不仅是岁月沧桑，更有那份坦然而从容、诚实而本分的初心，其中有两个习惯自认为"功不可没"：其一，随遇而安，把工作当成爱好并融进骨子里，就像"螺丝钉"拧在哪儿，就在哪儿发力，忧也罢愁也罢，一切皆顺其自然。即使身处经济大潮波涛汹涌，功利思想甚嚣尘上的现实时也没有动摇过，当然关键是自知不是块能"下海"赚钱的料。其二，遵循勤能补拙，笨鸟先飞的良训，努力不让时代抛下自己。年少本是读书好时光，无奈"文化大革命"十年，少读了无数"圣贤书"，初中毕业差点辍学，靠祖母做蒲包换来的几块钱交学费而上了高中，念完高中只好回乡务农。1977年适逢恢复高考，这是改变命运的唯一途径，面对"万人争走独木桥"的惨烈竞争，必须放手一搏。为了提高吃"商品粮"机率，我首选了师范学校，参加工作后弥补知识的匮乏成了当务之急，开始利用业余时间不停地求学读书，大专、本科直到后来的硕士，大概经历太多的考试，如今还时常在"考试"的梦境里惊醒。现在回想起来，这些习惯的养成也许成就了我与南京博物院的缘分。

　　我对南京博物院的认知，经历了由陌生到熟悉，由熟悉到难以割舍的过程。20世纪80年代初，我刚到水乡古镇时堰文化站工作，此时改革开放春风势头正劲，思想的解放，经济的增长，让城乡各地异常活跃，多元文化的洪流以前所未有的面貌呈现在人们面前。我所在文化站不仅创办亦工亦艺演出团队，组织群众性的交谊舞、卡拉OK，甚至还办起了以文补文的录像厅、工艺厂。虽说人少事多，但对文化遗产保护方面的工作，一点也不含糊。记得1984年前后，第二次全国范围内开展文物普查，正是这次普查我们发现清代水利学家冯道立就出生在时堰古镇。老站长高大中先生带着我一起收集资料、征集文物，绘制模型，由于工作成效显著，文化站还被上级表彰为先进集体，冯道立故居和其创办的水龙会所，最终分别被确定为江苏省级和市级文物保护单位。紧接着我们又开展民间文艺三套集成（民间故事、民间歌谣、民间谚语）的收集整理和编纂工作，白天拎着收录机，骑着自行车，走村串户专访当地民间艺人，晚上挑灯进行记录整理，在全市率先完成乡镇卷的编纂任务。那时只知道埋头抢救文化遗产，对省城的南京博物院知之甚少，只觉得是"幽深而神秘"的"大机关"遥不可及，直到有一次我和高老站长到省城办事，借机去参观才有了第一印象。我拽着事先在文化站开好的介绍信，来到位于南京市中山门西侧的南京博物院检票处，小心出示介绍信，检票人员瞟了一眼，右手微微一挥，我们进了院门，心里距离一下拉近了许多，接连好多天我的心情都沉浸在轻松快乐之中。

2003年是我平生第一次参与到与南京博物院相关活动中，那一年江苏省文化厅决定举办首届省文物节暨南京博物院70周年院庆，时间定于10月18日至24日举行。我作为活动筹备组成员参与进来，给我的任务就是做好文物节会徽、宣传画及各种证件的设计征稿、新闻发布、相关材料的撰写、领导嘉宾邀请工作。这次活动的主阵地就在南京博物院，除开幕式暨文艺演出外，还有国际博物馆馆长论坛、江苏省文化遗产保护成果展、江苏省民间收藏精品展、泗水王陵特展、中南美洲古代文明展等。我胸前挂着文物节工作证的牌子，可以自由出入大院，利用这次机会我把能观看的展览几乎一个不落看了个够。第二年，《其命唯新——傅抱石百年诞辰作品展》在中国美术馆成功展出后，于9月2日回到南京展出。活动是由文化部和江苏省政府主办，省文化厅、省国画院、南京博物院承办，包括作品展览、学术论坛、出版书画集、纪念文集、纪念邮品，以及复建傅抱石先生墓地在内的系列活动和工作。开幕式当天省委、省人大、省政府、省政协领导悉数到场。此时我主持文化厅办公室工作，几乎全身心的投入到活动服务当中，也是从那时起与南京博物院的往来日渐密切。

2015年，省委任命我到南京博物院担任党委书记，这是我从未想到过的事。由于此前没有思想准备，报到时还是有一丝彷徨。担一份责任，就应有一份担当。在全面从严治党的背景下，身为党委书记如何为单位发展提供有力的政治保证和纪律保证，不能不认真思考和严肃对待。同年筹备召开了全体党员大会，正式组建南京博物院有史以来的首届党委会，选举产生了南京博物院党委第一届纪律检查委员会。2016年，院党委首次接受省委巡视组进行为期一个半月的巡视，全力支持、主动配合巡视工作是南京博物院全体员工应尽之责，对巡视组指出的问题和提出的意见，及时落实整改到位。同时不断修定完善各项管理制度，推行院领导班子成员和部门主要负责人"一岗双责"责任制，努力形成风清气正的良好环境。这一年，南京博物院几乎囊括了全国博物馆界所有奖项，还成功地创建成江苏省文明单位、全国公共文化设施开展学雷锋志愿服务首批示范单位，作为组织者、参与者、见证者，我的心中充满喜悦和感激之情。

我喜欢、赞叹南京博物院，不仅仅因其有43万件（套）院藏文物，而是在这所有着87年历史的大院里，始终荡漾着一股学术之风、创新之风、惠民之风、向上向善之风，这与李济、曾昭燏、宋伯胤、赵青芳、梁白泉、罗宗真等一大批前辈先贤们打下的坚实基础是分不开的，也是一代又一代文博人守护传承，发扬光大的结果。身为一名长期从事文化工作的从业者，我对前辈们的学养、为人、品行以及对专业的那种执著和坚定，充满敬仰之情。当下博物馆早已从"象牙塔"中走了出来，成为大众心之向往不可或缺的圣洁殿堂。特别是南京博物院二期工程竣工开放后，由"一院六馆"构成的宏大空间，科学且富有人性化的设计，使得参观人数逐年增长，观众从过去的多年进一次博物馆，到现在一年多次进博物馆，不能不说是历史性突破。江苏公共文化一直走在全国前列，但发展是一个永恒的话题，没有终点只有新起点。在高质量发展的今天，包括博物馆在内的公共文化可持续发展问题、公共文化产品供给质量问题、社会教育创新问题，以及如何补齐文化惠民短板、满足人们对美好生活的新期待，这些都是每一位有责任心的文化人必须思考和回答的问题。我常自主研究课题，既是有感而发，也是为了理清思路，对自己工作的开展或多或少有些帮助。

除了日常文字工作之外，绘画是我生活中的另一所爱，也正因这一"特长"才让我有幸结缘文化行业几十年。艺术需要感性思维，画画强调"外师造化，中得心源"，融化物我，创造意境，这种带有情感和审美判断的形象化、跳跃性的思维方式，有别于理性、严谨、讲求逻辑性的课题研究。我喜欢在理性与感性之间自由行走，且思且行，一路风景，笔墨随心、随性、随缘，偶得神采，悠然自乐。这两种境界相互转换，对我来说倒是互为调适、互为补充、互为促进，是消除疲劳，恢复体力的最佳选择。

承蒙龚良院长的厚爱，在我退休之时鼓励支持我出版这本文集，内心充满感激。在整理文稿的过程中方知自己才疏学浅，力所不逮，总是惴惴不安。几十年确实写过大量文字，发表获奖作品也不在少数，但毕竟官样文章居多，亦或为工作和学习中的所思所想，有些所谓研究也仅是皮毛，缺乏系统性和专业性。尽管如此我还是以认真的态度对待这项工作，选取一些与博物馆学、藏品研究、公共文化与管理、调研与思考、专业创作与博物馆业务活动相关的文章，以期符合学人丛书之初衷。文中观点纯属个人之管见，有谬误和不足之处，敬请批评指正。

2020年5月8日

艺术研究与鉴赏

豪气吞山河　风骚独自领

——傅抱石创作毛泽东诗意画之动因

　　傅抱石作为20世纪中国绘画史上的一代宗师，以其卓越的艺术才情，毕生精进，大胆变法，在保持中国画民族精神的同时，赋予中国画以新境界、新内容、新笔墨。他的最大贡献不仅仅是他倡导和率领的两万三千里创作写生，使山水画的面貌焕然一新，还有他最早开辟的毛泽东诗意山水画创作，创造了一个时代的表现题材和表现方法，从而使他在新山水画领域获得崇高的文艺声誉和政治地位。

新的时代：让画家与诗人凝神观照

　　画家创造形象，诗人也创造形象。画家与诗人在本质上是同素异形的兄弟，当社会处于大变革的时候，艺术的趣味也就会随之而更新，因为艺术不仅是提供了娱乐，更主要的是揭示真理。中国画的笔墨语言尽管不如诗人的语言那么清晰明确，但并非是单纯地诉于视觉的客观描写，而是以心接物，借物写心，表达妙悟后的自然，是画家主观与客观的统一，是天人合一的结果。画家与诗人分别通过手中的画笔和文字让思想行走，相互间的相融相通之处，往往依据的是共同的品性与人生感怀。

　　傅抱石作为旧社会过来的大学教授，在改天换地的新社会面前开始重新审视自己能否为新时代有所作为，如何找到一个适合自己成长的艺术之路。20世纪50年代之后，傅抱石以一种审慎的心情投入到改造旧美术的第一次运动，尝试以毛泽东诗词为题材进行山水画创作。

　　也许是画家与诗人精神世界的感应和默契。傅抱石认为，毛泽东诗词展现了中国革命和建设波澜壮阔的宏伟画卷，是他一生的政治理想，生活追求，哲学观念，思维方式，生活阅历，思想境界，人生情致，创造才能和审美情趣的反映。毛泽东对于诗词创作的态度极其严谨，用词用韵千锤百炼。毛泽东虚怀若谷、从善如流，对自己创作的诗词会广泛听取意见，其中包括朱德、邓小平、彭真、郭沫若、臧克家等老一辈无产阶级革命家和现代著名诗人甚至身边的工作人员。美国人罗斯·特里尔在他的著作《毛泽东传》中说毛泽东"是一个诗人和艺术家。

他的诗词想象丰富、气魄宏大、寓意深刻；他的书法汪洋恣肆、任意挥洒、自或妙趣，将他列到中国最杰出的诗人和艺术家行列是毫不逊色的。"柳亚子先生曾以"推翻历史三千载，自铸雄奇瑰丽词"的诗句赞叹毛泽东的诗词（图1）。

　　毛泽东诗词语言准确气势磅礴、抒情达意形象生动，表现出一种气吞山河的气度和胸襟，大大触发了傅抱石的创作灵感。傅抱石在艺术上崇尚革新，他的山水画画意深邃，章法新颖，用笔洗练，注重气韵，能够达到酣畅淋漓、出神入化的效果。在继承传统的同时，融会日本画技法，受蜀中山水气象磅礴的启发，进行艺术变革，独创的散锋皴法——抱石皴，成为中国画的一种新形态。就是这样一位高深的画家，被毛泽东的诗词深深打动，他在《北京作画记》一文中写到，"记得还是解放以前，在重庆金刚坡下，一个雪花漫天的日子，我第一次读到毛主席的名篇《沁园春·咏雪》，心情无限激动。那气魄的雄浑，格调的豪迈，意境的高超，想象力的丰富，强烈地感染着我。"

　　"伟大领袖"与"大学教授"，地位与身份的最大悬殊，一般很难将二者紧紧联系在一起；而诗人与画家，却因其艺术个性、风格、审美气息和乐观雄浑的精神气质息息相通，而将两位伟大的艺术家肩并肩地"对话"在这个时代（图2）。

图1　傅抱石《毛泽东〈清平乐·六盘山〉词意图》　纸本　设色　纵20.2、横28.2厘米1950年9月　南京博物院藏

图2　傅抱石　《毛泽东〈沁园春·长沙〉词意图》　纸本　设色　纵34、横50厘米　1958年11月　南京博物院藏

伟人诗意画：再现傅抱石的悠然神韵

1950年，傅抱石根据毛泽东《清平乐·六盘山》一词，尝试创作了第一幅诗意画，作品基本保持了他一贯的风格，独特的"抱石皴"和改良的石涛树画法。1957年《诗刊》创刊时首次发表了毛泽东的《旧体诗词十八首》。此后，又接连发表了《蝶恋花·答李淑一》《送瘟神二首》《词六首》《诗词十首》《词二首》等。傅抱石以其睿智的才能和独特的视角，从毛泽东诗词中领悟到发展的契机，决心以自己的思考和实践来探索新技法与新题材的有机结合，突破传统的束缚，力求达到诗词意、山水画的完美融合。出于对毛泽东的崇敬和特定历史时期的社会环境，傅抱石开始学习和研读毛泽东诗词，并将激动人心的诗句融入到自己的画面中，不断拓展出中国画表现的广阔空间。

在傅抱石的生命岁月中，有两个阶段是他创作毛泽东诗意画的最为旺盛期：

一是为参加1958年"社会主义国家造型艺术展览会"，1959年庆祝国庆10周年和参加德意志民主主义共和国莱比锡国际书籍艺术博览会。这两年，他开始进行大量的创作，以实际行动投身"大跃进"。1958年11月12日，傅抱石在给郭沫若的信中说到"今春以来，大跃进声中，以参加社会主义国家在莫斯科举行的造型艺展的作品为首要任务。""明年庆祝伟大的国庆十周年，任务更加紧张，

图3 傅抱石 《毛泽东〈如梦令·元旦〉词意图》 纸本 设色 纵34、横50厘米 1958年12月 南京博物院藏

图4 傅抱石 《虎踞龙盘今胜昔》 纸本 设色 纵136、横191.8厘米 1964年5月 江苏省美术馆藏

且非放'卫星'不可。"他全身心投入创作，夜以继日，在给郭老写信之后近20天内就创作了《七律二首·送瘟神》《如梦令·元旦》《水调歌头·游泳》《西江月·井冈山》《沁园春·长沙》《菩萨蛮·大柏地》《七律·长征》《忆秦娥·娄山关》《十六字令·山》《浪淘沙·北戴河》《菩萨蛮·黄鹤楼》《蝶恋花·答李淑一》等诗意画。1959年1月，又接连创作诗意画近20幅（图3）。

1959年7月，傅抱石奉调北京与关山月一起，为新落成的人民大会堂作巨幅国画《江山如此多娇》，以体现毛泽东《沁园春·雪》的词意。对这一重大使命傅抱石感慨万分，"我深深认识到这是毛主席对民族传统绘画无微不至的关怀；是对全国国画工作者热情的鼓励，也是全国国画工作者的无上光荣。"（傅抱石《北京作画记》）《江山如此多娇》成功地以传统中国画的形式描绘了中华大地妖娆壮阔的图景，表达了新中国稳定与安宁、生机和希望的宏伟气概。这幅巨大山水画气魄之大，意境之新，布局之美，在我国绘画史上是前所未有的。至此，傅抱石对毛泽东诗词意境的把握、已经相当到位、准确，形成了一套独特的笔墨语言和形式技巧，也使傅抱石的名声大振如日中天，其艺术生涯进入了最得意最顺心的阶段。

二是1964年1月毛泽东新诗词在《诗刊》发表，此时又逢迎接国庆15周年和第四届全国美术展。毛泽东新诗词的发表为傅抱石创作诗意画提供了新的题材。他以难以抑制的激情和冲动投入创作，用不到两个月的时间，就完成了《七律·人民解放军占领南京》《七律·到韶山》《七律·登庐山》《七律·答友人》《七绝·为李进同志题所摄庐山仙人洞照》《七律·和郭沫若同志》《卜算子·咏梅》《七律·冬云》《满江红·和郭沫若同志》等诗意画创作。3月1日，他在完成《乾坤赤》时，特意在画面上题写到："今年元旦，欣值毛主席诗词十首发表，翻覆学习，拟相继形诸笔墨，此写《满江红·和郭沫若同志》词意，并师郭老原旨，题曰乾坤赤云。"在这幅画中他运用夸张的手法表达词意，具有强烈的视觉冲击力。自然洒脱，直抒胸臆，激情喷发是他山水画的重要特色，这一特色在他创作的近200幅毛泽东诗意画中表现的最为充分，从而形成了"毛泽东诗意画"这一具有鲜明时代印记的山水画品类（图4）。

其命唯新：傅抱石毛泽东诗意画形成的动因

　　傅抱石早在20世纪40年代就已经是颇具名气的画家。1942年在重庆举办的《傅抱石教授国画展览会》影响很大，被称之"中国画坛出现了又一颗巨星"。中华人民共和国成立后，傅抱石审时度势，开启了以毛泽东诗意为题材的山水画创作，以自己特有的文化形式参加社会变革，记录了一个时代的精神历程、思想历程、变革历程，最终呈现出对新中国山水画发展的辉煌业绩。

　　首先，"文艺为人民服务并首先为工农兵服务"方向的确定，对傅抱石产生巨大影响。1949年7月，中华全国文学艺术工作者代表大会把毛泽东提出的文艺为人民服务并首先为工农兵服务的方向，作为发展新中国人民文艺的基本方针，号召全国文艺工作者以最大努力来贯彻执行。周恩来在这次会议上明确提出，新文艺的总路线是"为工农兵服务"，方针是"面向基层，熟悉他们的生活"，政策是改造旧艺人和旧的艺术形式，开启了新中国新文艺的伟大变革主潮。面对新中国建立后文艺工作的新要求，面对如火如荼的社会主义建设和广大人民的冲天干劲，傅抱石受到了不小的震动，迫使他需要从思想、观念、艺术形态等方面，适应这种时势的变化。傅抱石在给挚友郭沫若的信中说过这样的话："自己未能参加革命而落伍要重新跟上时代"。加上中国画本身确实面临改造的问题，如何将"闲情逸致"的山水画变为"为人民服务"的艺术，并能够对人民起教育作用。他开始以崭新的姿态思考和实践中国画的变革，一心想要改变自己画境中一味表现"石涛诗意"，"唐人诗意"的"泥古"气息，在气质上力图改变传统的绘画风格（图5）。

　　其次，创新是傅抱石毕生追求，造化自然，其命唯新，把个人精神情怀与国家意识、政治意识、时代精神相融合，与中国画的传承发展相呼应。傅抱石是一

图5　傅抱石《苍山如海 残阳如血》纸本设色　纵113.5、横67.3厘米 1964年3月 南京博物院藏

个传统文化底蕴深厚、具有全面修养的大家，在他的艺术生涯里，从来没有停止过对绘画语言的探索和实践，不断追求艺术个性与时代精神的统一。绘画是社会、时代的反映，与当时的政治、经济和社会意识以及作者的思想感情相关联。无论中国绘画的传统，还是现在的绘画创作，画家都具备有深邃的精神要素、具备顽强的生命创发力。傅抱石认为中国画要在传统的基础上获得新生命、新气象，"只有深入生活，才能有助于理解传统，也只有深入生活，才能够创造性地发展传统"（傅抱石《思想变了，笔墨就不能不变——答友人的一封信》），1960年率领江苏国画工作团进行二万三千里写生，深入到社会主义建设的第一线体验生活，感受伟大祖国山川巨变，使之形成了"思想变了，笔墨就不能不变"美术观念，把20世纪50年代初开始的以写生带动传统国画推陈出新运动推向了一个历史高潮。

再次，革命的浪漫主义与革命的现实主义结合的创作方法，成为新要求、新时尚。1958年5月，毛泽东在党的八大二次会议上指出："在文学上，就是要革命的现实主义和革命的浪漫主义相统一。"1960年7月，周扬在全国文代会上进一步肯定了革命现实主义和革命浪漫主义相结合的创作方法。为此，文艺界采取有效措施，争取创造出一批思想性和艺术性都能突破现有水平的新作品，作为对建国十周年的献礼。中国山水画家在20世纪50年代前期的创作出现了大量反映国家建设和时代新貌的现实主义作品，传统的中国画笔墨出现了很大的变化，打破了山水画的那种荒寒萧索、阴柔幽婉的气息。这是他们坚持深入基层、深入生活，感受时代脉搏的结果。到了50年代后期，因毛泽东诗词气魄雄伟豪迈，格调阳刚恢弘，意境高远壮阔，是革命现实主义和革命浪漫主义相结合的文艺创作典范，从而激发起傅抱石等一批山水画家创作毛泽东诗意画的欲望。如果能够成功不仅可以表达对一代伟人的无限崇敬与爱戴，彰显山水画的社会意义与教化功能，又能充分挖掘诗词中潜在的可创作因素，为山水画家的创作思路打开了一扇阳光灿烂、风光无限的窗户。这应是傅抱石有意将毛泽东诗意山水画引入大众化审美领域的动力之源（图6）。

第四，谦虚谨慎、不骄不躁地学习毛泽东诗词，是傅抱石深刻领会诗词意境，更准确地在山水画创作中表现的客观需要。受当时社会政治生态的影响，

图6　傅抱石　《芙蓉国里尽朝晖》　纸本　设色　纵48.8、横68.5厘米　1964年　江苏省美术馆藏

图7　傅抱石　《龙蟠虎踞今胜昔》　纸本　设色　纵60、横87厘米　1960年5月　南京博物院藏

"读毛主席的书"已日渐深入到每个中国人的日常生活。如果形容傅抱石把毛泽东诗词当着"座右铭"来学并不为过，他不装样子、不搞形式，学习态度非常虔诚，为方便阅读即使出国也要随身携带。他最有效和最特别的方式是从创作中学习毛泽东诗词。为防止对诗词理解不够深刻全面，他对自己创作的每一幅毛泽东诗意画都要反复揣摩修改，并请大家帮助提意见，"我多次讲，只要有人提一句有力的反证，就会立刻被全部否定掉。"（傅抱石《创作毛主席诗词插图的几点体会》）。傅抱石有一枚"不及万一"的闲章，是他1958年11月专门为创作毛泽东诗意画刻制的，就是表达其所作的画意不及诗词原意的万分之一。他说："因为主席的诗词，博大精深而又奇峰突出、变幻多姿，实在不容易着想。画者与作者的思想天地太悬殊了，怎么样，也只能是'貌似'一斑，绝对谈不到'神似'。"（傅抱石《创作毛主席诗词插图的几点体会》）（图7）。

生活在毛泽东时代的傅抱石，践行了他早年"读万卷书，行万里路"的诺言，使他"艺术当随时代"的主张产生了新的飞跃，在思想和行动上，证明了中国画是可以为人民服务、为时代服务的；社会主义新生活、新体验、新感受，强化了他大胆地寻求新的笔墨形式和技法，自觉能动地表达对新时代、新生活的歌颂与热爱；毛泽东诗词的恢弘意境，赋予了他的作品具有浓厚的时代气息和俯仰自得的空间意识，丰富和发展了中国山水画艺术。傅抱石不愧是画坛巨擘、时代骄子，他将永远定格在中国美术史上为后人景仰。

原载《艺术百家》2015年第2期

用笔墨意象写时代新风

——关于中国当代花鸟画创作实践的思考

绪论

中国花鸟画自唐代独立成科开始，经五代迅速发展，至两宋之后便走向成熟，成为我国花鸟画艺术名家辈出的黄金时代。时至21世纪，已经走过千年辉煌历史的中国花鸟画，在西方艺术思潮不断浸蚀下，作品的时代性被消解，与现实主义精神的距离越来越远。对此，有人悲观，有人彷徨，也有人解构重建另辟蹊径。其实对中国花鸟画这一古老的艺术，既不可妄自尊大也不可妄自菲薄，因为在她的身上仍然充满着生命活力。300年前的八大山人、100年前的任伯年、50年前的齐白石，至今他们的作品仍给人以美的享受。"中国画只有在中国社会、中华文化中才能得到真正的发展和弘扬，也只有中国文化能在本质上阐释、光大中国画。那些认为只有急起直追，靠近、模仿、学习、认同西方价值标准的观点不说其荒谬，至少对中国文化的自信无益"[1]。

只要笔墨紧随时代，观照现实社会与时代精神，注入现代意识，切入现代人生，寻找新的艺术语言，走传承、创新和发展之路，中国花鸟画就会成为"时代的心声"，成为"人民的宠儿"。列夫·托尔斯泰认为："不管他有多好的技巧和理想，一个艺术家如果不能使观众集中注意力在他的图画上，他会变得毫无趣味的。"[2]那些代表时代发展潮流，标志一个时代的审美情趣，对社会产生积极影响的绘画，才能引人注目，产生审美共鸣，才能真正称之为精品佳作。而要成为精品之作，又不能不进行创新。中央美术学院教授郭怡琮在接受《光明日报》记者采访时，对中国画如何创新时说过"要探索我们这个时代新的形象，新的笔墨感受。我在西双版纳热带植物的色彩斑斓、艳丽、明丽中寻找和谐美，寻找那种竞生存不知春夏秋冬的神奇美。"[3]当代人与前人由于所处的时代不同，对自然的感受就有不同，"现在，我们明白了自然和人的关系，这不仅是一种生存的关系，更是一种精神的依托关系，因而产生了一种亲切感。有了这种情感以后，你就不会像前人那么冷漠。"[4]

笔者认为，当今中国花鸟画的命运只有两条：要么因循守旧被时代所淘汰，逐渐走向消亡；要么在继承发展中创新，以其特有的笔墨意象，反映时代精神，反映社会事物、反映人民生活的审美意识，从而跻身世界艺术之林。就我个人而言，就是要能够很好地把理论研究与日常业余花鸟画创作有机结合起来，努力追求作品的笔墨意蕴和当代审美品位。

一　花鸟画的创作与时代精神

　　花鸟画是中国画独特的形式之一，为花与鸟传神写照，体现的是人与花鸟的关系、人与自然的关系。无论是春花秋实，还是鱼潜鸟翔，也无论是山石苔藓，或是草木藤蔓，都被中国人视之为有灵性和生命的。在时代精神的体现上虽不象人物画那样直接，但它从作者所寄托的精神情感通过笔墨的意象中得到体现。唐代花鸟画以迎合宫廷贵族喜爱的珍奇花鸟为主，到了北宋，画家们开始重视深入自然对物态进行观察研究，并作为构思和创造形象的依据。李澄叟在《画山水诀》中说到"画花竹者，须访问老圃，朝暮观之。"[5]郭若虚则指出："画花果草木，自有四时景候，阴阳向背，笋条老嫩，苞萼后先。逮诸园蔬野草，咸有出

图1　明　徐渭　《三友图》轴　纸本　水墨　　　图2　清　朱耷　《鱼石图》轴　纸本　水墨　纵58.4、横48.4厘米
纵142.4、横79.4厘米　南京博物院藏　　　　　　故宫博物院藏

土体性。画翎毛者，必须知识诸禽形体名件。"[6]这种师法造化的创作精神有力地推动着宋代花鸟画的发展和提高。南唐画家徐熙，为人"志节高迈，放达不羁，以高雅自任"，擅画江湖间汀花、野竹、水鸟、鱼虫、蔬果。他在写实基础上求笔墨之变，适应了绘画由稚拙进入写实，又由写实转向写意的发展总趋势。其画笔墨粗细兼施，纵横野逸，志在标新立异。与当时西蜀黄筌富贵艳丽、工致精细画风形成两大流派。在明末写意花卉画家中，革新精神最强、最为突出的是徐渭（图1）。他常在作品的题画诗中，借题发挥，表露对现实的愤懑之情。同样，清初的著名画家八大山人，经历明清间的天翻地覆，从皇室贵胄沦落为草野遗民，其内心充满家国破灭的痛楚。八大山人多作莲、石、松、麋鹿、怪鸟。他画的荷花，荷茎挺拔而立，生气勃勃，力图表达倔强而不随波逐流的品格。所作怪鸟及鱼，多白眼看天，表现他不妥协的气质（图2）。他常为普通百姓作画，而"贵显人欲以数金易一石而不可得"，因此赢得后世人们的尊重。

石涛是清初最富有创造性的杰出画家，他擅画花果、兰竹等花鸟画。石涛敢于叛逆当时的"正统"，打破中国画传统的布局方式，以表达内心精神世界。他认为"画有'南北宗'，书有'二王法'，张融有言，不恨臣无'二王法'，恨'二王'无臣法。今问'南北宗'，我宗耶？宗我耶？一时捧腹曰，我自用我法。"[7]石涛强调抒发个性，珍视个人风格，痛斥"食人残羹"。他在《画语录》中阐明的核心问题是重"感受"，创作必须通过一切手段来表现自己的真实感受，不同的感受便运用不同的表现方式（图3）。他认为前人的经验是认识和表现事物的借鉴，绝不可拿来代替自己的创造。笔墨"当随时代，犹诗文风气所转。"石涛画中旺盛的气韵，正是他敢于超越前人，肯定自我价值的高度自信心所赋予的。

活跃在清康熙年间的"扬州八怪"，主攻写意花鸟画，艺术上各有面貌和独特成就。他们大多出身知识阶

图3　清　石涛　《灵谷探梅图》轴　纸本水墨　纵97.5、横50.3厘米　南京博物院藏

图4　清　李鱓　《蕉石萱花图》轴　纸本设色　纵145.2、横92厘米　南京博物院藏

层，有经科举从政者，最终离弃官场；而更多的是一生布衣，不求功名，最终为谋生卖画而踏上扬州路。他们的绘画注重抒发性灵，标新立异，任情放笔，深受扬州新兴工商人士的推崇（图4）。在创作态度上，他们出于自身生存和竞争需要，作品中除诗书画完美结合，表现较强的综合素质外，更多考虑如何使创作主题符合市场需求。扬州画家都非常注重写生，注重创造性地表现某种思想情感，"扬州画派既属于那个时代，那个地域经济文化背景，更有他们自身努力创新的结果。"[8]郑板桥性情直率，作风狂放，刚正不阿，胸怀坦荡，在诗画中常流露放浪不羁的人生态度："谁与荒齐伴寂寥，一枝柱石上云霄。挺然直是陶元亮，五斗何能折我腰。""咬定青山不放松，立根原在乱岩中，千磨万击还坚劲，任尔东西南北风。"等题画诗中即能窥见他那不畏权贵，傲岸不群的刚直秉性。比起当时的文人画家，其作品包含了对社会深刻的认识、对民众由衷的关心。他的绘画，"不泥古法，不执己见，唯在活而已"[9]其画风秀逸劲美，不与人同。

"海派"花鸟画的兴起，成为20世纪中国画复兴的旗帜和里程碑。任伯年（1840～1896年）是晚清海上画派的主要代表，其花鸟画成就最为突出。他的笔墨洒脱传神，色彩妍丽悦目。由于他注重观察，因此他笔下的花鸟，形神兼备；田园瓜豆，充满生机。任伯年对绘画有自己的主张，往往以民间题材入画，绘画形式兼取雅俗，给人以"清新""明艳"之感，并且具备与时俱进的新潮精神，符合当时各阶层人们的思想情趣，因而雅俗共赏，影响深远（图5）。

二 花鸟画的笔墨语言与现代性

花鸟画发展至清末，其独特的笔墨语言体系，已经完成了由"再现"到"表现"的转换过程。如今笔墨仍然是当代中国画创作最为宝贵的传统资源。"运墨而五色具，是为得意"[10]，强调以墨代色，尽管缩减了绘画对感官的刺激量，但"墨分五色"不仅没有排除色的存在，反而调动了想像的空间，使物象的丰富性更加充盈。笔墨的延伸突显了"用笔"与"运线"的作用和地位，"骨气形似，皆本于立意而归乎用笔"[11]。因此，笔墨的创造在弱化绘画对感官刺激的同时，更强化了绘画者的个性修养（图6）。

图5 清 任颐《凌霄松鼠图》轴 纸本 设色 纵163.5、横46.5厘米 南京博物院藏

时至今日，在花鸟画创作中怎样才能体现出与时代相随的笔墨语言，是我们值得思考和研究的问题。事实上笔墨不仅是一种艺术语言，更是一种能够表达作者情感，传达其审美判断的精神载体。在强化笔墨语言本体功能的同时，应当以现代人的眼光与思维写当代之形，以自己感悟与情怀造本体之象，由此激发和创造赋有个性的现代笔墨语言。石涛的"不似之似"、齐白石的"妙在似与不似之间"，当是对花鸟画笔墨形态的精确定义。笔墨语言的创造与现实形态的区别，就在于摆脱了对物象的具体描绘，是自然形态通过人的主观意识化了的形态，却又与自然法则及规律相统一。所谓"喜气写兰，怒气写竹"[12]，就是将画家情感注入自然物象，并以被赋予了情感和生命力的笔墨语言，形成人化再造的自然。笔墨在体现独特形式与结构美感的同时，还反映了画家独立的精神世界和审美理想。石涛宣言："夫

图6　齐白石　《豇豆螳螂图》轴　纸本　设色　纵34、横 27 厘米　北京画院藏

画，天下变通之大法也，山川形式之精英也，古今造物之陶冶也，阴阳气度之流行也，借笔墨也以天地万物而淘泳乎我也"[13]。花鸟画中笔墨形态，往往不是因为再现了现实，而是因为传达了那个时代的主流意识和审美情感，而体现了时代精神，焕发出时代的大美之气。

对笔墨语言现代性的探索，在"五四"新文化运动之后，一直没有停止过。20世纪50年代社会巨变，标志着以歌颂时代为使命、以大众审美意识为准绳的花鸟画时代的开始。改革开放后，张扬个性和自由表现揭开了历史性转换的序幕，很多花鸟画家在直抒胸臆的基础上锐意革新（图7）。

潘天寿（1897～1971年）精于写意花鸟，尤善画鹰、八哥、荷、松、四君子、蔬果等。墨彩纵横交错，构图奇险清新，使人获得了独特的视觉感受。潘天寿对继承和发展民族绘画充满信心与毅力。他重视深入生活，不断刷新笔墨，力图表达新时代精神。1955年，潘天寿带学生到雁荡山写生，回杭州后于盛暑中创作了《灵岩涧一角》（图8），融山水、花鸟画意趣于一体，融雄放意笔与勾勒填彩于一炉，营造了非同凡响的奇异境界。作品刚健雄厚，磅礴有力又充满蓬勃的自然生机，足见他创作此画的美学追求。李苦禅（1899～1983年）融西方技法为

图7 徐悲鸿 《猫》轴 纸本 设色 纵75.5、横31厘米 江苏省美术馆藏

图8 潘天寿 《灵岩涧一角》 纸本 设色 纵116.7、横119.7厘米 中国美术馆藏

我所用，形成了自己独特的艺术风格。他的画主要以鹰、鹭、鱼鹰、荷、鱼为题材，通过不同的画面，展现不同的时代精神，笔墨雄阔，气势磅礴。1981年创作的《盛夏图》，充分体现了他的艺术主张与笔墨才能。他在题识上写道："国家日趋兴盛，乃余之愿，祖国古称华夏，画炎夏之际荷花盛开，乃作荷塘即景，何不题之盛夏图耶"。李苦禅在现代画坛的写意花鸟集中体现了传统绘画"写形写神""以神写形""形神兼备"的创作观念，在表现传统写意画笔墨美的同时，给人平易质朴的生活情趣美，以及富于文化内涵的形式美。陈大羽（1912～2001年）"画鸡"代表了他大写意绘画的最高成就。他画的公鸡千姿百态：或引颈高啼，或跃腾昂首，或俯首侧目，或静卧小憩，寥寥数笔，然意境深邃。他第一幅鸡画于抗日战争时期。一只怒气冲天的雄鸡，对着凄风苦雨，黑夜弥天的世界昂首引吭，画中题诗经两句："风雨如晦，鸡鸣不已。"公鸡啼出中华民族的心声。"四人帮"垮台后，他挥笔画"报春"鸡图，并配诗曰："漫言五更寒彻骨，振翮独唱大地春。"表达了他对驱散乌云迎来春天的喜悦心情（图9）。

中国花鸟画的笔墨语言，蕴涵着丰富的人文和时代信息，并在意境营造、意旨表达中起到决定性作用。由于笔墨意象传递出丰富多样的审美感动，使花鸟画笔墨语言的现代性和独立的审美价值有了可能，也使得花鸟画的笔墨形态更加贴进现代绘画艺术。如果说"五四"以后一大批中国画家致力于传统笔墨走向现代性，并力求符合时代、符合当下人的审美情趣，那么当今花鸟画的发展，就需要发扬光大前辈们的传统，寻找一条笔墨语言现代性与表现题旨高度契合的新路；需要在花鸟画创作中体现欣欣向荣、蓬勃发展的时代，让赏心悦目、积极向上、令人振奋的艺术作品来感染人、鼓舞人。

寻找笔墨语言的现代性是一个长期艰苦的过程，是一代又一代艺术家不断探索积累的过程。现代笔墨语言的创造并非是从传统或地域文化中直接挪用，而是从时代和生活引发的冲动与思考中获得的，从民族心理、民族自信以及对传统文化中的探寻中创造的。当然，笔墨的创造不光是为了造型，更重要的是为了凸显笔墨内蕴的人文精神与外显的形式美感，这应成为中国花鸟画家不懈追求的至高境界。

三 花鸟画的创新与自我追求

在创作实践的过程中，我时常思考自己在绘画中到底保留了多少传统笔墨特质；笔墨形态是否具有了当代审美品质；古人曾反映了他们那个时代的面貌，我们又如何力所能及地反映当今时代等问题。当然，面对众多的问题，最难的莫过于中国花鸟画的创新（图10）。

我在文化部门工作几十个春秋，经常参与组织一些重大美术活动，时常被众多艺术家们为了笔墨紧随时代，视创新为生命而孜孜以求的壮举深深打动。江苏号称中国画重镇，近年来为了加快中国画创新步伐，改变江苏有"高原"无"高峰"的缺憾，各级文化部门实施精品带动战略，举办一系列主题性活动，力求更多的优秀人才脱颖而出。如"现代都市水墨""笔墨新旅""中国百家金陵画展""傅抱石奖中国画双年展"等活动，涌现出一批富有创意、内容表达深广、形式语言独特因而颇具视觉冲击力的花鸟画作品（图11）。当代江苏画坛上，喻继高、江宏伟等几代艺术家的工笔花鸟画颇见功底，而在现代笔墨语言创新方面，吴冠

图9 陈大羽 《红梅报春》轴
纸本 设色 纵176、横95 厘米
江苏省美术馆藏

图10 陈之佛 《春江水暖》轴
纸本 设色 纵85、横40 厘米
南京博物院藏

图 11 喻继高 《瑞鹤消夏图》轴 纸本设色 纵 136、横 68 厘米

图 12 聂危谷 《云蒸霞蔚》 彩墨 横 68、纵 96 厘米

南、聂危谷、赵治平等艺术家的花鸟作品，引起画坛内外的关注。南京大学美院聂危谷教授，坚持现代水墨和彩墨结合，创作题材涉及各方面。他在笔墨现代性的追求上，将其深厚的艺术史理论融入到创作中，形成鲜明的独特性和原创性。他的荷花一反传统，糅合泼彩与写意，画面充满整体形式感，有着强烈的视觉效果（图12）。他认为"传统水墨淡泊清逸境界虽高，却与当今时代隔膜，也非我心所愿。"而他在现代水墨中，力图以跌宕的黑白、奔突的墨线、斑斓的肌理、开张的构图与恢弘的气势、引人仰观俯察、感受天地人生，开拓文化胸襟[14]。江苏省美术馆赵治平副馆长，其笔下花鸟，极富野趣和坚强生命力，其画中小鸟往往彼此依恋，振翅高飞，传达了勃发向上的生命精神，象征着和谐相处的人间亲情与和谐的生态环境，反映了当代人渴望回归自然的纯朴理念，以及热爱生活的人性关怀。其创新之处在于打破了工笔重彩与水墨写意的界限，精工慢写与泼墨泼彩相反相成；笔墨韵味与色彩魅力珠联璧合；整体的大写意和具体的写实性相得益彰。有力地提升了花鸟画的表现功能与视觉感染力（图13）。

近年来，我试图把笔墨语言与物象写生结合起来，传统方法与现代手段结合起来，努力追求形式语言与修养意趣的统一，力求作品思想新、意境新、技法新、情调美。即在题材上把握住反映现实，表现形式上注重构成布局，艺术品位上注重修炼色彩，笔墨技法上体现创新精神。2008年我创作的《惠风和畅》，入选江苏省文化厅系统庆祝改革开放30周年展览活动。取材为盛开的荷花、悠然自乐的鳜鱼，表现方法为小写意，墨色浓淡有致，荷杆挺拔有力，新荷昂扬向上，意在象征改革开放的时代风貌和当代中国社会欣欣向荣、和谐进步的新气象。但手法仍然稚嫩，构图缺乏张力，尚不尽人意。《志存千里》2009年入选《国庆60周年全国群众文化美术书法作品大展》。采用花鸟和山石、勾勒与没骨、泼墨与重彩相结合的方法；画中表现了屹立古松目视雄鹰振翅欲飞的瞬间，天空采用泼彩表现霞光万丈。目的是想通过笔墨语言，表达对祖国60年沧桑巨变，尤其是经济腾飞以来人民安康，国际威望聚增的由衷祝福。花鸟画源于生动的大自然，笔墨的提炼与概括也要依据对自然的观察和理解，这就要求我们必须坚持观察自然界，训练表现自然的本领。我从小生活在苏北里下河水乡，那青青的芦苇，碧荷连片的池塘，稻田飘香的蛙声，渔舟旁游弋的鸬鹚，至今难以忘怀。我以《水乡情韵》为主题，选取15幅充满生活情趣，包含人生哲理的小品画，并在诗堂上题写了"芳草缀岸绿，柳叶对蜩鸣。荷嫩花绽开，风吹惊银鳞。芦苇弄倩影，鹭鸶映水田。何处觅和美，悠悠水乡情"的诗句。以此来表达自己对水乡那般幽静、恬淡、温煦和自由生活的美好回忆，传达人们热情的生命活力（图14）。

图13　赵治平　《家珍》　纸本设色　纵222、横84厘米

　　任何艺术如果不与时代同行，忘记开拓创新，固守传统清规戒律，其生命终将枯萎。中国花鸟画要想突破徘徊不前的现象，就必须锐意进取。然而创新是一种意志、一种精神、一种坚持。从主题内容到表现方法、笔墨技巧，创新无一不需要作者以新的观念，去发现新的表现方式与笔墨技巧，只有这样才能创作出超越前人，饱含时代气息的作品。中国花鸟画的创新，不仅仅是时代赋予当代花鸟画大家的责任和使命，也应当是所有画家不断追求的最高境界和自觉行为。

　　首先是观念上的创新。创新的艺术观念往往区别于传统的艺术思想，但又源自于传统文化，是传统文化在当代的延续和应用。当今中国画坛，需要警惕在西方艺术思潮影响下迷失自己的方向。每一个艺术家都可能根据自己丰富的现实生活和理想，表达自己的艺术理念。只有观念创新，艺术家们才能回归到自己的精神家园，才能以积极的姿态参与现实生活，才能以适应新时代的人生观、价值观和艺术观，去改变传统文人画家怀才不遇、满腹牢骚的消极态度，从而激发出极大的创造热情，迎来中国花鸟画的重新崛起（图15）。

　　其次是立意上的创新。好的立意是创作一幅优秀花鸟画作品的根本，它直接关系到绘画的布局、选材，乃至绘画的整体格调。郑板桥撰有一幅对联"删繁就简三秋树，领新标异二月花"，其实就是对美的意境要求。绘画的立意就应该如早春之花独领风骚，这样才会彰显自己独特的风格。立意创新往往比较难，难就难在突破常规的思维定势，去寻找到适合自己的独特表现形式。一旦通过与众不同的立意和富有个性化的笔墨语言，向观者真实地表达自己对生活的体察、感受、思考和认识的作品，总是能感动人、打动人，为人们所喜爱。当然，立意创新决不是艺术家毫无章法的胡思乱想，而是需要时代精神、思想境界、人文格调

图14　稽亚林　《水乡情韵》　纸本　设色　纵200、横145厘米　2010年

与艺品、画品的高度统一，需要符合客观事物的本质特征和一般规律（图16）。

再次是手法上的创新。面对全新的时代，中国花鸟画因循守旧是不行的。时下一大批有胆魄的画家能够在中国花鸟画发展的领域里，卓有成效的开拓和创新：或引入现代绘画的视觉元素，或寻求材料变化产生的肌理效果，甚至尝试作深层次的心理把握，使中国传统花鸟画具有现代形态，符合当代人的审美需求。无论是重新开发笔墨宣纸性质的实验性，还是利用综合材料的开放性，所有类型的成功之作，都是充分理解花鸟画传统语境和时代精神的结果（图17）。

第四是图式上的创新。传统中国花鸟画，风格相对单一，形式已经陈旧，内容较为贫乏，难于满足今人多方面的审美情趣和欣赏需求。花鸟画的笔墨变革必定带来造型语言的转换，笔墨与图式是紧密相联、相互牵制、相辅相成的。要突破传统的图式，既要有勇气，也要有智慧。从物象到心象，再由心象到图象，是一个极其复杂的心理过程。由于画家的精神、情感、心理作用与文化修养的差异，形与神、形与趣的关系也就表现出了不同。图式创新一方面要强化花鸟画的视觉效果，表现美好的物质世界的多姿多彩，适应当代文化语境下的现实需求；另一方面在呈现花鸟造型与图式时具有文化意义，藉以表现人，表现当今的时代精神，从而营造整体上的规模效应和艺术上的巨大张力。

此外，当代中国花鸟画的创新，需要艺术家提高文化修养和深入生活实践，把墨法与表现相联系，把精神与审美贯穿在绘画之中，使技法上升到人文境界。徐悲鸿先生常说：一个画家，不仅要有坚实的绘画基础，同时必须读万卷书行万里路，胸襟开阔，以洞察万物，研究事物的奥妙细理，理解客观的规律。这样才能做到尽精微地表现对象，达到艺术的极致[15]。

当今时代是一个开放发展的信息化时代，在国际化、市场化背景下的艺术家，应该关注时代，投身于生活，在社会的变革和进步中深沉思索，以博大的胸怀、高尚的艺品、祥和的态度，服务于社会，服务于民族。在继承传统上下功夫，在创新上求发展，增强自己的艺术修养，形成自己的风格，提升花鸟画作品的格调，用优秀的作品反映生活、反映时代精神。

图 15 张大千 《蕉石图》轴 纸本 设色 纵 165、横 83 厘米 江苏省美术馆藏

图 16 林风眠 《枫叶双雀》 纸本 设色 纵 34.5、横 46 厘米 江苏省美术馆藏

图 17　吴冠中　《丛林雪山》　纸本　设色　纵 105.3、横 102.3 厘米
江苏省美术馆藏

四　结论

　　花鸟画是中国画的重要组成部分，是中华民族千年积淀的艺术精华。历代先贤们继承和弘扬了中国优秀绘画传统，创造了各自独特的画风，使花鸟画的笔墨表现力达到了高度成熟，为我们留下了宝贵的艺术资源和丰富的创作经验。置身于信息化、网络化、多元化发展的新时代，传统中国花鸟画遇到了前所未有的强烈冲击。因此，加强中国花鸟画的创新与变革，拓宽花鸟画创作道路，成为当代艺术家迫切需要面对的时代主题。改革开放以来，艺术家的视野大大拓展，在传统笔墨的基础上，充分吸收现代艺术精华，使中国花鸟画领域的风格形式不断变化，并显示出生机勃勃的景象。不仅以特有的笔墨意象畅写祖国的时代新风，满足中国人的审美需求，也能够为维护世界文化的多样性作出积极的贡献。

　　一个正走向辉煌的中国，为画家们尽情地施展才能创造了良好的环境，最大限度地激发了他们的创作激情。作为生逢盛世的一代画家，有责任和义务以自己富有活力、符合社会需要的艺术创造，向人类展示中国花鸟画积极向上、关爱生命、崇尚自然的艺术风貌；也有能力和智慧超越传统，创作出更多独特性、原创性作品奉献给时代与人民。植根于民族传统文化与现实生活的中国花鸟画，只有经过不断地开拓创新，才能将中国古代文化留给世界的光华发扬光大。就个人来说，应当充分利用在文化部门工作的有利条件，努力加强自身的艺术修养和实践才华，勇于挑战新的目标，为中国花鸟画的发展略尽绵薄之力。

注释

[1] 梅墨生：《中国画为何"失魂落魄"——关于中国画艺术的若干思考》，《中国文化报》2007年4月1日。

[2]〔俄〕列夫·托尔斯泰著：《列夫·托尔斯泰全集》，人民艺术出版社，1987年。

[3] 蔡闯、赵和平：《用现代思维讲中国画》，《光明日报》2002年1月25日。

[4] 蔡闯、赵和平：《用现代思维讲中国画》，《光明日报》2002年1月25日。

[5] 卢辅圣主编：《中国书画全书》，上海书画出版社，1998年，第902页。

[6] 郭若虚著、俞剑华注释：《图画见闻志》，江苏美术出版社，2007年。

[7] 石涛：《山水册》跋文。

[8] 王兴国：《论"扬州画派"对当代书画艺术的启迪》，《书画艺术》2007年第1期。

[9]《郑板桥李鱓书画精品选》，国际统一出版社，2003年，第8页。

[10] 张彦远：《历代名画记》。

[11] 俞剑华注释：《石涛画语录》，人民美术出版社，1959年。

[12] 觉隐：《佩文斋书画谱》。

[13] 俞剑华注释：《石涛画语录》，人民美术出版社，1959年。

[14] 聂危谷：《墨彩辉胜——聂危谷画集》。

[15] 蒋兆和：《徐悲鸿彩墨画序》，人民美术出版社，1958年。

原载《艺术百家》2009年第8期

现代意蕴在花鸟画创作中的体现

中国花鸟画如何紧随时代，注入现代意识，走传承、创新和发展之路，以改变当今花鸟画创作实践中艺术活力与时代生命力不足的问题，值得艺术家们更多的思考。任何艺术如果不与时代同行，不开拓创新，不打破传统的"金科玉律"，其生命终将会枯萎。中国花鸟画要想突破现状，就必须超越传统，有所创新。从主题内容到表现方法、笔墨技巧的创新，无一不需要用作者以新的思想感情，去带动新的笔墨技巧，只有这样才能创作出既区别于前人，又具有时代气息的作品。徐悲鸿将西方绘画的写实手法融入传统的笔墨之中；潘天寿写意花鸟，墨彩纵横交错，构图清新苍秀，气势磅礴，趣韵无穷；陈之佛将装饰艺术中的色彩融入工笔花鸟画的创作；张大千借鉴西方抽象表现主义手法，创出泼彩画法；李苦禅融会西方技法为我所用，其写意花鸟集中体现了传统绘画"写形写神""以神写形""形神兼备"的创作观念；林风眠则汲取民间美术的质朴与刚健，形成自己意境深邃，形式新颖的独特风格。由于笔墨意象传递出丰富多样的审美感动，使花鸟画笔墨语言的现代性和独立的审美价值有了可能，也使得花鸟画的笔墨形态更加贴进现代绘画艺术。因此，当代中国画花鸟画的创新发展，就需要发扬光大前辈们的传统，寻找一条笔墨语言现代性与表现题旨高度契合的新路；需要在花鸟画创作中体现欣欣向荣、蓬勃发展的时代，让赏心悦目、积极向上、令人振奋的艺术作品来感染人、鼓舞人。

图 1　陈子佛《梅花群雀》轴纸本 设色 纵 102、横 34 厘米1946 年 南京博物院藏

一　求变求新的理念

创新的艺术观念往往区别于传统的艺术思想，但又源自于传统文化，是传统文化在当代的延续和应用。活跃在清康熙年间的"扬州八怪"，怪就怪在他们的花鸟画注重抒发心灵，标新立异，创新求变，任情放笔。在创作态度上，他们出于自身生存和竞争的

需要，作品中除了诗书画完美结合，表现较强的综合素质外，他们更多地考虑如何使创作主题符合市场需求。只有观念创新，艺术家们才能回归到自己的精神家园，才能以积极的姿态参与现实生活，才能以正确的人生观、价值观和艺术观，去改变传统文人画家怀才不遇的消极态度，激发出极大的创造热情，并通过作品来充分表达自己的艺术理想（图1）。

二 格调高深的立意

好的立意是创作一幅优秀花鸟画作品的根本，它直接关系到绘画的布局、选材、材料乃至绘画的整体格调。郑板桥撰有一幅对联"删繁就简三秋树，领新标异二月花"，其实就是对美的意境要求。绘画的立意就应该如早春之花独领风骚，这样才会彰显自己独特的风格。立意创新往往比较难，难就难在突破常规的思维定势，去寻找到适合自己的独特表现形式。一旦通过与众不同的立意和富有个性化的笔墨语言，向观者真实地表达自己对生活的体察、感受、思考和认识的作品，总是能感动人、打动人，为人们所喜爱（图2）。当然，立意创新决不是艺术家毫无章法的胡思乱想，而是需要时代精神、思想境界、人文格调与艺品、画品的高度统一，需要符合客观事物的本质特征和一般规律。

图2 清 金农 《牵马图》轴 纸本 设色 纵49、横80.2厘米 南京博物院藏

图3　吴冠中　《云南人家》镜片　纸本　设色　纵68、横70厘米
1978年

三　表现技法的新颖

拟人、象征、寓意手法的应用，使中国花鸟画形成了独特的笔墨语言。面对全新的时代，中国花鸟画因循守旧是不行的，拒绝传统也是不行的。石涛是明清时期最富有创造性的杰出画家，他既画山水，又擅画花果、兰竹等花鸟画。石涛的可贵之处在于敢于叛逆当时的"正统"，打破中国画传统的布局方式，以表达内心精神世界。他强调创作必须重"感受"，通过一切手段来表现自己的真实感受，不同的感受便运用不同的表现方式和技法。他认为前人的经验是认识表现事物的一种不可缺少的基础，但绝不是拿来代替自己的创造。笔墨"当随时代，犹诗文风气所转"。石涛的画是那样气韵生动，正是他对当时传统中国画变革的结果。时下一大批有胆识有魄力的画家能够在中国花鸟画发展的领域里，卓有成效的开拓和创新：或引入现代绘画的视觉元素，或寻求材料变化产生的肌理效果，甚至尝试作深层次的心理把握乃至人格的表现，使中国传统花鸟画的艺术品格，具有现代形态，符合当代人的审美需求（图3）。无论是传统性、实验性，还是综合材料开放性，所有类型的成功之作，都是在继承传统的基础上，正确理解花鸟画的传统语境和时代精神的结果。

四　富有张力的图式

传统中国花鸟画，风格单一，形式陈旧，内容贫乏，难于满足人们多方面的审美情趣和欣赏需求。花鸟画的笔墨变革必定带来造型语言的转换，笔墨与图式是紧密相联、相互牵制、相辅相成的。要突破传统的图式，既要有勇气，也要有智慧。从物象到心象，再由心象到图象，是一个极其复杂的心理过程。由于画家的精神、情感、心理作用与文化修养的差异，形与神、形与趣的关系也就表现出了不同。图式的创新既要有笔墨语言创新的基础，有时还要在色彩上有所突破。神在形前，意出象外，才能在画面上塑造出新的艺术形象和全新的图式。花鸟画的图式创新，一方面要强化花鸟画的视觉效果，表现美好的物质世界的多姿多彩，适应当代文化语境下的现实需求；一方面在呈现花鸟造型与图式时，要具有文化意义，藉以表现人，表现当今的时代精神，从而营造整体上的规模效应和视觉上的巨大张力（图4）。花鸟画笔墨意象在体现独具的形式与结构的美感时，还映像出画家独具的精神世界和审美理想。

图4 潘天寿 《雄视图》轴 纸本设色 纵347.3、横143厘米 20世纪60年代

五 广博至深的境界

当代中国花鸟画的创新，需要艺术家提高文化修养和深入生活实践，把墨法与功能表现相联系，把精神与审美贯穿在绘画之中，使技法上升到审美的境界。徐悲鸿先生常说：一个画家，不仅要有坚实的绘画基础，同时必须读万卷书行万里路，将胸襟开阔，以洞察万物，研究事物的奥妙细理，理解客观的规律。这样才能做到尽精刻微地表现对象，达到艺术的极致。当今时代是一个开放发展的信息化时代，在国际化、市场化背景下的艺术家，应该关注时代，投身于生活，在社会的变革和进步中深沉思索，以博大的胸怀、高尚的艺品、祥和的态度，服务于社会，服务于民族。在继承传统上下功夫，在创新上求发展，增强自己的艺术修养，形成自己的风格，提升花鸟画作品的格调，用优秀的作品反映生活、反映时代精神。

寻找笔墨语言的现代性是一个长期艰苦的过程，是一代又一代艺术家不断探索积累的过程。现代笔墨语言的创新并非是从传统文化中直接挪用，而是从时代和生活引发的冲动与思考中获得的，从民族心理、民族自信以及对传统文化中的探寻中创造的。当然，笔墨的创造不光是为了造型，更重要的是要进行应用，这是中国花鸟画家在创作实践中不懈追求的至高境界。

原载《书画艺术》2010年第1期

狂肆纵横　开拓千古

——南京博物院藏徐渭《杂花图卷》赏析

　　2017年8月，由南京博物院举办的《青藤白阳——陈淳徐渭书画艺术特展》如期对外展出，一时引起社会尤其是艺术界的广为关注。此次展览不仅有南京博物院的馆藏，还集中了天津博物馆、上海博物馆、苏州博物院的珍贵藏品，共73件（套），全面展示青藤、白阳书画艺术的整体风貌与发展源流。南博的《杂花图》、天博的《罨画山图卷》为青藤白阳的两大传世国宝，苏博的巨幅藏品《咏剑》《咏墨》，以及众多的长卷作品都是首次合璧开卷亮相。徐渭的《杂花图》是南博镇院之宝之一，尽管因工作关系时常有机会欣赏，但象这样近距离、长时间仔细品赏其艺术珍品，领略大师的风采的机缘即少之又少。

　　徐渭（1521～1593年）字文长，号天池、青藤，山阴（今浙江绍兴）人，出身于落破的士大夫家庭。他自幼博览群书，好弹琴、骑射、击剑、学佛习道，对戏曲也有精深的研究。

　　在徐渭的绘画作品中，革新精神最强，最能表现他无视古今，率意挥洒的是水墨花卉。目前存世的徐渭画作仅有40多件，但最为精要的作品当数南京博物院藏的《杂花图卷》。此卷是该院18件镇院之宝中唯一的书画作品，纸本，水墨，纵30、横1053.5厘米。在10余米长的画卷上，徐渭以豪放的气势疾飞狂扫，分别画有牡丹、石榴、荷花、梧桐、菊花、南瓜、扁豆、紫薇、葡萄、芭蕉、梅、兰、竹等共计13种花卉果蔬。整个画卷墨色线条纵横驰骋，狂肆不羁，飞舞跃动，一气呵成，达到了出神入化的境界，成为徐渭水墨大写意花卉的经典之代表。

　　徐渭精通音律，有着戏曲研究和创作的经历。他的作品主次分明，段落清晰，高潮迭起，波澜壮阔，这与他深厚的戏曲音乐修养有直接的关系。《杂花图卷》（图1）中，浓淡干湿，随心所欲，恣意汪洋，尤如草书飞舞，其布局灵活善变，出奇制胜，达到了"旷如无天，密如无地"的艺术境地。画卷以牡丹、石榴开篇，墨色滋润秀雅，灵巧飘逸，而后大泼墨写荷，放笔涂抹。梧桐则以较大面积营造气势，"纸才一尺树百尺，何处著此青林庐"，将画面推向高潮。菊花、南瓜、扁豆、紫薇，有重有轻，笔意率性，如轻歌曼舞，生机益然。葡萄粗干虬藤，枯笔狂扫，累累硕果，错落有致，随之以浓淡相宜的笔墨写出芭蕉，水墨淋漓，神采俱佳。梅花纵横出枝，下端衬以清郁的水仙和淡墨的竹叶，绰态清姿。显然梧桐、葡萄、芭蕉是整个长卷的"主角"，其余则为"配角"，加之徐渭以草书入画、大刀阔斧、横涂竖抹、气势豪放，竭尽造物之生动、笔墨之精妙、情境之激荡，使画面浑然天成，留给人们无穷的艺术享受。作品未注明创作时间，仅以"天池山人徐渭戏抹"作为长卷的落款。从作品的风格和他个人生活经历推断，成画时间应在明万历十年至万历十六年之间，这正是徐渭绘画创作处于激情澎湃，落笔成春的最佳时期。

徐渭的写意花鸟画，具有如此强烈的创造力，并成为鲜明的徐氏之风，与他本身的生活经历有很大的关联。徐渭才华横溢，自幼身处文人学士之间，他的老师汪应轸、萧鸣凤都是为官耿直、引疾还乡的士大夫，他交往的陈鹤、沈练皆为正直的文人，他们常在一起谈文作画。陈鹤精通词曲并擅画写意花卉，是绍兴文坛的盟主，徐渭曾向他学画，在思想上也相互影响。徐渭20岁始中秀才，后8次参加科举屡试不

图 1　明　徐渭　《杂花图卷》　纸本　水墨　纵 30、横 1053.5 厘米
南京博物院藏

中。嘉靖三十七年（1558年）徐渭被左侍郎兼佥都御史胡宗宪看中，招至任浙、闽总督幕僚军师，曾献奇计打败沿海倭寇的侵扰。后胡宗宪因涉严嵩案遭弹劾，被逮自杀，徐渭深受刺激，一度精神失常，竟9次自杀未遂，又因误杀其妻入狱，度过7年牢狱生活。出狱后的徐渭已53岁，此时他抛开仕途，开始四处游历，写诗作画。颠沛落魄的人生经历，造成徐渭其精神的苦闷和对朝廷腐败的不满，他时常发诸笔端，通过艺术来宣泄自己的情绪，以泄胸中之愤慨。

徐渭的水墨大写意花卉，发挥了文人画的传统，以"不求形似求生韵"的笔墨意象来体现描摹对象的精神。徐渭对苏轼、黄公望、倪瓒、王冕、沈周等人的画十分推崇；同时对前辈画家陈淳、林良、陈鹤等人亦很佩服。他是融会各种画法以后，一改吴门画派花鸟画自然秀润、恬静悠雅的格调，而形成大胆泼辣、乱头粗服的画风。特别是他惊世骇俗，不拘形似的水墨写意花卉，具有一种"推倒一世之豪杰，开拓万古之心胸"的豪放气概。

徐渭极尽墨法之美，实现自身书法技巧和绘画笔法的良好结合。徐渭在绘画过程中，大多是以墨色为主，很少利用其他色彩。他用墨如滂沱倾泻，勾花点叶弹跳有声。通过运笔的轻重徐疾，振笔横扫，毫不雕琢，有时充分利用纸张渗水晕墨的特点，营造出墨痕泛滥、淋漓变幻的奇特效果，极大地丰富了传统水墨的表现技法，真正进入了一种自由的纯粹的审美境界。徐渭作为水墨大写意画派的开山大师，其在文学艺术上的卓越成就，的确很少有人能与之比肩，他的作品对明晚期以及后世影响十分巨大。

原载中国画家网，2018年7月5日

细微见精妙　豪放显神韵

——江苏古代雕塑艺术略论

江苏雕塑艺术源远流长，它伴随着绘画、建筑、园林、工艺及政治、经济、宗教等共同衍生，共同发展，并形成鲜明的地域特征和卓越的艺术成就，在中国雕塑领域独树一帜。这一点我们可以通过几千年来江苏大地留下的大量文物遗存而得到充分的佐证。尽管这些发掘的信息断断续续，甚至残缺不全，但我们可以从中探寻出江苏雕塑艺术的发展脉络，以至于领略到中华古代雕塑的艺术魅力。

一　江苏雕塑艺术的起源与发展

江苏境内的历代雕塑艺术，最早可以上溯到史前时期，而后自秦朝始，经历两汉、三国、两晋、南北朝、隋、唐、五代十国、两宋、元、明、清等朝代，其雕塑艺术经过历代艺人在继承前代优秀传统与不断吸收外来技巧下，日渐成熟并迅速发展，成为中华大地比较发达的地区之一。

早在原始社会江苏雕塑就以古陶塑和玉雕显示出独特的艺术风采。远古时代江苏就有人类居住。生存于距今约30多万年的"南京人"，其时代大致和"北京人"中期相当，经过长期劳动实践，人们的生产方式、生活条件得到逐步改善，促进了原始社会文化的进步。大约距今1万年前左右的新石器时期的遗址，遍布江苏境内，如青莲岗文化、河姆渡文化、良渚文化等。这些文化遗址中出土的彩陶、玉雕、骨器、木器等，都闪耀着这个时代美术的光辉。连云港将军崖岩画距今约4000余年，是原始社会石刻艺术遗存，在海内外极为罕见，被誉为我国最早的"天书"（图1）。岩画范围长22米，

图1　连云港将军崖岩画

宽15米，主要内容为人面、农作物、鸟兽面、天象和一些符号。苏州吴江梅堰良渚文化遗址出土的豚形陶壶（图2），造型栩栩如生，率意洗炼，曲线优美流畅，雕塑技艺成熟；常州金坛市西岗镇三星村北首的新石器时代遗址考古发掘的陶罐、彩陶豆、玉璜，南通海安青墩遗址出土的带柄陶斧、刻划原始"八卦纹"的麋鹿角，徐州邳州大墩子遗址出土的大批彩陶，造型生动、规整，色彩绚丽；南京江浦营盘山遗址出土的陶塑人面像（图3），造型规范，庄重威严，富于震慑力；常州武进县寺墩遗址出土的兽面纹玉琮，雕琢工细，图案繁复而匀称。这些都堪称江苏史前雕塑的杰出代表，反映出原始社会晚期雕塑艺术的发展水平。

商周时期，随着青铜冶炼技术日渐成熟，江苏的铸塑艺术得到迅速发展。对古代铸鼎司马迁在《史记》上有这样一段记载："昔泰帝兴神鼎一，一者一统，天地万物所系终也。黄帝作宝鼎三，象天地人。禹收九牧之金，铸九鼎。"《左传》中也有"禹铸九鼎于荆山，铸鼎象物，百物而为之备，使民知神奸"的记载。可见鼎的发展与形成从泰帝兴神鼎一，到黄帝铸宝鼎三，禹帝铸九鼎，很自然的形成了不可逾越的典章制度。在商周美术的重要门类青铜器上，雕塑成为不可分割的装饰之举。从各地出土的众多精美的青铜器皿看，西周以后，江苏地区的青铜铸塑工艺已经成熟，并进入了繁荣时期。迄今为止，仅南京镇江一带发现的青铜器出土地点就有20多处，其中代表作如仪征破山口出土的西周四凤青铜盘，丹徒烟墩山出土的凤鸟纹兕觥（图4）、鸳鸯形尊，丹阳出土的凤纹尊、夔龙耳簋等。至战国时期，青铜工艺更为精进，已掌握了错金银和金属、松石镶嵌等

图2　豚形陶壶　新石器时代　南京博物院藏

图3　陶塑人面像　新石器时代晚期　南京市博物总馆藏

较为复杂的技术。如涟水县三里墩出土的铜卧鹿（图5），双耳耸立、两眼远眺，形神兼备，具有强烈的艺术魅力，显示出雕塑者高度写实的造型能力。同时出土的还有错金银立鸟壶，头、尾、盖上均镶嵌绿松石，眉梢错金，周身错银，构思精巧，装饰精美华丽，集青铜器工艺之大成。春秋战国时期越地之玉已独领风骚，玉雕艺术达到前所未有的高度。无锡鸿山越国贵族墓地出土的大量青瓷礼器与乐器，如蛇凤纹带钩、龙凤璜、神兽管（图6）、兔形佩等玉器，无论是造型和工艺都堪称精美绝伦。

进入秦汉，雕塑艺术日益深入社会各个阶层，江苏成为中国雕塑的重要区域之一。这一时期社会生产力得到解放，农业、手工业生产向前发展，国势强盛、财力充裕，雕塑艺术随着宫苑陵墓建筑的兴起空前活跃。徐州狮子山兵马俑，是楚王陵园的一个组成部分。这里发现了数量众多、种类繁多的西汉彩绘兵马俑，分别由步兵、车兵和骑兵组成（图7）。既有身着长袍的指挥官员，也有一身戎装手握兵器的战士，既有执着长器械的发辫俑，也有足登战靴抱弩负弓的甲士俑。俑的制作采用模、塑结合的方法，马分头、身、四肢六部，分别烧制后组装，兵俑姿态、神情、服装各异。如此庞大的陶俑排列成威严的阵容，在中国雕塑史上居重要地位。徐州还是中国汉画像石集中分布地之一，收藏珍品汉画

图4 凤鸟纹觥觚 西周 南京博物院藏

图5 青铜卧鹿 西汉 南京博物院藏

图6 鸿山遗址出土神兽管 南京博物院藏

图7 徐州兵马俑 汉 徐州汉兵马俑博物馆藏

图8　徐州画像石

图9　连云港孔望山摩崖石刻

像石350余块（图8）。汉画像石大都采用浅浮雕形式，题材广博、内容丰富。反映现实生活的题材有车马出行、对博比武、舞乐杂技、迎宾待客、男耕女织等；反映神话故事的内容有伏羲、女娲、炎帝、黄帝、日中金乌等；表示祥瑞吉祥的图案有青龙、白虎、麒麟等。徐州汉画像石中的牛耕图、纺织图、九仕图、迎宾图、百戏图及八米长卷押囚图，堪称艺术珍品。此外，值得一提的是连云港孔望山巨石圆雕石像和摩崖石刻（图9），刻于公元170年东汉末年，比筑于建元二年（336年）的敦煌莫高窟还要早200年。浮雕造像，气魄宏大，古朴雄浑，也是较为罕见的汉代雕刻作品，是我国迄今发现最早的一处佛教摩崖造像。

魏晋南北朝时期的帝王陵墓石刻，代表着江苏雕塑艺术历史上的最高成就。江苏境内的南朝陵墓石雕有33处，集中分布在南京、句容、丹阳一带，其中有18处为帝王陵及王公贵族陵。南朝石刻，大致沿袭汉代制度，皇帝和勋贵的陵墓前有神道碑、华表、石人、石兽雕刻，古朴凝重，精美绝伦，堪称艺术瑰宝。它上承秦汉，下启隋唐，与北朝石窟艺术遥相媲美，在中国石雕艺术史上占有极其重要的地位。此外，六朝时期佛教在江苏兴盛。南京栖霞山千佛崖，是我国东南地区规模最大、造像数量最多、凿窟时间跨度最长的一处石窟艺术宝库。千佛崖共有佛龛294窟，佛像515尊，所有佛像或五六尊一龛，或七八尊一室，多数为南朝遗存（图10）。其中大佛阁内无量寿佛高约10米，开凿于南齐永明七年（489年）。经历史变迁，加之风化严重，千佛崖佛像大部分遭损坏，但残存部分仍然显示出雕刻的精美。

随着佛教文化的传入，隋、唐、宋、元时期雕塑佛像盛行。在这期间，佛教一直是社会思想领域的重要支柱，在皇室的倡导下，修建佛寺、开凿石窟、雕塑佛像之风日盛。南京栖霞山栖霞寺东侧，有始建于隋，经南唐重修的舍利塔（图

图 10　南京栖霞山千佛岩

图 11　南京栖霞寺舍利塔

11），塔身高约18米，五级八面密檐式，装饰庄重富丽，雕刻狮、凤、飞天、力士、天王、文殊、普贤等佛教形象，尤其是塔基座上刻有释迦牟尼成道八相图浮雕，精美生动，为唐宋时期江南石刻艺术之杰作。苏州吴县甪直保圣寺有9尊大如常人、栩栩如生的罗汉坐像（图12）。据方志记载，保圣寺罗汉像为唐开元年间雕塑名家杨惠之所作，塑像造型伟岸，表情深沉，神韵各具，十分生动，是现存较早的中国化罗汉艺术形象佳作之一。徐州南部云龙山崖壁上的唐宋摩崖造像，均为高浮雕，自上而下共分4层7组，有71个佛龛、195尊佛教人物造像。人物造型线条流畅，表情生动而富有个性。全部佛教造像中除1龛1尊为北宋造像外，其他均为唐代元和八年至开诚元年（813～836年）20多年间凿造的。灌云伊芦山六神台佛教造像共有42尊。其中一窟东壁上有高浮雕像6尊，5尊结跏趺坐于莲台上，其旁有一尊力士像，是盛唐时期之作。吴县洞庭东山紫金庵16尊罗汉为南宋作品（图13），塑像高约1.13米，比例适度，衣纹流转自如，体态传神，性格各异，相传为南宋民间雕塑家雷潮夫妇所制。吴县天池山寂鉴寺石屋阿弥陀及弥勒石刻是元代作品，佛像依山崖凿成，其线条粗犷，气势逼人，是古代工匠因地制宜进行石刻造像的成功范例。

　　明清时期，各类材料雕刻更加丰富，江苏以石刻、泥塑、木雕、砖雕颇具特色。位于南京东郊钟山南麓的明孝陵，是明代开国皇帝朱元璋与马皇后的合葬陵

图 12　保圣寺罗汉塑像

图 13　紫金庵罗汉塑像

寝。陵墓神道两侧的石人石兽体型巨大，形神兼备，是明代石刻的艺术珍品。石刻风格多样，造型厚重简朴，融整体宏大与局部精细为一体，凝聚了当时艺术家和建筑师们的才智，也代表了中国明初石雕艺术的最高水平。其他明代功臣如常遇春、徐达、李文忠等墓前亦有石雕文臣武将及石马、石羊、石虎等，风格与孝陵一致，但规模较小。在明清时期的雕塑领域里，最有创造性和时代气息并与民众文化生活相关联的，是那些小型雕塑品。吴地的泥塑历史悠久，"最晚在宋代便已名扬天下"[1]。唐代吴郡（今苏州）人杨惠之有极高的声誉，他的泥塑佛像可与画圣吴道子的画媲美，是古今第一泥塑大师。至明清以后，无锡惠山泥人最为有名，其中清代泥塑艺人王春林，以其作品精巧细腻，变化多端而成为中国泥人的代表。此外，江苏境内的竹、木、砖、象牙、玉雕、牙雕等亦较兴盛（图14）。砖雕、木雕主要用于建筑装饰，内容有神话传说、戏文、故事等，几乎涵盖了人们日常生活的方方面面，保存完好者以苏州地区较为集

图 14　《刺虎》摆件　象牙　民国　南京博物院藏

中。红木雕刻、竹刻、玉石雕刻主要为家具、案头摆设，以文人雅好为趋向，雕刻工细，传世佳品颇丰。

二 江苏雕塑艺术的主要风格特质

　　江苏大量雕塑艺术遗存，不仅成为中国艺术宝库中的珍品，最有文物和史料价值，也为我们认识雕塑艺术的起源、发展、继承和创新，提供了更多的帮助。江苏雕塑艺术在其形成与发展的历史长河中，以其区域特有的传统方式，通过不断与外界文化的频繁交往与接触中，融合与吸收，从而丰富自身的内容和形式，形成独特的审美特征。

　　气势恢弘的石刻艺术，无不渗透着皇家霸气。从吴王开始历代帝王、诸侯王，生前凭着王权和显赫的贵族地位，掌握政治、经济、军事，以及文化艺术在内的上层建筑，死后亦已不惜重金修建陵墓。仅东晋时期，就有11位皇帝的陵墓葬于南京或周边地区。南朝帝陵保持着聚族而葬的习俗。最让人叹为观止的是南朝陵墓前极具艺术特色的石雕兽。这些神道石刻一方面继承了汉代石刻艺术的传统，体现了一种博大的气势之美，另一方面它改进了汉代古朴、粗糙、简单的雕造技法，在造型和技法上达到了新的境界，并对后代的唐宋石刻艺术产生了深远的影响。南朝刘宋时8位帝王，多葬于南京。墓前有神道、石柱、石碑和石兽，石兽分天禄、麒麟、辟邪三种。其形高大，昂首挺胸，口张舌吐，两侧刻有双翼，四足前后交错，似纵步若飞，俨然威镇百兽之神态。宋武帝刘裕初宁陵前石兽东天禄、西麒麟，现保存完好（图15）。双兽各高3米左右，环目张口，舌尖上翘，额毛垂胸，两翼刻鳞翅纹，遍体鬃毛如钩，雄浑如生，刀笔精湛、娴熟、别具风格[2]。明代有19座帝陵，开国皇帝朱元璋及太子葬于南京紫金山南麓，其余分别葬于盱眙、凤阳、昌平等地。明孝陵神道最大的特色，在于人工与自然的完美结合。神道石刻造型厚重简朴，以形体高大取胜，雕刻技法上注重写实，寓巧于拙，线条圆润流畅，细微处精雕细琢，融整体宏大与局部精细为一体。在布局上，依据紫金山独龙阜玩珠峰走势进行布置，用石像生经营空间。在长约1800米的石像路上相向排列着12对石兽，包括狮、獬豸、骆驼、象和天马等，每种动

图15　宋武帝刘裕初宁陵石刻

物立姿跪姿两两对立，排列有序，壮观威严（图16）。神道上分别列着4对身着盔甲或蟒袍的文臣武将。石人石兽配以苍天远山，形成一派严肃静穆的气氛，在历代帝王陵墓建筑中是前所未有的，开创了明清皇家陵寝文化的先河。值得一提的是盱眙的明祖陵石刻，共有文官7对，武士1对及狮、马、麒麟等（图17）。它是明代帝陵石刻中最为精美的一组石刻群。无论是狮子、麒麟，还是战马，全都是雄性，强悍勇猛。在造型雕刻手法上运用浮雕、半浮雕的技法，使石刻的细部显得流畅华丽，可以看出艺人们丰富的想象力和高度的创造精神。据考古专家介绍，明祖陵的工艺水平超过明代诸陵的水平，堪称明代石刻艺术的典范[3]。

图 16　明孝陵神道

图 17　明祖陵石刻

生动形象的宗教造像，其时代风格递变，寄托人们的美好希望和理想。从北魏起，江苏建佛寺、雕佛像、绘壁画等佛教活动一直盛行。大量的佛像都显示出宁静、洒脱、飘逸、充满智慧的神态，寄托着当时人们的美好愿望。佛像有所谓三十二相、八十种好的形象上的神化特征，在雕塑时都必须严格符合要求。中国的佛教雕塑源自古印度，艺术家在学习摹仿过程中，逐步将它们加以改造，使其既保存了某些原产地的样式，又更多地体现出本土特色。扬州大明寺大殿中的三尊大佛，初塑于北魏，但由于寺院多次重修，现今的佛像实为清代作品，但雕塑却以唐代手法塑造。佛像显得健康丰满，躯体高大，面容庄严典雅，表情温和亲切，似乎极愿接近人们，帮助人们。在雕刻手法上，圆刀代替了平直的刀法，不论是形象本身还是衣褶的变化，北魏那种突兀的转折和生硬的棱角已经消失，显得更加光彩照人。明清时期，佛像雕塑更为写实，更具有人情味。苏州西园寺五百罗汉堂，不仅面形、衣着、动态各尽其妙，喜怒哀乐的人物神态无一协同。那一个个罗汉，衣裙褶纹飘飘欲动，栩栩如生（图18）。有的闭眼枯坐，似乎早已入化；有的亢眉瞪目，分明还要与尘俗一比高低；有的袒胸露背，浑身肌肉强健有力；有的老态龙钟，脸皮松弛，似乎要垂挂下来；有的头部微扬，眼望空际，分明有看透尘俗之意；有的则凝神沉思手执经文，在妙言偈语中寻找解脱之法；或陋且怪，或丰且清，其线条流畅，刀法精练，实为佛像之上乘[4]。

与建筑装饰相结合的雕刻艺术，玲珑剔透，以精巧见长。江苏园林建筑历史悠久，自然和人文景观高度融合。从先秦两汉，到晚清民国，江苏造园艺术高超精湛，名闻中外，南京、苏州、无锡、扬州等都是古典园林的杰出代表（图19）。在园林建筑中不管是内部空间，还是外部空间的装饰，都需要通过雕塑手断来实现。如梁柱、隔扇、门窗、栏杆、撑牙、挂落、斗拱等，这些装饰主要表现为图案美，这种图案多以

图 18 苏州西园寺罗汉净眼菩萨

图 19 扬州何园

图 20　花篮垂柱雕

图 21　苏州网狮园万卷堂前的砖雕门楼

木雕而成。如扬州何园船厅的走廊架上刻象头，梁头上雕双鱼，雀替上是蝙蝠，厅内梁头雕花也是鱼形，四周是方窗，外雕金钱如意边框，中嵌杏花花饰。檐柱间的挂落皆为镂空花框。在蝴蝶厅前的14根檐柱前的雀替，正反皆刻有浮雕，为八仙祝寿图，每个雀替上两面各为一个神仙。人物个性显明，形态生动，虽为楼堂装饰，但艺术价值极高。江苏园林内的木雕总体上富丽堂皇、雍容华贵、精巧和谐，令人赏心悦目（图20）。用在建筑外部空间的雕塑，主要为屋顶的殿角走兽、花窗装饰，门楼及门前枕石、石狮的雕塑等等。苏州网师园主厅万卷堂前的砖雕门楼雕刻精致，享有"江南第一门楼"的盛誉。砖雕门楼位于门厅和大厅之间，门楼南侧上枋嵌有砖雕家堂，供奉"天地君亲师"五字牌位，门楼中部上枋横匾是蔓草图。横匾两端倒挂砖柱花篮头，刻有狮子滚绣球及双龙戏珠，飘带轻盈。横匾边缘外，挂落轻巧，整个雕刻玲珑剔透，细腻入微，令人称绝。左右两侧分别刻有"郭子仪上寿""周文王访贤"立体戏文图（图21）。在雕刻技法上，艺人们运用平雕、浮雕、镂雕和透空雕等砖雕艺术手法雕凿而成，刀工细腻，纹理清晰，古雅秀丽，历史人物栩栩如生，飞禽走兽和花卉图案形象逼真。这些砖雕图案以特有的风格丰富了景点的传统文化内涵。雕刻艺术的神韵和历史故事的风韵，结合在一起，庄重而古雅，这是江苏传统砖雕艺术中的精品。

　　江苏雕塑历来充满创新精神，所用雕塑材料不拘一格，雕刻手法凝炼，温柔敦厚，细腻优雅，与中华民族含蓄、天人合一、中庸之道的传统文化观念相一致。江苏古代雕塑给人的感觉是神龙露首不露尾、含不尽之意于象外。较少有剑拔弩张，向外张扬的火气，更多的是包容、谦恭、内敛，给人更多艺术韵味。既便是表现勇猛强悍也都有含而不发的美感特点。如威武猛厉的汉代兵马俑，豪放雄浑的六朝石刻，神情各异的保圣寺罗汉，载歌载舞的汉唐女俑都有这种效果，与其他中国古代艺术审美理想相一致。中国传统文化的核心部分是重礼教，讲忠孝，尊鬼神，从陶器、青铜器、石雕、玉器、画像砖石、漆器、微雕、泥塑等工艺品，发展出以装饰功能为主的实用性雕塑，在历代都占有主流地位。在明清时期，江苏的雕塑艺术充满创造性，且富有生气，作品多能体现出这一时代的精神特征。就其刻制的材料而言，有木雕、泥塑、陶艺、砖雕、竹雕、玉雕及果核雕等，创作的作品风格独特，极富有江苏地方特色。明人魏子敬脍炙人口的《核舟记》一文，真实描绘了吴地艺人在桃核上雕刻苏东坡泛舟赤壁的情景。明代常熟人王毅能在全长约3厘米左右的小小桃核上，雕刻出苏东坡与二位朋友、二位艄公等五人栩栩如生毫发毕现的形象，其中一位和尚挂着一串佛珠，历历可数。船上窗门均可开启，开窗时可见两旁雕花栏杆，闭窗后可见刻在右窗上"山高月小、水落石出"和左窗上"清风徐来、水波不兴"的十六个小字。其他如火炉、水壶、扇子、桌椅等结构清晰，形态完美，堪称如鬼斧神工[5]。

多姿多彩的雕塑样式，突显江苏雕塑家的艺术才能和民族特色。从新石器时代起，江苏境内出土的雕塑作品，除玉雕、牙雕、石雕、砖雕、木雕以及竹雕之外，一些与葬俗有关的雕塑作品，非常丰富。如徐州的兵马俑、汉代画像石，也有一些诸如人或动物俑（图22）。俑是用来代替活体陪葬的明器，尽管它们没有很强的实用性，但有些有着较强的艺术性。南朝刘宋时期的陶女俑（图23），出自南京西善桥一座皇室皇族的墓室里。陶女俑高37.5厘米，塑造得眉清目秀，削肩细腰，具有南方妇女的特征。她头梳高髻，两鬓抱面，身穿束腰，微露足尖的长裙，面带微笑，拱手而立，看上去给人以温柔和顺的感觉。它是中国早期传统的雕塑艺术品，与当时自外传入的佛教艺术有所不同，具有生活的真实性。从历代墓葬内出土的各种陶俑来看，它们都是古代一些不知名的雕塑艺术家，以明快细腻的艺术手法、准确的造型，塑造出不同身份、性格的人物形象，直接反映了当时人类社会的生活面貌，这在雕塑艺术发展长河中成为一份宝贵的文化遗产。位于南京南郊祖堂山西南麓，是五代十国时期南唐先主李昪与中主李璟的

图22　汉俑

陵墓。在南唐二陵出土的大量文物中舞姿陶俑和人首鱼身陶俑最为珍贵。陶塑男舞俑（图24）塑造了南唐时期供奉内廷的艺人形象。雕塑家用写实与写意的手法，塑造出舞蹈中的瞬间动作，舞姿生动而优美。舞者面部刻画细腻，双目远瞩，满脸喜悦，胡须满腮，身着窄袖长袍，腰束锦带，足蹬长筒皮靴，俨然一付唐代西域民族的形象。整个人物造型既带有装饰性，又采用夸张的手法，突出人的面部表情和身体舞姿的曲线，不仅再现了当时南唐宫廷舞蹈的神韵之美，而且让人感受到强烈的音乐节奏。雕塑家以敏锐的眼光、精湛的技巧和巧妙的表现能力，塑造出以民族舞蹈为内容的优秀作品，并对宋、元杂剧俑的雕塑产生影响，令人赞叹。人首鱼身陶俑（图25）高15厘米，长35厘米，属于镇墓俑一类。它昂首挺胸，头戴道冠帽，自颈下为鱼身。体被圆形鳞片，背鳍突出，形似鲫鱼。富于幻想的变合体的造型，是中国艺术特征之一，这种拟人化的表现手法，使人们所崇拜的神物也人格化了。这是一件杰出的艺术作品，充满浪漫主义色彩，体现出雕塑家的艺术才能，反映了古代葬俗和人们精神领域中的迷信观念[6]。

图23　高髻女陶俑　南朝
南京博物院藏

图24　男舞陶俑　南唐　南京博物院藏

图25　人首鱼身陶俑　南唐　南京博物院藏

三　江苏雕塑艺术成因分析

江苏众多雕塑艺术品弥足珍贵，它既是江苏雕塑艺术发展的物质存在形式，也是江苏不同时期政治、经济、文化和社会的真实反映。千百年来，江苏凭借这块广袤博大、瑰丽夺人的山水城林，以开拓进取、兼融并蓄、博爱智慧的文化精神，催生出江苏文明富庶的美名，从而滋养了江苏雕塑艺术的多姿多彩。

首先，江苏优越的地理位置，丰富的物质资源，造就并影响着艺术形态和发展的进程。江苏地处长江下游，滨临黄海，运河、淮河两大水系流经境域，拥有人类赖以生存的土地、水、矿藏等不可缺少的资源。温润的气候，适中的雨量，加上辽阔的平原，纵横的水网，肥沃的土地，使之成为我国较早开发的富庶之地。大约6000年前，太湖流域就出现了原始农业。公元前11世纪，商末岐山（今陕西）周部落首领古公亶父（即周太王）长子泰伯与弟仲雍同避江南，定居在太湖边的梅里（今无锡梅村）。土著居民前来归附者有千余家，奉立太伯为当地的君主，称吴太伯，自号"勾吴"。太伯定都梅里后，大力兴修水利，发展农业生产。太伯三让天下和开发江南的功德，几千年来，一直为后人所敬仰（图26）。孔子在《论语·泰伯》称："泰伯可谓至德矣，三以天下让，民无得而称焉。"在此后的各个朝代里，不仅江南地区，就连徐淮一带也成为重要的农业区域。随着开发的不断深入，江苏的陶瓷、冶铸、纺织、建筑、造船及其他手工业生产也逐渐繁荣起来。这些为雕塑等艺术的萌芽、成长、繁衍、承传，奠定了物质基础。

其次，江苏境内的传统文化源远流长，吴文化、金陵文化、楚汉文化、维扬文化等不同区域文化构成了江苏文化相对完整的文化结构和艺术样式。吴文化从泰伯奔吴起，至春秋建都姑苏的吴国基本定型，其区域范围以现今的紧靠太湖流域的苏南大部分地区，在长期的历史发展中，形成丰厚的文化积淀。后吴国被越灭，公元前333年，越又被楚灭掉，并

图26　无锡梅村泰伯庙

在石头山上（今南京清凉山）筑金陵邑。三国时孙吴建都京口（今镇江），后移都建邺（今南京）。"江南佳丽地，金陵帝王州"，作为"六朝古都"的金陵，在相当长的时期内，历代王朝的更替和文人墨客留下了丰富的文化遗迹，充分反映出占统治地位的金陵文化，对本土文化有着重大的影响。楚汉文化是一种特定地域的历史文化，主要指从战国末期到西汉，以彭城为中心形成的文化。战国末期，楚国领地在吞并吴、越两国后得以扩展，包括了彭城在内的苏北广大地区。项羽起兵灭秦后，自封为西楚霸王。公元前206年，项羽入关中，分封刘邦为汉王。五年楚汉战争刘邦打败项羽，以"汉"为朝号，建立了汉朝。汉文化的原创与发展，与刘邦及刘氏家族有一定的关系。对生长和生活在这样一个楚文化、楚风俗笼罩之中的刘邦而言，很好地得到了继承和发扬，并与中原文化融合，演变成容纳八方的汉文化，促进大汉王朝得以迅速发展，使之成为文明昌盛的泱泱大国。在江苏区域内的徐州、淮安、连云港、宿迁等地，这种"楚汉雄风"的传统文化精神，一直延续至今。维扬文化是以扬州及泰州为中心的区域文化，起源的时代上限不迟于公元前486年吴王夫差筑邗城。维扬地区河多水多，船多桥多，呈现出古、文、水、绿、秀的地域貌，又在南北文化交流中形成了清新优雅与豪迈超俊相结合的文化特征[7]。多元文化的历史组合，以及多区域的文化交融，为江苏文化艺术的继承和创新发挥了积极作用。

第三，在统治集团的推崇和倡导下，人们总是通过物质和精神生产创造出适应统治者及社会所需要的文化艺术样式。在江苏历史上帝王将相、文武百官层出不穷，为了维护他们的统治和享有的荣华富贵，一方面通过军事、政治、移民、联姻等民族融合的方式，不断巩固政权；另一方面，通过精神生产创造出来的哲学思想、宗教、艺术、社会习俗等精神层面上的文化形态，达到控制人们的思想和行为。在历代中央政府里，就设立有专门机构和官吏，负责主持大规模的石窟开凿、寺庙修建、陵墓营造以及各种明器制作活动[8]。这一点我们可以从江苏境内的300多处古遗址和近300处古墓葬发掘的大量青铜器、玉器、陶器、漆器及各种石刻和砖刻，可以明显看出，正是由于统治阶层的大力推动，直接影响整个社会风俗、习惯、制度的形成。因此，人们在物质生产和精神生产中，创造出的这些器物所传递的信息，不仅反映包括雕塑在内的各种艺术发展已达到相当高的水平，同时也探寻出当时社会主流文化的踪迹。

第四，宗教的日益完善及其周密的制度形式，在整个社会力量当中占有举足轻重的位置，加速了雕塑艺术的发展。宗教对文化的渗透、影响非常广泛，涉及到哲学、道德、艺术、文学、教育、建筑以及政治、经济等领域。江苏宗教文化主要是道教、儒教和佛教。道教初始是楚国巫术和秦汉时的神仙术，东汉末年张陵，又名张道陵（徐州丰县人）创道教（五斗米道），后被尊为张天师。道教主

图 27　镇江茅山

要是修炼、养生、成神仙、画符、占卜、驱鬼、炼丹术、治病、驱邪等。南朝齐
武帝封茅山道士陶弘景（秣陵人）为南天师道，时称"山中宰相"。唐宋以后，
茅山（位于镇江地区）一直是道家第八洞天，成为东南道教中心（图27）。儒教
为孔子所创，其核心是"仁"，宣扬"己欲立而立人，己欲达而达人"的忠恕思
想。著作《论语》，儒家也称孔孟之道。公元前134年，汉武帝元光元年，董仲
舒提出"罢黜百家，独尊儒术"，儒学从此被历代统治者所用，成为巩固统治地
位的正统的政治指导思想。佛教自西汉哀帝元寿元年（公元前2年）传入中国内
地，后来与中国老庄、玄学结合逐渐中国化。公元65年，汉明帝永平八年，提倡
佛教，佛教已传入江苏。由于统治者信佛，魏晋南北朝时期得到大发展。隋唐时
期，采取儒、释、道三家兼用的方针，佛教在中国广为融合。宗教把整个社会结
合在一起，使得社会规范和价值观更为重要，并为人们所接受。晚唐杰出诗人杜
牧《江南春》中"南朝四百八十寺，多少楼台烟雨中"的诗句，反映出南朝寺庙
林立，佛教非常盛行。人类的需要是文化形成的力量源泉。宗教作为一种文化现
象，最根本的是人的一种心理需要，一种精神生活，是人把握世界的方式之一[9]。
随着宗教的兴起，雕塑艺术的发展由此获得了雄厚的物质基础，其艺术门类发展
也就有了陵墓雕刻、随葬俑群、宗教造像等宗教雕塑，并在艺术上取得了很高的
艺术成就。

四　结语

　　纵观江苏雕塑的发展历程，至少出现过三次高潮：一是两汉时期的兵马俑、汉画像石；二是六朝时期的陵墓石雕；三是唐宋时期的佛教造像。虽然江苏雕塑少有秦兵马俑那样的雄伟，霍去病墓前石雕那样高度凝炼，敦煌石窟菩萨、晋祠侍女那样富有生命力，但江苏雕塑却有着江南的精巧、玲珑、纤细、流畅之美，同时又融有北方朴实、庄重、简洁、典雅之风，这是其不可比拟的。已至于不少惊世之作，在中国雕塑艺术史上占有举足轻重的地位，甚至成为世界雕塑史上的闪光点。

　　江苏雕塑与其区位优势、经济优势和文化优势有着紧密的联系，但核心与中华民族的传统文化、社会风貌、人文精神一脉相承。不同时期的江苏雕塑，反映着不同时代人们的意识、美感和愿望。在表现内容上，无论是人物雕塑、动物雕塑或陵墓雕塑，还是实用雕塑、装饰雕塑，都直接或间接地反映了不同时期社会生活和时代风貌。在表现手法上，追求天人合一，虚实相生的空间境界。如南朝的辟邪石狮

图28　《竹林七贤与荣启期》砖画拓片　南朝　南京博物院藏

经过装饰变形后，往往比写实的雕刻石兽更威风、更勇猛，且更神圣不可侵犯，给人以视觉冲击和震撼，显示墓主人的权威。在气韵意境上，雕塑艺术家们注重写意传神，生动流畅，不求形似，只求神似的意境特色。如一些陶俑人物塑像，头与身体的比例明显地不合实际，有的身长仅为4个头的长度，但不失生动、协调之美。在刀法技艺上，不仅吸收了绘画线条的特点，而且还习惯在雕塑上绘色描线。富有弹性而又丰富多变的线条，有的古朴雄伟而粗犷，有的丰圆饱满而细腻。如苏州保圣寺、扬州大明寺将各种菩萨的多彩神情展露无遗。南唐二陵出土的《竹林七贤与荣启期》砖雕画（图28）纯熟地发挥了线条的表现能力，人物造型简练而传神，画面具有浓郁的装饰之风，运线纤细有力。在所用材料上，不拘一格，信手拈来。金、玉、石、砖、土、木、竹等，无一不成为可入雕之物。

总之，在人类历史发展的长河中，江苏雕塑承传着几千年的文化，是每个时代思想、感情、审美观念的结晶，是社会进步文明的历史记载。我们需要对现有这些珍贵的历史遗存，进一步加以保护和研究，从中汲取营养，使江苏雕塑艺术在继承优秀传统文化的基础上，不断创新和发展，为江苏文化艺术事业的繁荣发展谱写新篇章。

注释

[1] 薄松年：《中国美术史教程》，陕西人民美术出版社，2007年，第365页。

[2] 叶皓：《金陵特色文化》，南京出版社，2005年，第14页。

[3] 蔡葵：《楚文化概观》，南京师范大学出版社，1997年，第38页。

[4] 陈书禄：《江苏文化概观》，南京师范大学出版社，1998年，第180页。

[5] 吴恩培：《吴文化概论》，东南大学出版社，2006年，第275页。

[6] 梁白泉：《南京博物院藏宝录》，上海文艺出版社，1992年，第126页。

[7] 陈书禄：《江苏文化概观》，南京师范大学出版社，1998年，第17页。

[8] 薄松年：《中国美术史教程》，陕西人民美术出版社，2007年，第139页。

[9] 〔美〕J. L. 斯图尔特：《中国的文化与宗教》，吉林文史出版社，1991年，第3页。

原载《艺术百家》2009年第3期，《美术界》2010年第3期

神圣与世俗的圆融

——雍和宫弥勒大像的象征意蕴研究

"雍和"，融洽、和睦之意。雍和宫，藏文名为"甘丹敬恰林"，译为"兜率壮丽洲"。从此宫名来看，雍和宫就与弥勒关系颇深，因为"兜率洲"，既是未来佛——弥勒菩萨所居之天宫净土，也是弥勒信仰者的皈依之处。雍和宫檀木大佛（图1）蒙古地区一般称为"迈达拉布尔汗（maidar burqan）"，译成汉语意为"当来下生佛"，梵文音译"弥勒"。古代北京有句谚语："宁住庙前，不住庙后；宁住庙左，不住庙右"，雍和宫却偏偏坐落在柏林寺右面。清乾隆帝唯恐这会影响"龙潜禁地"的风水，就准备在雍和宫北部空旷之地建高阁，供一大佛以保佑皇帝行宫之平安。可见，雍和宫弥勒大像尚未雕刻之前就被赋予了改造风水的象征的功能。而大佛雕刻之后，它不仅代表了中国古代藏传雕刻艺术的最高技艺，而且又生发出了多维的象征文化意蕴。

图 1 弥勒佛立像 清 雍和宫万福阁

一 造像主题的象征

1750年，乾隆帝将治理西藏的大权交给了七世达赖喇嘛。达赖为了感恩乾隆帝的信任，一直在寻找机会来报答乾隆的"浩荡皇恩"。据金梁的《雍和宫志略》记载，此时尼泊尔国王，正好从印度运来了一棵白檀树，被七世达赖知道。于是，他就用大量珠宝购买了这颗巨大的白檀树并运至雍和宫。乾隆皇帝见到这棵巨型的白檀木，龙颜大悦，当即钦命驻京八大呼图克图之一的副扎萨克掌印喇嘛、赤峰市阿鲁科尔沁旗罕庙寺主活佛，察罕五世活佛叶希普日来拉布吉全权负责弥勒大佛的雕刻及其相关工程。

基于这一造像的情感语境，此尊弥勒大像不仅要体现七世达赖喇嘛的忠心与虔诚，而且也要融汇国君之威严。所以，弥勒大像被雕刻成双眉细长，双目微垂，鼻直挺拔，双唇微闭的形象，在慈祥平和的神情中多了几分乾隆皇帝的君威。这与汉传佛寺中开口便笑的大肚弥勒完全不同，因为此尊弥勒大像不仅是膜拜的圣像，而且也隐喻了"皇帝即佛"的象征思想。所以，它才被察罕五世活佛匠心神韵地设计成如此神圣恢宏又如此高贵肃穆的敬畏之相。

但弥勒大像与乾隆皇帝的象征关系并非如此简单，它还在于大像与雍和宫的空间关系处理上。法国艺术史家福西永认为："一件艺术作品位于空间之中，但是这并不是说它只是被动地存在于空间中。艺术品必须根据自身的需求来处理空间、定义空间、甚至创造他所需要的空间。"[1]德国著名美学家黑格尔也曾说："雕塑毕竟还是和它的环境有重要的关系。一座雕像或雕像群……在创作时，不能不考虑到它所要摆的地点。"[2]很显然，当我们置身于弥勒大像前而感受到那种神圣的敬畏感，庄严的震撼感之时，更能深刻体悟到察罕五世活佛在处理弥勒佛像与万福阁空间关系上的精心思虑（图2）。万福阁殿内采用竖井式的空间设计，回廊环绕，立柱林立，沿梯而上可在不同楼层的回廊瞻仰弥勒大像。外观两侧各有一道悬空走廊与永康阁和延绥阁分别相连，这种三阁并列的建筑图式常见于隋唐弥勒净土壁画之中，恰似弥勒居住的兜率天宫。因此，我们有理由推测在雕刻弥勒大像之时，五世活佛并非简单地为大佛盖上建筑，而是通过适当缩小万福阁的物理空间，在视觉上造成弥勒大像对万福阁空间的挤压，从而使佛像在朝拜者的心理空间上更加高耸威严。当我们处于这种视觉空间中，仰观大佛，敬畏之心、虔诚之情也油然而生。

故透过宗教造像的本身，我们就会发觉这尊弥勒大像其实就象征着乾隆皇帝的化身，而五福阁则象征着兜率天宫。在雍和宫的戒台楼（1982年辟为文物陈列室）还可以进一步印证这种"皇帝即佛"的象征思想。戒台楼有幅乾隆皇帝的大幅画像。奇怪的是他头未戴皇冠，身也未着龙袍；而是头戴椎形僧帽，身穿黄色僧衣，披红色哈达，坐禅于莲花台之上。这幅唐卡将乾隆作为帝王的威严与作为菩萨的慈慧融于一画，既敬畏又可亲。在莲花台上有几行乾隆命南书房翰林为他所写的藏文赞诗，诗云："睿哲文殊圣，应化为人主。广大难思议，善哉大法王。安住金刚台，坚固不退转。随意大自在，殊胜世间尊。"[3]很明显，乾隆把自己塑造成了文殊菩萨的化身，从而让世人相信他为人间佛陀。

所以，"皇帝即佛"的象征文化意蕴，既是七世达赖喇嘛的报恩之心，也是乾隆皇帝本人的期望或默许。君臣二人在心灵上的契合与妙悟正是弥勒大像诞生的机缘。

图 2　北京雍和宫万福阁

　　我们知道雍和宫为黄教在北京最大的寺院，之所以在京城要建造一座黄教最大的寺院并雕刻一尊巨大的弥勒像，其实也包含了乾隆皇帝远见的政治考量。这在雍和宫大碑亭的《喇嘛说》中显露无遗："兴黄教，所以安众蒙古，所系非小，故不可不保护之……若我朝之兴黄教，则大不然。盖以蒙古奉佛，最信喇嘛，不可不保护之，以为怀柔之道而已。"[4]魏源对此阐释更为详尽，他说："葱岭以东，惟回部诸城郭国自为教外，其土伯特四部、青海二十九旗、厄鲁特汗王各旗、喀尔喀八十二族、蒙古游牧五十九族，滇、蜀边番数十土司，皆黄教，使无世世转生之呼毕勒罕，以镇服僧俗，则数百万众，必互相雄长。……且决骤而不可制。……高宗神圣，百族禀命，诏达赖、班禅两汗僧当世世永生西土，维持教化。故卫藏安，而西北之边境安；黄教服，而准、蒙之番民皆服。"[5]很显然，雍和宫及弥勒大像所承载的不仅仅是一座寺院的固有宗教信仰功能，而且也被乾隆皇帝授予了固国安邦的政治功能。

　　可见，雍和宫万福阁和弥勒大像不仅仅是一处膜拜的圣地，而且更是一处展示皇帝权威，促进民族统一与民族融合的政治教化之地。可以说，雍和宫从改成黄教寺院的那一天起，就成为了清政府通过藏传佛教连接藏、蒙、青、甘等地区人民的纽带。它不仅加强了清政府对边疆少数民族统治的中央集权，而且也成为蒙藏等地区人民沟通交流的重要平台。正如清室后裔爱新觉罗·溥杰先生为雍和宫陈列室的题词所言："佛缘无相游三界，民族由来本一家。"[6]

二　造像仪轨的象征

雍和宫弥勒大像双手各持一长枝巨莲，枝上装饰有藏式宝相莲花各一，在顶上盛开的莲花上，又各置法物，左为净瓶，右为法轮，这也是藏传弥勒佛像的常见标帜。在古印度净瓶是梵文Kundera的意译，音译有"军持""军迟""捃稚迦"等。它是盛水的容器，俗称"水瓶"。净瓶的象征含义有两点：第一、它象征着弥勒出生婆罗门，因为净瓶是婆罗门人随身必备的持物；第二、它象征着甘露普洒众生[7]。在古代南亚次大陆，瓶可分为"净瓶"和"触瓶"两种。"触"是"不净"的意思，如冲厕所之用。唐义净云"水有二瓶"："凡水分净、触，瓶有两枚。净者咸用瓦、瓷，触者任兼铜、铁。净拟非时饮用，触乃便利所须。净则净手方持，必须安著净处。触乃触手随执，可于触处置之……"[8]净瓶在古代印度的弥勒造像中是一个常见的标帜，寓意弥勒为婆罗门种姓。在新疆及敦煌壁画中就有手持净瓶的弥勒造像，如敦煌莫高窟第419窟顶后部平顶上的隋代弥勒形象即手持净瓶，显然当时弥勒图像受到了中亚犍陀罗艺术的影响，但入唐之后不复见。这与唐、五代之后汉传弥勒图像定型于布袋弥勒后有关，由此弥勒图像的标帜皆被布袋所取代。所以，此后净瓶作为弥勒的重要标帜在汉传弥勒造像中完全消失。而作为藏传弥勒造像的标帜——净瓶却一直保存下来，但其造型及象征意义都发生了转换。

雍和宫弥勒大像的净瓶并非古印度或中亚净瓶的造型，它实为西藏密宗的"奔巴壶"。奔巴壶也称贲巴壶、甘露瓶，俗称藏草壶，为藏传佛教密宗修行仪式中的一种灌顶器皿或用于佛前供器。壶口外形似洗，内呈漏斗形，鼓腹，颈为葫芦状，高足外撇，曲柄式流饰以龙口吞流状。清乾隆、嘉庆年间常常御赐藏传寺庙。在雍和宫的部分殿堂几案上，奔巴壶腹套有蓝、白、黄、红、绿等颜色的丝绸套，壶口插有孔雀翎。雍和宫还藏有另一件奔巴壶造型的弥勒造像，像高59厘米，铜镏金，弥勒结跏趺坐，左手置于左膝之上，托贲巴壶，右手作说法印。此像系第八世活佛于乾隆五十八年（1793年），担任西藏摄政期间献给雍和宫的佛像。弥勒这种特有的藏地和藏传佛教象征符号，不仅体现奔巴壶上，如还有"比较特殊的是莲花的花叶，不是一般汉传佛教莲花的花叶，而是青藏高原特有的西番莲的尖型莲叶。"[9]这些都充分显示了此尊弥勒大像造像的藏化特色和民俗风情。

雍和宫的弥勒大像本是按照喀尔喀蒙古造像的图像学仪轨来雕刻的，如"最外层的一圈珠串却不似永宣造像那样在乳头部位会向内转折，而是直接垂下，这又与蒙古造像的外层珠串比较相似。"[10]但此尊弥勒大像也融合了西藏弥勒形象的图式，如头冠、面部等一些细节，与大昭寺、布达拉宫的弥勒大像有诸多相似之处。乾隆九年四月初八日《军机处满文录副译文》的记载："……所差艺匠，应于藏地精心勘察弥勒等诸佛，以便抵京后易于仿做……依等已至大昭寺、布达拉宫等处，勘察记录弥勒等诸佛……"。这说明雍和宫弥勒大像参照了藏传弥勒大像的图式。

法轮藏文Chos-kyi-vkhor-lo，是佛教中众多神灵的持物，也是藏传佛教八吉祥徽中的一个象征符号。在藏传弥勒造像中往往与莲华枝上的净瓶同时出现，为藏传弥勒造像中常见的标帜，它象征佛教传法，金色的法轮八大轮辐代表佛陀的"八正道"。值得一提的是，作为藏传弥勒标帜之一的法论，常常被佛塔所替代。佛塔在弥勒造像中的象征意义非常明确，象征着释迦预言弥勒的未来佛身份。它既是释迦法身的象征，又是现在与未来链接的桥梁。它"犹如观音菩萨将绍阿弥陀佛位，是以顶上持阿弥陀佛，以此慈氏菩萨将补释迦之处，所以手持率睹波（即窣堵波）印，以标表之。"[11]可见，法论在此与佛塔的"授权为绍圣"的象征意义是相同的。

弥勒大像头戴五佛天冠，每瓣天冠的莲片上分别刻有东、西、南、北、中五方佛。五佛代表五智圆满之德。这是因为西藏密宗的理论认为，修行者仅仅靠念诵真言（咒语）和观想曼荼罗仍然不能达到即身成佛的境界，还要有五禅那佛的五种智慧才能成佛，这五智只有大日如来才具有。为了教化众生，大日如来才变化为五佛。五佛中央是毗卢遮那佛，代表法界体性智；东方是阿閦佛代表大圆镜智，又叫金刚智；南方宝生佛代表秒观察智，也叫莲花智或转法论智；北方是不空成就佛，代表成所作智，也叫羯摩智。

关于五佛天冠的由来与宗喀巴有关。他曾在释迦牟尼十二岁等身像上贡献圆满受用报身的悦意装饰，如头戴五佛冠等，从而使佛教在朗达玛灭佛之后重现光明。《松赞干布遗教》云："特作盛大敬供养，比丘菩萨东诞生，彼时持密大瑜伽，心要佛像由彼师，改变面容作胜供，对彼承事服役者，皆是圣者沙门身。"[12]此中"改变面容"是指往昔释迦头上并无五佛冠，而是由宗喀巴大师在"大愿法会"时贡献上去的。此后，在藏传佛教造像中，弥勒佛作为释迦牟尼的继承者也延续了头戴五佛天冠的造像仪轨。

弥勒大像的右手食指与拇指相扣屈于胸前，并轻拈莲花。左手略低于右手，以同样手印轻拈莲花根部。对此民间素有"扶天盖地"之说法，其实并不如法。实际上，弥勒施"转法论印"，表示弥勒菩萨作为"一生补处"将继释迦牟尼佛后降生人间，在龙华树下，大转法轮，普度众生。

大佛颈部现悬挂佛珠108颗，其象征意义也非常明确。《木槵子经》经云："若欲灭烦恼障、报障者，当贯木槵子一百零八个，以常自随；若行、若坐、若卧，恒当至心无分散意，称佛陀、达摩、僧伽名，乃过一木槵子。如是，渐次度木槵子若十，若二十，若百，若千，乃至百千万。若能满二十万遍，身心不乱，无诸谄曲者，舍命得生第三焰天，衣食自然，常安乐行。若复能满一百万遍者，当得断除百八结业，始名背生死流、趣向泥洹，永断烦恼根，获无上果。"此处细说了108颗佛珠的功德，它们象征着众生通过弥勒的加持，持念佛法僧三宝之名，可消除烦恼障和报障。

雍和宫弥勒大像胸部浑厚饱满，胸前装饰宝珠璎珞，其造型结构与明代永宣时期金铜佛像璎珞结构十分相似。更让人惊异的是，在弥勒大像裙子正中靠上处还有两个纯汉式佛装的装饰节扣，这在蒙藏地区的佛教造像中是绝无仅有的。综观整座弥勒大像，其艺术风格是多元的，它既承袭了蒙古造像的一些仪轨，又融合了我国古代传统高大立式佛像及明代汉藏风格造像的特点。这与大佛的设计者的身份是契合的。我们知道察罕五世活佛驻锡地罕庙是在内蒙古赤峰，处在蒙古腹地和中原王朝之间。所以，大佛的糅合风格是自然而然的事情。

三　造像量度的象征

雍和宫弥勒大像的主体部分是由一棵完整的白檀木雕刻出来的，白檀木通高26米，像高18米，另有8米被埋入了地下。整个佛像巍然矗立于汉白玉雕成的须弥宝座之上，其中佛头部直顶最上层阁楼的藻井。万福阁因此又称作"大佛楼"。那么乾隆皇帝和五世活佛为何要在雍和宫建造如此大的弥勒佛呢？我们不妨从佛教造像量度的象征角度来分析。

大像本身就体现了佛教对"大"的崇尚。佛教的宇宙观认为"三界井然"，但"大千无边"。无论从数量还是体量上来讲，佛教都体现了对"大"的崇尚。《大智度论》说："百亿须弥山，百亿日月，名为三千大千世界。如是十方恒河沙三千大千世界。"但这也只"是名为一佛世界，是中更无余佛，实一释迦牟尼佛。"佛教认为，"十方世界十方佛"，但仅仅一个释迦牟尼佛的"大千世界"就达 $1000 \times 1000 \times 1000$ 即10亿个"小世界"。再看看须弥山的高度，根据《长阿含经》卷十八《阎浮提洲品》记载，它耸立于大水中、水下、水上以及顶阔均有八万四千由旬。虽然由旬的长度说法不一[13]，但若换算成现代的长度单位，足见须弥山的体量之大。从汉、藏弥勒造像的量度上看，皆尚塑大像[14]。《西藏通史》云："除了在西藏分裂时期的后期绰浦译师所造的绰浦寺弥勒大和本世纪初期九世班禅大师图丹却吉玛新造的扎什伦布寺的弥勒大以外，西藏著名的弥勒大如昂仁（拉堆绛）弥勒大、绒（仁布县）弥勒大、扎什伦布寺大经堂的弥勒殿中的弥勒大、哲蚌寺的弥勒像见者解脱等，都是在帕竹统治时期，即公元15世纪中建造的。上述六尊用金铜材料建造的佛像，虽然大小方面有差别，但是总的来说，这些佛像不仅在我国，就是在世界上也算得上是用金铜材料建造的佛像中的巨大者。"[15]的确如此，西藏日喀则扎什伦布寺强巴殿内供奉的鎏金弥勒佛铜像，高26.7米，该寺措钦大殿右侧的慈尊佛堂（强康）中弥勒佛像高12米；查嘎尔达索寺杜康切姆佛殿北壁原主供10米的强巴佛镀金铜像；色拉寺措钦大殿东侧的鎏金强巴佛高约6米；扎西吉培寺夏大殿的银质强巴造像高5米；内蒙古五当召10米高弥勒倚坐像。汉、藏弥勒大像所不同的是，汉传弥勒大像的建造自隋唐之后，基本绝迹。而藏传弥勒大像从15世纪到18世纪不绝于寺。

　　有关藏传弥勒大像的量度，相关弥勒经典记载也颇为详细。据《弥勒传承祖师传》中记载，弥勒"身色端严且身材魁梧，身高为现代人类的八十或八十八肘长，约二十二寻，皆具极大的力量。"[16]藏传《弥勒经》中，还详细记载了弥勒大像的五官身行度量："薄伽梵弥勒佛身高八十八肘，即从足至膝、膝至脐、脐至锁骨、锁骨至头顶各有廿二肘，二肩的宽度有廿五肘，各锁骨间距离五肘，双耳的顶端至顶端之间距七肘，每双眼宽五肘，双眉从长五肘，二眉之间距离五肘，鼻长七肘，上下唇宽各十肘，舌圆五肘，发髻五肘，犹如金镜般的面容廿五肘，头五肘，双手各长四十四肘。显现无可比拟的佛的形象的这位如来，将对成千上万个世界当中的天众与人类转法论。"[17]根据《阿毗达摩具舍论》云："二十四指（一指约宽2公分，因此二十四指为48公分）横布为肘"，因此"八十肘"大约38.4公尺，而'八十八肘'大约42.2公尺。"[18]足见藏传弥勒佛像量度之高大。

　　从信仰角度看，弥勒大像也是弥勒信仰盛行的象征。在汉地弥勒大像盛行于魏晋南北朝至隋唐，这一时期也正是弥勒信仰兴盛之际。唐以降，弥勒大像销声匿迹，也正是弥勒信仰在汉地衰落体现。而在藏地，弥勒大像从元至清皆多有建造，这与藏蒙弥勒信仰的流行息息相关。值得一提的是蒙古弥勒信仰的流行与哲布尊丹巴活佛转世系统有密切的渊源关系。一世哲布尊丹巴不仅把弥勒信仰传播到蒙古地区，而且在他"第二次赴西藏留学的时候，还把弥勒节引入了蒙古地区，最终成为蒙古地区最大的一个节日。"[19]

　　弥勒作为释迦的继承者，在释迦寂灭之后，以未来佛的身份继续弘扬佛法。从象征的维度看，佛像越大越有益于释迦佛法的传扬。正如梭巴仁波切活佛所说："之所以要建造一尊弥勒大像，是因为这对于长期留存佛陀传授的大乘教法，有特殊的利益。……建造佛像的目的，是为了使佛陀的教法，特别是大乘教法，能够长存。这是传统的修行法门，西藏四大教派的许多寺院，在寺院特别建造相当大尊的弥勒佛。不只是宗喀巴大师，格鲁巴教派，还有萨迦，其他的教派也是一样。"

　　雍和宫弥勒大像自1750年由七世达赖从尼泊尔购得大檀木开始，历时三年之久，并经过养心殿造办处的"木作""雕塑作""广木作""如意馆""漆作"等五处的大量工匠，会同中正殿办造佛像的喇嘛工匠精心雕琢，才造出了这尊高营造尺五丈五尺的大佛像。雕刻大佛和建造万福阁，共耗银8万余两，赤金800多两。如此多的人参与，耗费如此多的时间和财力，则象征着造像越大，福报越大。

四　结语

在中土的图像神谱系中，弥勒佛之所以深受百姓欢迎除了它具有未来佛的救世主神圣象征外，还与它的世俗化象征身份分不开，从雍和宫至今每年举行的弥勒转寺日和打鬼节更可一窥其世俗化的价值取向。

在大愿祈祷法会的最后一天，即每年二月初一的清晨，雍和宫都举行绕寺活动，即弥勒转寺日。绕寺队伍按顺时针方向绕行一周。首先是幡幢的仪仗队伍和手持炉的僧人在前方引导，然后是抬着长筒大铜号和抬着金顶黄缎轿的僧人，轿上装有铜制弥勒佛一尊，绕寺而行，经过东、南、西北四殿堂前时均要诵经，身穿阿杂日服的僧人还要在僧号、鼓声、唢呐声中进行有序的舞蹈。最后是金刚驱魔神舞再次出场，重新表演一番。整个活动庄严而隆重，主要目的是喜接未来佛来人间，保佑人间太平安乐。

雍和宫每年正月二十九至二月初一，都要举行"打鬼"这一宗教仪式。打鬼是汉地民间的俗称。喇嘛叫"部勺"。藏区称其为"跳布札"或"跳布踏"，即为有步骤的舞蹈。雍和宫打鬼共演三天，分为十三幕。打鬼中有关弥勒的是第十一幕，跳弥勒，俗称捉鬼。由七名喇嘛扮演弥勒，一人演大肚弥勒，六人演小弥勒。大肚弥勒头戴笑口常开的布袋和尚面具，身穿黄缎花僧袍，脚穿青缎鞋。六名小弥勒所戴面具与大弥勒相同，只是尺寸较小。大小弥勒们随着乐曲起舞。这时魔王化身的梅花鹿又出现了，各场角色共八十余名悉数上场，把魔王团团围住。最后，弥勒用绳索将魔王捆绑住。此幕结束。可见，弥勒在打鬼一幕中是平安吉祥的美好象征。

综上所述，雍和宫弥勒大像的象征寓意具有多重性，从主题的象征，到仪轨的象征，再到量度的象征。它既体现了佛教造像和佛教信仰的内在规定性，又渗透了政治和文化的时代性。神圣与世俗这两种看起来似乎并不相干的价值取向，在雍和宫弥勒大像上得到了统一并圆融无碍，正是这尊弥勒大像象征文化的独特魅力。

注释

[1]〔法〕福西永：《形式与生命》，北京大学出版社，2011年，第66页。

[2]〔德〕黑格尔著、朱光潜译：《美学》，商务印书馆，1979年，第110、111页。

[3] 尹育政：《雍和宫》，经济日报出版社，1995年，第26页。

[4] 尹育政：《雍和宫》，经济日报出版社，1995年，第87页。

[5]（清）魏源：《圣武记·卷五》，中华书局，1984年，第219页。

[6] 尹育政：《雍和宫》，经济日报出版社，1995年，第28页。

[7] 王忠林：《隐喻及其意义——藏传弥勒造像的象征性》，《艺术探索》2013年第3期。

[8]（唐）义净：《南海寄归内法传·卷一》第六条，见《大正藏》第54册207下。

[9] 嘉木扬、凯朝：《蒙古地区佛教艺术与弥勒造像——以北京雍和宫弥勒大像、内蒙梵宗寺弥
　　 勒佛为中心》，《世界宗教研究》2005年第4期。

[10] 魏文：《雍和宫和弥勒大佛》，《布达拉》2009年第1期。

[11]《大正藏第9册造像部·阿娑缚抄》，286下。

[12] 法王周加巷著、郭和卿译：《至尊宗喀巴大师传》，1993年，第309页。

[13] 由旬：古代印度长度单位。据佛音论师说，一由旬相当于一只公牛走一天的距离，即11.2千
　　　 米。 但《有部百一羯磨》卷三注释曰：“言逾缮那者，既无正翻义，当东夏一驿可三十余
　　　 里，旧云由旬者讹略。若准西国俗法，四拘卢舍为一逾缮那，计一拘卢舍可有八里，即是当
　　　 其三十二里。”这跟当今公认的说法相同，一拘卢舍约4千米，四拘卢舍为一由旬，一由旬
　　　 约为16千米。但也有八拘卢舍为一由旬之说法，根据《注维摩经》六：“僧肇曰：由旬，
　　　 天竺里数名也。上由旬六十里，中由旬五十里，下由旬四十里也。”可见古代也有类似于当
　　　 今千米与市里的不同说法，如果没分清上由旬、下由旬的话，其差别还是相当可观的。

[14] 王忠林：《弥勒图像的大像》，《新视觉艺术》2011年第2期。

[15] 恰白、次旦平措等著：《西藏通史》，西藏古籍出版社、《中国西藏》杂志社，1996年，
　　　 第472、473页。

[16] 多罗那他、永津弥勒耶谢简参、局·弥滂等著，邬金智美堪布译：《弥勒传承祖师传》，
　　　 弥勒讲堂出版，2013年，第61页。

[17] 多罗那他、永津弥勒耶谢简参、局·弥滂等著，邬金智美堪布译：《弥勒传承祖师传》，
　　　 弥勒讲堂出版，2013年，第151页。

[18] 多罗那他、永津弥勒耶谢简参、局·弥滂等著，邬金智美堪布译：《弥勒传承祖师传》，
　　　 弥勒讲堂出版，2013年，第61页。

[19] 魏文：《雍和宫和弥勒大佛》，《布达拉》2009年第1期。

本文为2015年国家社科基金艺术学项目“跨文化视域下佛教图像的象征
图式研究”阶段性成果，与王忠林合作，原载《艺术百家》2018年第3期

丹青当写草木心

——岭东画家方若琪

　　方若琪，广东惠来人，1936年考入上海美术专科学校成为潘天寿和王个簃的弟子，深得海上画派之精髓，对艺术沉潜入静、心无旁骛，始终持有一颗敬畏之心（图1）。南京博物院于2015年收藏其75件花鸟画作品，均为自然界常见的菊花、桃花、茶花、荷花、牵牛花、海棠花、石榴以及更多不知名的花果。他的作品骨格劲健，姿态横逸，不仅继承了海派风骨，且有自己独特的创新之处。

一　大隐于市的岭东画家

　　在中国现代绘画史上岭南画派与海上画派、京津画派处于三足鼎峙状态。如果说到"广东海上画派"（也有学者称"岭东画派"或"潮汕画派"）则鲜为人知。其实，"岭东画派"是客观存在的现实。20世纪30年代初，由孙裴谷、荡昌乾等组织的"艺涛画社"在潮汕地区很活跃，经常组织雅集和联展，意在抗衡"岭南画派"。刘海栗先生1982年春出席汕头"元宵画会"时曾说："潮汕画家队伍不小，力量雄厚要敢闯，要有自己的风格，形成潮汕画派"，这充分肯定潮汕地区有一群颇具规模的画家，只是说法不一而已。有一点是得到理论界的普遍认同，就是潮汕地区的绘画流派源自上海"海上画派"。

　　20世纪初，潮汕一带逐渐发展成为城镇密集，市场繁华的商埠之地。经济的发展密切了潮汕与上海的联系，而此时上海周边的画家纷纷走进上海，在适应新的环境之后，开始放宽视野求新求变，逐步突破自己。他们在继承传统的基础上开拓创新，凸显"海纳百川、兼容并蓄"的精神，使绘画更加符合社会的审美需要，从而成为近代绘画史上"海上画派"。不少潮汕学子受任伯年、吴昌硕等的影响，开始远赴上海学习中国画，从20世纪初到中华人民共和国成立前，仅毕业于上海美术专科学校的潮汕人就有80多人。这些学子学成后大都回到潮汕，影响和带动了当地美术的发展和壮大。

　　方若琪（1916～2004年）（图1）就是赴沪求学的潮汕学子之一，他在美术启蒙老师王显诏（1902～1973年）的指导下，于1936年考入上海美术专科学校中

图1　方若琪

国画科。在上海求学期间，受吴昌硕、赵之谦、任颐，以及恩师潘天寿、王个簃等的影响，得海上画派之精髓。他的作品骨格劲健气格雄厚、赋色浓重，无论笔墨结构程式还是色彩铺陈经验均与吴昌硕有着极其密切的血缘关系。

方若琪1916年10月出生于广东潮汕地区的惠来县，别号老榕、得古、王理，署居室为常乐斋、六桂草堂。20岁赴上海美术专科学校专攻中国画，1937年抗日战争爆发，回家乡组织银河剧团和惠来银河木刻，宣传抗日。1941年回上海美专继续学习，毕业后回惠来家乡任中学教师，继续宣传抗日。绘画作品入选第一、第二届全国美术展。中年生活坎坷，备受折磨，曾被错划为"右派"，后再度蒙冤遭送劳改，1979年得以平反昭雪。1981年退休隐居汕头市井陋室，以平和之心、开阔之胸，沉潜入静在自己的艺术世界里，且独善其身超然脱俗远离书画市场喧嚣的炒作和无序的参评。2002年，广州艺术博物院为来自潮汕地区的方若琪先生，举行别开生面的个人画展，并接受部分作品的捐赠，这在岭南画派一统天下的广东美术界无疑绽放出一道异彩，吸引了包括理论界在内的注意，方若琪成了被关注的对象。2015年，方若琪先生的家属又亲自带着100幅书画作品捐赠给南京博物院作永久收藏，既让这批作品有一个可以信赖和放心的归宿，又可以使人们在认识除"岭南画派"之外广东画坛的另一种艺术面貌。

二　专为"闲花野草"造像

方若琪先生常常以自然界花卉为入画对象，菊花、桃花、茶花、荷花、牵牛花、海棠花、石榴以及更多不知名的花果，不仅信手拈来，而且是那样的充满灵性，一切是那么的自然、随性。在他的花鸟画中，你可以感受到笔墨中的自然之气，意韵中的精神之气，以及其内在的雄浑之气。读他的画令人兴奋而心醉，乐观、向上、热情，处处迸发出鲜活的生命力。

方若琪先生的文学修养直接体现在他的古诗词意绘画作品中。以古诗词意作为创作基调，结合自己的理解和认识佐以反衬法、结构法、设色法等，在笔法墨法的应用上，简逸而明快，只求意境而略其形式。如《雨晴香拂醉人头》（图

2），作者既将唐代诗人杜牧《蔷薇花》表达得栩栩如生，处处动人。昼夜盛开的蔷薇花，叶柔花茂，依石生长，不怕风吹雨打。由于蔷薇在高处飘香，沁人心脾，"醉人头"意境得到充分体现。这幅山野蔷薇花作者不只是刻画得极富生命力，更主要的是形神兼备。

　　方若琪先生的画通过象征的形式实现主客、物我之间的融通，表达画家思想情感。由于中国花鸟画与民俗习惯、伦理道德、宗教、文人雅趣均有密切联系，画家有意无意在花鸟画作品中融入比兴传统。这一点古人早有所云"诗人之兴，多识于鸟兽草木之名，而律历四时，亦记其荣枯语默之候。所以绘事之妙，多寓兴于此，与诗人相表里焉。"[1]清人盛大士说："作诗须有寄托，作画亦然。旅雁孤飞，喻独客之飘零无定也；闲鸥戏水，喻隐者徜徉肆志也；松树不见要，喻君子之在野也；杂树峥嵘，喻小人之昵比也。"[2]

　　方先生受中国传统文化影响深厚，牡丹、菊花、荷花、石榴等，这些具有象征意义的花卉都是他塑造的对象。菊花象征着一种君子的情怀，隐逸的情结，人淡如菊，菊花的幽雅和耐寒，一直是方先生最爱的品质，也是他笔下屡屡入画的题材。《无题之十六》（图3）中的大石被缤纷的菊花簇拥，双勾千叶重瓣，再以

图2　方若琪　《雨晴香拂醉人头》　纸本设色　纵100、横54厘米　南京博物院藏

图3　方若琪　《无题之十六》　纸本　设色纵100、横54厘米　南京博物院藏

藤黄布色，花头如球，花瓣如舌，叶用中等墨色大笔泼洒，趁墨色未干用浓墨甚至焦墨画叶脉，愈见沉郁浑穆，画中挺立的顽石则以淡墨以大笔挥扫，加以皴擦点染，沉稳而不失生机，有大朴大雅之趣。托物以写意，状景以抒怀，不愧为精心绘制之作。此外，还有如寄寓"出淤泥而不染"洁身自好的纯真品质《映日荷花别样红》（图4），流露寂寞孤独、自怜自爱情感的《东风也逐情浓处》（图5），表达群居不倚，独立不惧的《细丽披金彩》（图6）。其实他更乐于描写汀花野卉、藤萝翠茵，且已自成天趣如《满山春》（图7）。

方若琪先生的画善于在强化艳丽色彩和写实造型的审美意蕴中挖掘艺术活力。他在继承传统海派的清丽多姿，鲜艳浓烈色彩的基础上，常以青绿色写叶片，然后用浓墨勾出叶脉，这是海派画家比较突出的特点。色彩华美为了实用性与现实性，既能让普通大众喜爱，又能迎合市场的需要。当然方先生对这一点有自己独立的认识判断。他认为艺术不仅要让自己感动，还要能够温润别人心灵，

图4　方若琪《映日荷花别样红》　纸本　设色　纵100、横68厘米　南京博物院藏

图5　方若琪《东风也逐情浓处》　纸本　设色　纵100、横55厘米　南京博物院藏

启迪人生。书画可以用于修身养性，结交同道之人，但不可用于买卖。尽管这种观念有些"迂腐"与现实有距离，却是先生保持心灵纯洁和对艺术的理解。方若琪78岁所作《千红万紫斗芳春》（图8），此时距离他退休已经18年了，这幅写意牡丹，用笔老辣，高古凝重，气势浑厚豪放。从右出枝始，硕大的花朵在枝叶的映衬下显得风姿绰约，花朵艳丽，红白黄相间，光彩夺目，左右上方矗立的两组含苞待放的牡丹，使画面的张力得以增强，苍茫浑厚之气蓬勃而

图6 方若琪 《细丽披金彩》纸本 设色 纵103、横34厘米 南京博物院藏

图7 方若琪 《满山春》 纸本 设色 纵100、横54厘米 南京博物院藏

出，与之形成视觉上的鲜明对比。几朵白牡丹经营在画面中间，把诗中描写白牡丹的不入流俗，高洁典雅，以白色立身的独特性格，充分表现出来。整幅作品不仅是牡丹硕大丰满，雍容端庄，独压群芳的花姿，更是彰显其劲骨刚心，倚富贵不能淫的内在之美。

方若琪先生行走山野，出入田园，与自然为友，尊重和珍惜自然界的一草一木。这一点与他的老师潘天寿极为相似。潘天寿常将花卉和山水结合起来描写，不仅复现了花鸟的生态环境，而且使生活场景充满诗意，强化了山涧花木的生活气息，产生新意境。他曾说过："予喜游山，尤爱看深山绝壑中山花野卉，乱草丛篁，高下敬斜，纵横历乱，其姿致之天然得势，其意趣之清奇纯雅，其品质之高华绝俗，非平时想象中得之。故迩年以来，多作近景山水，杂以山水野卉，乱草丛篮，使山水之意境合于个人情趣偏爱也。"

图 8　方若琪　《千红万紫斗芳春》　纸本　设色　纵 68、横 134 厘米　南京博物院藏

图 9　方若琪　《无题之三十六》
纸本　设色　纵 100、横 35 厘米
南京博物院藏

　　方若琪曾一度下放在湖南的偏远地区，漫山遍野的野花，使他劳作之余的生活多了一份情趣，他拿起钢笔进行写生，画了一百多种野花，并标名花的颜色，为他日后创作积累了大量的素材。方若琪笔下的山花野卉，无不生气勃勃，充满活力。荔枝乃岭南佳果，是画家屡画不厌的题材。《无题之三十六》（图 9）在这件作品中，画面从底部出枝，用笔凝练遒劲，具有自然浑朴古拙之趣。主干枝头与各分枝穿插，伸展生动，似有风云摇曳之势。物象简约而不失丰富，淡淡的树叶有以少胜多之妙。枝头果实以没骨画法设红绿色，墨彩淋漓，鲜嫩娇艳，层次分明，同时又有生涩之感，使画面富有变化。

　　《美人取作浥衣裳》（图 10）是方若琪 1999 年汕头家中借用北宋欧阳修《酴醾》诗意而创作的。当时方若琪已经 86 岁高龄。作者通过构图的变化，在没骨、双钩花头的处理上巧妙地运用方笔和圆笔，黄花、白花在绿叶的衬托下，烂漫可观，别具风采。把清明时节酴醾花散发出特异的芳香、"轻染鹅儿一抹黄"的色彩以及为何成为美人喜爱的原因，通过笔墨尽显在人们面前。古人诗词意画，不仅是方先生对中华经典文学题材的偏爱，其实是他爱自然爱生活的真情表述，是他内心世界鲜亮纯静的自然流露。

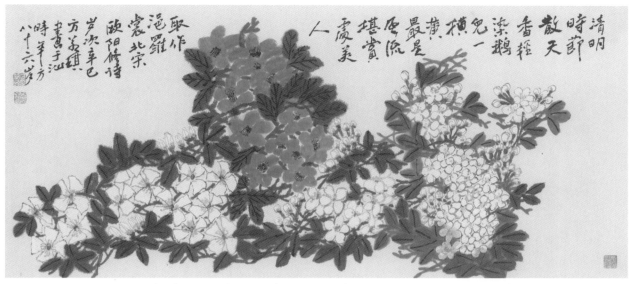

图10 方若琪 《美人取作浣衣裳》 纸本 设色 纵45、横100厘米 南京博物院藏

三 精于构图独具匠心

方若琪的花鸟画在继承优秀传统的同时，更精于艺术语言的探索，在结构、造型、笔墨技法等方面，抒发性灵和个性自由。先生注意静观自然，直抒胸臆，寻求自然和人文的和谐统一，将自己对自然的理解出神入化地营造出画中意境，赋予作品以感染力和生命力。他在写意传统中，常以"乱头粗服""渴笔干墨""老辣生拙"的用笔，以及灵动布局的开合，使之成为他区别于其前辈及同辈画家的重要标志之一，在岭东地区可谓独树一帜。唐代张彦远说："至于经营位置，则画之总要"。清王昱《东庄论画》，"作画先定位置。何为位置？阴阳、向背、起伏、开合、锁结、回抱、勾托、过接、映带，须跌宕欹侧、舒卷自如。"

方若琪在图式上往往时出新意，匠心独具自然洒脱且无雕凿的痕迹。如《无题之九》（图11）方若琪先生的这幅作品构图非常之巧妙，以桃花为主体表现对象，从左上角出枝沿四周环绕，首尾相接，似花

图11 方若琪 《无题之九》 纸本 设色 纵100、横54厘米 南京博物院藏

图12 方若琪 《无题之十二》 纸本设色 纵100、横54厘米 南京博物院藏

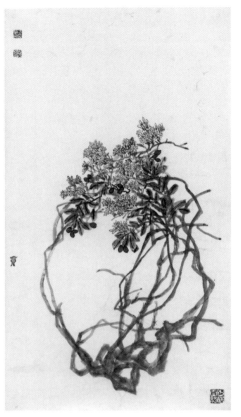

图13 方若琪 《无题之十三》 纸本设色 纵100、横54厘米 南京博物院藏

环，如花轿，弥漫春天的气息。为了打破呆板格局，作者又从左右各出一枝杏花，进行呼应对比，下方则以梨花托底领气。两只安然小鸟，尽沐迷人春光。作者充分利用上下空白，和花环中央的留白，使画面梳密有致，虽树枝相互缠绕，但流畅自然，生动活泼。

方若琪不仅起承开合、聚散用得好，而且疏密虚实恰到好处。《无题之十二》（图12）挺枝直上的枝条，通过墨色变化，枝头的穿插、花朵的开合依偎、以书入画，了了数笔写出红梅勃勃向上可人气象，使画面极富美感。《无题之十三》（图13）花枝从底部分出，分别向左右生长至上端，枝头再聚拢一起，花枝交织密不透风。各分枝之间大量留白，形成强烈的虚实变化，在枝条的摆布上，大小、粗细错落有致。作者将自然生长，似乎没有关联的花枝，四处分散、左疏右密的造成一种险势，接近根部老枝遒劲与新生枝头形成对比，通过巧妙构思和虚实处理，形成顾盼之姿，最终形成一个花簇坚团的中心。为了解决画面四周过虚的状态，作者借助钤印处理，反而增添了作品的空灵感。这种看似简单其实不易的构图布局，没有长期审美实践、没有深厚的艺术修养、没有创新求变的主观愿望，是不可能做到的。

注释

[1]《宣和画谱》，江苏美术出版社，2007年。

[2]盛大士：《溪山卧游录》，西泠印社出版社，2008年。

原载《美术报》2016年8月6日，《市场周刊：艺术品投资》2016年第10期

吴为山写意雕塑的风格特质

中国传统艺术有很好的形式语言，即使是民间艺术，也有着它诙谐幽默朴素的特点。在吴为山的雕塑中，你能感受到中国传统艺术手法中的灵韵和神情，既有点线面的结合，也有模糊、跳跃与凝练的诗情画意，他把中国传统艺术中的核心要素吸收进来，形成以形主神、意在象外、刚柔相济的创作方法和风格特质，传递出一种东方式的美学意趣。

清代著名散文家姚鼐在《复鲁絜非书》中云："其得于阳与刚之美者，刚其文如霆，如电，如长风之出谷，如崇山峻岩，如决大川，如奔骐骥。"清代刘熙载在《书概》中也言"奇拔豪迈，阳也。"吴为山创作的《老子》《孔子》《炎帝》《秦始皇》《鲁迅》等众多历史名人塑像，多呈现出一股巨大的精神力量，给人以高亢、昂扬、热烈、奋进之美。而在一些较小体量作品，如《春风》《中国少女》《妻》等，则感情蕴藉、绵长、悠远，恰如"剥茧抽丝"缓缓放出，温和而淡远，含蓄而内敛，呈现的是一种典型的阴柔之美、和谐之美。

吴为山的高妙之处就是巧妙地运用了东方艺术语言，将自己的精神与意志放入了雕塑作品当中，无论阳刚或者阴柔，皆有汉唐遗韵的怀古气息，或者现代的浪漫、率意和表现性的语义，作品生成往往是夸张的、朦胧的、诗意的、急速的。吴为山"写意雕塑"不仅仅是一种处理方法，而是他个性特质、远大志向和艺术手法的完美结合，是人性与生命的智慧、美感与真诚艺术理想和自我价值追求（图1）。

图1 吴为山 《炎帝》 166厘米×306厘米×216厘米 2017年

一 以"神"主形

在雕塑创作中，肖像雕塑最为不易。罗丹说："所谓大师，就是这样的人：他们用自己的眼睛去看别人见过的东西，在别人司空见惯的东西上能够发现出美来。"[1]吴为山创作人物雕塑往往通过典型个性的刻划，把握所表现人物的内在的文化品质和精神，并使之外化张扬，同时又注重艺术家主体的感觉和意念。这样有感而作雕塑才能精彩万分，出神入化。雕塑艺术贵在整体性，贵在形体的"结实"和内在张力，这就是雕塑艺术特有的"雕塑性"。吴为山打破那种流于程式化，只注重形体和量感，注重结构和场面分析而缺乏独特艺术个性的传统写实主义传统，他的作品着力于瞬间神态的捕捉和刻划，以神主形但绝不受雕塑程式的限制。他的人物作品结构严实，形体非常有厚度和深度。他利用手工过程中捏、推、挤、压等手法而形成的美感，不仅与主题和谐一致，与严谨的整体感相互呼应，而且使作品更显生动多彩，增加了雕塑语言的丰富性和感染力。

　　吴为山能深入雕塑艺术堂奥，除了凭自己的艰巨劳动和勤奋的实践获得的宝贵经验外，还因为有开阔的文化视野和艺术悟性。吴为山的艺术道路是以本土的"尚意"理念为指导，以写实手法为基础，吸取现代抽象雕塑结构形式，而创造出写意性雕塑的样式。他塑造最多的是两种人，一种是无形的古人，一种是有形的当代人。他为名人造像，一定是在深入把握人物的历史背景、精神主张后才会着手创作，所谓"心中有竹，方能画竹""寻声律而定墨""窥意象而运斤"，人物的"形"与"神"瞬间化为造型的精神整体，成为有生命的视觉形态（图2）。

图2　吴为山　《老子》　80厘米×90厘米×130厘米

　　与别的雕塑家不同的是，吴为山用心感知那些属于精神形象的形象精神，以期使自己的精神与人物的精神合为一体。为了塑造孔子，吴为山收集翻阅大量的文献资料，甚至专门拜访孔子嫡系后代，最终作者从冯友兰、匡亚明等饱学鸿儒身上，获取作者所认同的孔子外在的形象和内在的精神气质。孔子的概念已经超越"古人"，它是跨时空的精神坐标，今天塑像远非"像"的意义，更在于立碑，是气贯几千年中华文明厚重历史的大象，当人们看到作品后觉得孔子就应该这个样子。

　　吴为山在他写意雕塑里尤其重视意象的组合，如注重把中国传统的人文精神和哲学的"天人合一"以及中华美学精神的意象融合起来，注重把中国的写意绘画、雕塑、书法融合起来，注重把西方的写实主义变成写意当中有效的成分，注重把时代的追求和艺术家的个性融汇起来。正因为如此，吴为山的雕塑才不拘泥于客观对象的形似，而着重于表现其神采、神韵，给观者传达其含蓄而强烈的艺术感染力。这就是"以神主形"的艺术魅力。

科学家杨振宁先生以他独特的眼光，一语道出吴为山写意雕塑的本质："打造了一种神似与形似之间的精妙平衡。而这种平衡正是中国艺术的立足之本"。

"神"乃客体之神、主体之神、作品之神。吴为山没有简单模仿西方现代雕塑，也不走西方古典写实之路，而是坚持走自己的路。在他众多人物肖像雕塑作品中，注重炼就的是人的"神"，能够准确地表达出所塑对象内在的精神气象。如对于鲁迅、林散之、弘一法师、黄宾虹等塑像，其都经过反复推敲，认真思考，斟酌改造，在艺术创造时与对象进行灵魂交流，思想融通，通过这种精神状态实现与雕塑对象的契合，最终创作出内容与形式有效统一，不仅使雕塑作品具有艺术美感，甚至达到精神贯通的理想境界。

吴为山在人物形象塑造中追求的目标是"形神兼备"，始终强调人物最鲜明的特征加以刻划，如朱自清的玉骨，林散之的超然，马三立的幽默，冯友兰的坚毅，田家炳的诙谐，费孝通的爽朗，吴作人的儒雅，萧娴的深沉，鲁迅的冷逸等等，不仅如此，吴为山还注重表现人物的职业、经历等细节特点，以表现其精神世界的丰富性。

吴为山大胆舍弃形似，巧妙的利用夸张、变形的手法，来表现对象的神似和神韵，通过繁与简、精细与粗疏的变化，赋予形象以韵律与节奏，使整体形象更为流畅和富于表现力。他的代表作《长髯齐白石》如一块嶙峋石头，胡须与脖颈合为一体，夸张变形的身体，突显了老人的风骨，形态上气贯长虹而又蕴涵力之张弛，既表现了齐白石的形象，更表现了齐白石的艺术境界、人格与思想的那种"神"。吴为山巧妙处理重点（面部）与其他部位的关系，使它们之间相互呼应、相互衬映。他精心刻画人物的面部表情，特别用力于眼神的表现，以发掘人物深邃的内心世界。其他部位的处理看似简略，看似漫不经心，但它们贴切地服务于整体形象（图3）。

一个历史人物与他所处的时代精神是紧密相连的。屈原、李白、司马迁谁也没有见过。鲁迅的照片大家都见过，但塑鲁迅如不抓住"硬骨头"的神韵，纵然刻画得再细，也只能是貌合神离。"真正好的雕塑主要是给'不认识'的人看了更加认识——一种精神的存在"。吴为山创作《狮岭阅江》，人物涉及帝王将相文武大臣二十余人，"逝者无形，唯神矣。有神方有气，故曰神气活现。有作古人者似今人，乏古味，皆因未与古之人暗通息"。"作古人毋须泥于细节，一鼓

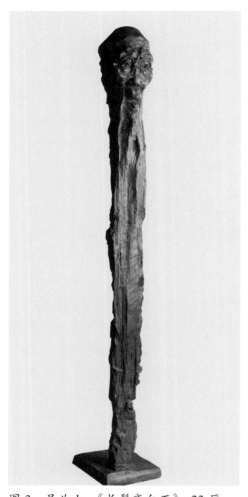

图 3　吴为山　《长髯齐白石》　23 厘米 ×47 厘米 ×135 厘米　1993 年

作气写意、写神而臻写气。"[2]中国传统艺术的显著特点是意象创造，这与写实性的西方古典艺术雕塑，重视块、面、体、形的和谐构造，强调空间感、体量感、实在感，有所不同，当然写意中含有写实性，只是写实造型已不是那么的重要。

二　混沌模糊

艺术世界是一个以感性为表现形态的世界，艺术创作往往是意识与无意识，理性与非理性，秩序与灵活交相作用的结果，因而"模糊性"特征表现得更为突出。吴为山的人物雕像作品从不拘泥物象而面面俱到，在其形貌及细部的处理上，执意采用了朦胧化与不确定的表现方式，在使刻画对象的形态及肌理具有深度与多样表现的可能性的同时，也给观者提供了更大的想象和玩味的空间，由内到外地产生出视觉及心理的张力。

艺术创作只有尝试多种表现的可能性，打通写实、非写实的自我限制，才能真正的解放自己的思想，才能创造有表现力的作品。赫伯特·里德说："艺术家很有必要在抽象与写实两条艺术道路之间往来游离，自由选择。……以现实主义方法进行艺术创作，可增添你对生活、人类和地球的爱。以抽象主义方式进行艺术创作，会使你的个性获得解放，知觉变得敏锐。"[3]

抽象模糊的艺术作品，能够传达更多的信息。因为作品的完成要从观念到形态的转变后，已不再只是作者主观意图的转化，它已从概念或观念物化为具体可感的现实，这一现实强烈地带着作者的主观感情色彩，以及作品之外所潜藏的视觉、心理等方面的附产品。这一现实映射入观赏者的头脑，势必又产生新的再解读。艺术的魅力不在于把一种意义强加给不同的人，而是它能向公众呈现或暗示不同的意义。

吴为山在谈创作《老子》系列塑像时说："他（老子）的形象悠远模糊，却在混沌中透发着光明。他的身影，虚幻缥缈，细微如流光，广阔如宇宙；沉寂如深潭，铿锵如雷电；为老子塑像，唯有思接千载，神与物游，无形无象，有形有象，进入一个大自由的状态，方能有成！"

一切写实主义的肖像式的刻画，都无法让人直观感受到老子博大精深的哲思。吴为山拒绝写实主义风格，摒弃精雕细琢，凭借浪漫的构思想像、奇特的造型表现、写意的含蓄手法，构筑出一位"无形无象、有形有象"，既"恍惚"又神俊的体道者和昭道者意象。著名美学家叶朗先生说："艺术不是为人们提供一件有使用价值的器具，也不是用命题陈述的形式向人们提出有关世界的一种真理，而是向人们打开（呈现）一个完整的世界。而这就是意象。"就是这个意象的世界照亮了一个艺术家的人生。吴为山巧妙地运用朦胧模糊的写意方式，拉开了艺术作品与世俗生活的距离，为观者搭建了一座通往"艺术世界"的审美桥梁，让人们在审美观照中完成对现实时空的超越，从而衍生出无尽的行而上的思考（图4）。

关于朦胧、模糊的论述，很多理论家、画家、雕塑家等艺术家，都有深刻的认识。

别林斯基曾说："朦胧的、不自觉的感觉，那是常常构成天才本性的全部力量的：他似乎违背社会舆论，对抗一切既成的概念和常识，漫无定向地走着，但同时又一直向着应该去的地方走去。"[4]

苏珊·朗格是符号主义美学的一个重要代表人物，她在《情感与形式》中认为，人的本能的智力活动就是符号活动，她认为语言是一种推理形式的符号体系，而艺术是表现符号体系，它包含了多种复杂含义的综合体，必须直接呈现于人类知觉面前。在朗格看来，艺术非自我表现，而是人类普遍情感地表现。在艺术创造过程中，艺术家借用具体真实的情感，借助于知觉和想象，进行情感概念的抽象，抽象出的形式使成为情感符号也就变成了意象。这是从真实到虚幻的过程，但同时也是从个别到普遍的过程。艺术的抽象是体现情感结构的可感形式，这种可感形式虽然仍是具体事物，但却包含了比现实某物多得多的内容，强烈地透露着人类的情感。通过制造虚象，断绝这个某物与现实的一切关系。意象的实质乃是抽象之物，载着思想，所以艺术是以幻象或类似幻象为媒介的范型化。

美籍德国心理学家、艺术理论家

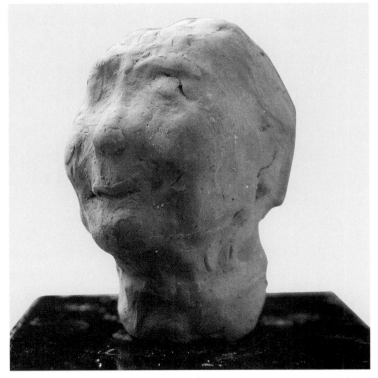

图4 吴为山 《桑蚕专家费达生》 5厘米×5厘米×8厘米 1995年

鲁道夫·阿恩海姆在他的《视觉思维》一书中论述到，所谓的视觉思维，就是一种包含了抽象活动的知觉形象思维，也就是"意象"思维。他认为任何思维，尤其是创造性思维，都是通过"意象"进行的。当思维者集中注意事物之最关键部位，把其他无关紧要的部位舍弃时，就会见到一种表面上不清晰、不具体甚至模模糊糊的意象。

吴为山在人物雕塑的传神写意的表达方式上，有自己的独到之处。他首要之处是对"神"的分析，然后强调面部表情和身体的形态这两个方面，同时还要把握体态的语言，并将体态与面部表情融为一体。在具体的表现手法上，吴为山最常用的是模糊法和变形法：

"首先是模糊法，真正优秀的艺术样式是不需要面面俱到的，唯一能表现人之精神为最高境地。郑板桥曾有'难得糊涂'之句，此糊涂，并非普通所指的糊涂，而是聪明之后的糊涂，艺术亦是如此，写意必先经过写实的过程，很优秀的写意画家都是先经过严谨的写实基础的训练，而后再慢慢由写实演变而来，并最终意识到为写意而写实，实是很表面的东西，应该舍弃它去抓住更本质的东西。"

"变形法，有时会将之拉长，有时将之压扁，或很肥胖，或很瘦削，或扭曲，或模糊，不一而足。"[5]吴为山曾两次为当代女书法家萧娴塑像。第一次是1994年，创作灵感来自他去拜访萧老时，正遇先生写完满屋子的字后，信步来到庭院，看到充满春天气息的天空、老树吐露新芽，嘴角露出孩童般的微笑，吴为山抓住了这一瞬间。九十多岁的老人见到塑像后高兴得即兴写下："自信于我，深沉似秋"的留言。第二次是在她去世后为其纪念馆塑像，此时萧娴已在吴为山的心中，没有参考任何资料，仅一个多小时就完成一尊九十多公分的肖像，较之前的作品更加模糊，给人遥想的空间也更多。

如果对其创作的一些作品效果不甚满意，吴为山往往会将作品模糊化，把它的精神提炼出来。如《笑的人》《她从远古走来》《四川山姑》《妻子》（图5）等。

吴为山雕塑的重点不是在对形、体、量的组织和构造上去表现形体外在的力量、气势，也不是通过戏剧性的矛盾、冲突的对抗，或场面的奇异和惊险来吸引观众的眼球，他是在不大的人物动作的起伏变化中去寻找内心感受，去体验微妙的情感和意趣。《睡童》《春风》《小小少年》等作品，从造型上看，它们都具有"恍兮惚兮，中有象兮"的感觉，带有朦胧的、模糊的特点。

吴为山在为蚕桑专家费达生先生塑像时，塑出了个模模糊糊的形态，辨不清五官，留存的只是一股气息，一种神韵。费孝通对他姐姐的这尊模糊形象大为欣赏。

模糊、朦胧能使雕塑更具有美感和精魂，给观赏者更具想象空间。一项有趣的艺术实验，说明了这一点。2017年，澳大利亚数字艺术家运用数字技术把自己以前在维多利亚州的巴拉瑞特植物园拍摄的雕塑着色，每个雕塑都还保留了原始的名字，不少人包括一些艺术家认为他的着色，让每个雕塑活了，有了生活气息。有很多网友认为这种改变很有趣，但缺少了朦胧美。我的感觉不是雕塑"活"了，而是让雕塑变成非常直观的真人照片，好似拍照时摆POSE而已，权且作为一种游戏。从美学的角度说，这种缺少朦胧美雕塑，大大降低了原有的审美趣味。

图5　吴为山《妻子》17厘米×17厘米×56厘米　2002年

三　泥性中的诗意

中国传统书画常常将诗性与画意作为表达意象的最高境界，尤其是文人画更是将诗书画印演绎出完美的统一。中国传统雕塑则以装饰性、功用性和教化作用服务于宗教和权贵。最为突出的雕塑形式是佛教造像和陵墓雕塑。中国雕塑的发展长期受制于政治、宗教的影响，一直处于民间的、非正统的境地，即使有许多彰显诗性智慧的雕塑，也不被重视，更难见于像书法绘画那样见诸艺术史书之中。到了近代受西方写实主义的影响，中国雕塑的诗性审美却进一步丧失。

吴为山秉承大自然的灵秀，崇尚高古的文化气质，取法原始淳厚的本真，匠心独运地把中国画写意的表现手法及中国诗意含蓄的审美取向引入雕塑创作，制造"似与不似"的效果，追求一种浓重的诗意情怀。在吴为山的作品中，你可以从中感受到强烈的诗人情怀，旋律、节奏、体量、印象主义的质感，所透出的精神状态永远是积极、昂扬、强健、激情、博大、苍茫、忧患，在丰满、滋润的"泥性"雕塑艺术里，流溢出一股东方诗意神韵。

诗性特性在二维画面中可以自由营造空间，实现无限想象。确如苏轼《东坡题跋·书摩诘〈蓝田烟雨图〉》："味摩诘之诗，诗中有画；观摩诘之画，画中有诗"。王维既是诗人，又是画家，其所成就，不仅仅能诗善画，而是把艺术中的诗与画，通过他的创作，给以融化。这是中国画的传统，也是中国画的特点。《宣和画谱》中提到王维的诗句如"落花寂寂啼山鸟，杨柳青青渡水人。""行到水穷处，坐看云起时。""白云回望合，青霭入看无。"之类，说是"皆所画也"。王维绘画、创作，其作品笔墨清新，格调高雅，传达出一种诗意的境界。

苏轼从文艺本质、创作、作品三个方面确立了以诗画"一律"、诗画"略同"为核心思想的诗画关系理论体系。

然而在雕塑艺术的三维立体空间，其物质实在性增加了诗性表达的限度和难度。吴为山在创作实践中运用体悟、类比的观察方式，由此及彼，触发想象，发现事物之间内在的联系，异质同构，暗喻哲思。他曾经说："我希望别人看我作品时看不到它，看不到它的体积，看不到它的材质，首先看到的是放射于雕塑之外的一道虚幻之光，围绕着这光有一股气升腾，而且非常遥远——来自遥远，也笼罩着遥远。"吴为山在雕塑领域以开放实验的姿态，打通了向诗性审美的境地，或高远、或悠扬、或淡雅、或磅礴……

高远清神之意。对于一些看似深渊的哲学问题，在吴为山雕塑语言中却另有一番新意。老子作为道家思想的创始人和代表人物，吴为山先后从其哲学思想的不同角度，塑造恍兮惚兮的不同老子之像。

《老子出关》创作于2006年，老子出关走向何处，"莫知其所终"。作者着力表现老子哲学思想的动静观。吴为山作诗记之：

悠悠间，

如紫气东来，

仙翁飘然，

青牛蹄迹，

不见踪影，

唯恍唯惚兮，

塑形以记。

悠扬缠绵之境。吴为山曾说："一个人心中如果没有诗意，没有淳朴的感情，作品一定也不会感人。""雕塑家要通过有形的体，来表达无形的气，达到最高的道。"其作品中传递的那种诗意温情，直接拨动着观众的心灵，也为雕塑的题诗或引诗，将人引入一种更连绵悠长的意境。

北京大学教授宗白华是当代著名美学家，在他的《流云 解脱》的诗中写道：……深、远、空、幽、寂的意境，打动了吴为山，从而诞生了1990年创作的《远古的笛声》，配有宗白华《笛声》（图6）：

笛声远远的传来，

月的幽凉，

夜的幽凉，

同化作宇宙的幽凉。

来自远古的高士，在悠悠的笛声之中迤逦而来，极具诗人所描绘的那种寂穆空灵的意境。

淡雅醇久之韵。诗歌传达的味道是淡雅、温和的，吴为山用塑刀写诗，他的雕塑作品流露的是深情和雅然，是"诗的智慧"与诗的品位。2004年入选英国皇家雕塑年展的《中国少女》，同样引用了宗白华的《流云　眼波》（图7）：

她静悄悄的眼波
悄悄地
落在我的身上，
我静悄悄的心
起了一纹
悄悄的微颤。

把一个娴静、目光悠然的豆蔻少女形象而引起的"悄悄"的心的颤悠之情，形象地表达出来。

1998年创作的《睡童》，或是玩耍过后带着疲倦的沉睡，或是刚哭闹之后的暂且睡去，细细品读，寻味无常。正如泰戈尔的《睡乡》：

孩子们都已睡熟，
游戏全都丢在脑后。
轻柔的晚风　透过窗棂，
把舒适抹在他们的眼睑。
……
风儿一次又一次的　吹起的细细发丝
拂弄他们的面庞。
星辉微笑着急　凌空降落，
一再亲吻
他们微启的嘴唇。

磅礴奋发之情。吴为山将书画中的意韵、水墨感注入到泥味的表现力中，创作时又将自身诗意化的情绪、感受注入到雕塑形体的塑造，追求写意化的表现方式。1994年，他在塑造《鲁迅》（图8）雕像

图6　吴为山　《远古的笛声》　13厘米×26厘米×34厘米

图7　吴为山　《中国少女》　27厘米×16厘米×25厘米

时写下这些诗句：

以刀塑造，

硬而爽。

简中求准，

落刀成型。

捷而猛，

则魂魄生。

这是最硬的骨头，

是我们民族的脊梁！

这是对鲁迅精神的敬仰，也似乎正是他雕塑艺术时的秘技。

爽胸荡气之韵。用现代雕塑语言，以立体的画面构成和真实的空间体验来营造韵境。把写意手法推向极致，向简约化、符号化挺进，这种类似几何化的抽象语言，形成极具现代感染力的诗意画境。《南京大屠杀纪念馆》（组雕）以文人写意手法和意象造型形式来塑造主题性群雕作品，对传统写实雕塑观念予以了大胆的颠覆，以此强化悲怆的平民形象、唤起民族精神的崛起、祈望永久和平，这不仅在视觉形式上，而且在心灵层面上都给人强烈的震撼。《家破人亡》（图9）是组雕的第一主题，不仅是千千万万受难家庭的代表，也是蒙难祖国母亲的象征。吴为山让母亲成为山河、成为巨石。且配以诗文：

被杀害的儿子永不再生，

被活埋的丈夫永不再生，

悲苦留给了被恶魔强暴了的妻！

苍天啊……

吴为山的雕塑是抒情诗、亦是朦胧诗，是具象与抽象的结合，现代与古典的交融，简括与精微的统一，写实与写意的共存。

吴为山在处理雕塑语言写实与写意时，讲究人物的气韵和风采，在写意甚至朦胧的塑造中保持形的基本因素；在处理传统与现代时，他讲究民族传统的现代转型与借鉴西方现代雕塑语言的沟通与融合。其作品形神兼备，尤以神贵，具有直击精神本质的东西，洋溢着一种诗性之美。

图8 吴为山 《鲁迅》 局部

四　超然即兴速塑

艺术家在雕塑创作过程中，往往有一种"忘我"状态。这种状态是在实践中产生的，具有偶然性、不可预知性。吴为山把即兴与快速引入到雕塑创作中，应该是他创作手法和风格形式的另一个突破。

吴为山从小就学习书法，对书法有着颇深的研究，书法的形式就是造型，他巧妙地运用书法的结构，自觉不自觉地把书法融入雕塑之中。他认为："雕塑之重要，除却精神含义外，便是书法的结构了。结构要找到无数个支撑点，纵向和横向就是经纬点，在雕塑中必须找这个点。"雕塑的间架结构要打破自然规律，没有书法就没有的骨法，也就没有了气韵生动，"雕塑有两个骨：第一是自然的骨骼，第二是书法结构，书法结构超越生理形体的心理结构，是文化结构，它是抽象的也是具象的"。[6]书法的表现是对结构、空间、时间的把握，也是情感的表现

图 9　吴为山　《家破人亡》　高 11.5 米

和韵律的体现。书法表现的速度也给吴为山的雕塑注入了更加充分的活力，他在雕塑创作中的速度就如书法中的用笔，这种特殊的笔墨，使得作品整体的血脉相连，气韵贯通，具有审美价值。

吴为山曾把书法对其雕塑的作用归纳为三点：

一是书法构成，经纬的构造，在建构一个永远的形象；

二是毛笔在宣纸和墨之间游刃有余的表现方法；

三是书法中所渗透的文化人的智慧、精神的滋养。

以手当笔尤如书法中的用笔，动则意在笔先，落笔生辉不在改动，气韵灌注在手与泥的速度之中，从而使泥痕有了自在的力量、动势和精神。他把创作过程中的快捷和律动溶入了精神的范畴，要求每笔与笔力与意的贯通，黏土在他手里神奇地化作有形、有神、有灵性的生命来。

强化主观感受，快速凝固神态。吴为山思维敏捷，富有激情，在塑造过程中他十分珍惜自己的即兴感受，及时捕捉灵感并乘兴创作。吴为山为了雕塑出神

形、神韵、神气的作品，往往把生活中的温情与动势结合起来，善于在常见的造型中抓住那微妙的不同。著名雕塑家熊秉明先生评价他"尤长于写意，有一气呵成之妙，但又非逸笔草草，不求形似。他在神速中兼能深入捕捉人物的内心世界。"[7]。他的作品十分强调作者的主观认识和意念，善于捕捉和经营近乎瞬间的意象和感觉，从而显出作者对于内外世界的体验和审美心仪。

吴为山雕塑艺术中最具魅力的不仅是他对于人物的神似，而且他能够在很短的时间内抓住人物的神韵，以即兴快捷之手法捏造令人难忘的形象。他善于在几分钟内就捏出一个即使大到两倍于真人的头像，最多也就两个小时左右就能够完成。尤其是在一些小品创作时在直觉和灵感的引导下，自由地创作，往往能出自然感极强的上乘之作。如《扎辫子的小女孩》（图10）《穿背心的女子》《睡童》《学步》（图11）《着裙少女》等都是急迅而就。速塑是他独有的特色，是形成他艺术风格的基础。吴为山能自如地驾驭雕塑艺术，除了因为他有扎实的基本功和敏锐的思维，敏捷的行动外，还得益于他观察人物的独特眼光，以及对所塑对象的深入研究。既阅读他们的著作，体悟对象的思想，甚至访问他们的亲友，了解他们的生活习惯，一旦进入创作，一挥而就，如得神助。

新鲜感受对吴为山来说弥为珍贵，但他不满足于停留在感性阶段，在创作过程中他努力深化自己的感受，对形象反复斟酌、推敲，审慎地加工，冷静地调整总体与细节关系，以突出中心点，突出主题，强化形式语言的表现力。正如殷双喜评价的那样，吴为山"对齐白石、林散之这样的雕塑表现对象做持续地研究和反复塑造的雕塑家，在中国当代雕塑界并不多见。正是在长期不懈的实践中，吴为山获得了自己特殊的观察方法与表现手法，才能像中国文人画家在描绘'梅、兰、竹、菊'那种看似重复的劳动者中，获得不假思索、下笔有神的高度自由，从而在作品中获得对人物的'瞬间神态'的把握，一种诗意的温暖。"[8]吴为山这种貌似随意和偶然，却增强了情感表达的力度，平添了生命的张力。这种即兴、随意、快捷的塑造方式，不仅使它更富于艺术性，更加接近人的自然和外部自然的变化，也揭示一种人文精神和文化底蕴的存在。

他创作《狮岭阅江图》时，酝酿很久的激情如岩浆喷发，手持刀棍，飞舞砍砸起来，全然不知蚊虫叮咬和浑身的汗水泥浆，一个晚上连塑18个人头，最后连洗澡的力气都没有了。

整体作品的气韵相连这就要求在创作之前，必须胸有成竹。像其他门类的艺术一样，吴为山的即兴速雕重在表现雕塑内在的活力，而不是追求外在形式的相似性，这与西方写实雕塑艺术没有时间长短的限制相比，丝毫不影响其艺术魅力。

吴为山一挥而就的快捷之手法，也印证了黑格尔曾经的英明论断："从古以

图 10 吴为山 《扎辫子的小女孩》
25 厘米 ×25 厘米 ×150 厘米 2003 年

图 11 吴为山 《学步》 23 厘米 ×28
厘米 ×51 厘米 2004 年

来真正的天才都感到完成作品所需要的技巧是轻而易举的事，而且有本领迫使最枯燥和表面上最不驯服的材料听命就范，使它不得不接受想象中的内在形象而把它们表现出来。"[9]

注释

[1]〔法〕罗丹：《罗丹艺术论》，人民美术出版社，1978 年，第 5 页。

[2]吴为山：《雕琢者说》，中国社会科学出版社，2002 年，第 154 页。

[3]〔英〕赫伯特·里德：《现代绘画简史》，上海人民美术出版社，1979 年，第 192 页。

[4]丁亚平：《艺术文化学》，文化文艺出版社，2005 年，第 252 页。

[5]吴为山：《雕琢者说》，中国社会科学出版社，2002 年，第 93 页。

[6]吴为山：《吴为山艺文集》，中华书局，2011 年 9 月，第 362 页。

[7]范芳：《诗意的塑造——吴为山艺术评论文集》，群言出版社，2005 年，第 8 页。

[8]范芳：《诗意的塑造——吴为山艺术评论文集》，群言出版社，2006 年，第 74 页。

[9]〔德〕黑格尔：《美学》，商务印书馆，1997 年，第 535 页。

参考文献

〔法〕罗丹：《罗丹艺术论》，人民美术出版社，1978 年。

〔美〕鲁道夫·阿恩海姆：《视觉思维》，光明日报出版社，1987 年。

〔美〕苏珊·朗格：《情感与形式》，中国社会科学出版社，1986 年。

吴为山：《雕琢者说》，中国社会科学出版社，2002 年。

吴为山：《雕塑的诗性》，南京大学出版社，2007 年。

吴为山：《吴为山艺文集》，中华书局，2011 年 9 月。

〔英〕赫伯特·里德：《现代绘画简史》，上海人民美术出版社，1979 年。

〔德〕黑格尔：《美学》，商务印书馆，1997 年。

范芳：《诗意的塑造——吴为山艺术评论文集》，群言出版社，2006 年。

范迪安：《塑造人文——论吴为山的雕塑艺术》，《雕塑》2006 年第 6 期。

自2000年成立吴为山文化名人雕塑馆（2013年更名为吴为山雕塑馆）以来，南京博物院共收藏吴为山雕塑作品68件。作者于2018年起对吴为山雕塑艺术展开研究，该文为阶段性成果之一，原载《文旅江苏》2020年第5期

吴为山雕塑作品赏析

　　走进吴为山的雕像世界，我们看到的是艺术家对本民族文化的自信，是知识分子投身时代的精神担当。他用底蕴深厚的作品，吹响了令人振奋的号角，他寻觅的是雕塑艺术的中国语言；他接续的是雕塑艺术的中国文脉。他的作品与其说是以形写神，不如说是"以神写形"更为恰当。他巧妙地将学人雕塑与自身文化内涵积累和吸收紧密结合在一起，让他在创作过程中"放中有度、有约"。

　　意象雕塑如云卷水起，涌出无限生机。吴为山的艺术底蕴上溯秦汉，下接民间，既奔放，又灵逸，流溢酣畅，古朴自然。意象雕塑更使他的艺术个性得到充分发挥，无论是精神的、情感的，都让他在创作过程中更加放松、自由任性，也为学人雕塑的表现语言进一步的探索、尝试和实验提供更多的经验。两个创作系列相互促进，互为补充，构成了吴为山雕塑艺术思想和艺术风格。

　　为了表现对象的神似和神韵，他不求形似，而是充分利用夸张、变形的手法，巧妙处理面部与其他部位的关系，使它们相交呼应、形意互动。他对人物的面部表情的刻画用心至极，尤其是眼神的表现。他总是能够敏锐地抓住人物生动的瞬间，并转化为精神的永恒。其他部位看似简略，但它们都协调统一于整体形象。通过繁与简、精细与粗疏的变化，赋予形象以韵律与节奏，也使整体形象更为流畅和富于表现力。

　　吴为山的作品，无论是造型手法，还是精神气象，有了作为中国传统艺术的本土化的特征，流动着蕴涵中国人自身的文化血脉，他的出现无疑使中国雕塑有了新的突破，为中国雕塑的发展做出了继往开来的贡献。

吴为山

《孔子》

孔子（公元前551～前479年），名丘，字仲尼，我国古代伟大的思想家和教育家，儒家学派创始人。

孔子在时空里是云中之巅峰，在文化里是和煦之春风，他更是一尊凛然的化石，那仁慈从脸上道道皱纹中绽出，似山脉水系，流韵弥长。手的礼仪传达着"仁"，乃人与人、人与社会之伦理关系。塑像以大方淳正为造型基调，形体的线面变化在敲塑、压塑中呈现。创作的快捷和感觉的敏锐成为二重奏，在拍、削、切、揉等手法的交响里锤炼出平实、大方、温和、仁慈的孔子形象。体量的厚实与凝重，外化了大哲大圣的文化内涵。

孔子像的正气，缘自于中华文化厚重的大象，来自于大自然的磅礴，得助于山脉构造的伟力，虚实共存，古今相融。

著名的古典主义雕塑家、英国皇家肖像雕塑家协会主席安东尼先生在南京博物院观看了这尊孔子像后写道：现在我坐在这里看孔夫子，觉得他就是那样，越看越觉得是那样，那么久远，就像我国的莎士比亚。他像一条河流的源泉，像中国文化长河的源头，放在中心是非常好的设计，似乎所有这些雕像都源于孔夫子。

吴为山 《孔子》 175厘米×70厘米×60厘米 2006年 南京博物院藏

《空谷有音——老子出关》

老子（约公元前571～前471年），姓李名耳，字伯阳，谥号聃。老子是中国古代哲学家、思想家和道家学派的创始人。

老子曾做过周王室管理藏书的史官，他看到周王朝越来越衰败，就离开故土，准备出函谷关去四处云游。把守函谷关的关令尹喜很敬佩老子，就想方设法留住老子。于是，尹喜就对老子说："先生想出关也可以，但是得留下一部著作。"老子听后，就在函谷关住了几天，交给尹喜一篇五千字左右的著作，这就是后来传世的《道德经》，然后就骑着青牛西出函谷关"莫知其所终"。

作者用雕塑手法将这一传统历史故事表现得出神入化。仙风道骨的老子，骑在青牛背上低头沉吟，长髯垂胸，遒劲而舒缓，青牛摇首扭躯，奋力前行。在雕塑语言上借鉴了贾科梅蒂的"扁长"语符，在坚持"写意性"的同时，更加重视雕塑形式感与视觉冲击力，善于删繁就简，以一当十。对老子及所乘之牛予以概括，以凸现老子上善若水、绝圣弃智、希言自然的哲人风骨，以及物我两忘的状态。

老子出关，紫气东来。作品不仅再现了老子作为道教始祖的超然洒脱，而且把他作为一种中国传统文化的象征，尤其是中国古代哲学史上的一座高峰来塑造的，可以说是从老子有无、动静、体用的哲学思想中孕育出来的。

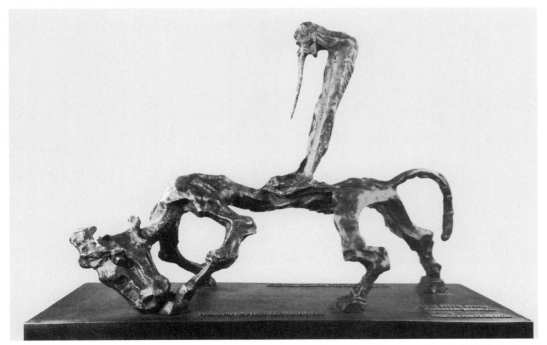

吴为山　《空谷有音——老子出关》　74厘米×93厘米×33厘米　2012年　南京博物院藏

《问道——孔子问道老子》

《史记·老子韩非列传》中记载了"孔子问道于老子"的典故，两位先哲探讨了中华优秀传统文化中修齐治平、知常达变的思想理念，彰显了儒道两家各自不同的哲学精神，影响深远。

作品由孔子和老子两尊雕像组成，孔子像浑然高古，造型圆厚，强调体与面的结构关系，整体弥散着礼敬与端严，展现出儒家仁爱为本的道德追求；老子像飘逸悠游，造型奇崛，强调线的表现，上善若水、淋漓而下，体现了道家道法自然的精神内核。在图像文献上借鉴了汉代画像石中有关"孔子问道于老子"的图式，以大朴不雕的写意手法略去形体的细节刻画，体现的是孔子问道于老子，从内容与形式上，体现出"儒道互补的文化结构"，人物形象犹如两座丰碑矗立于中国的文化之巅。

作者以"仰观俯察的观照方式""虚实相生的创作法则"，追求"境生象外的审美生成"，把写意手法推向极致，向抽象化、符号化挺进。这种类似几何化的抽象语言，不仅增添了两位哲学巨匠的高度与深度，把两位大师的深邃思想与理性意象隐藏于"物化"层面，凸现"大象无形""大音希声"的精神层面，同时也强调作者本身审美自由及审美认识价值的生命体验，是对中华传统美学精神的理解和形象的表达。

吴为山 《问道——孔子问道老子》 老子：253 厘米 ×50 厘米 ×50 厘米 孔子：253 厘米 ×50 厘米 ×50 厘米 2012 年 南京博物院藏

《祖冲之》

祖冲之（429～500年），字文远。出生于建康（今南京），祖籍范阳郡遒县（今河北涞水县），中国南北朝时期杰出的数学家、天文学家。

祖冲之首次将"圆周率"精算到小数点后第七位，在世界科学发展史上有着崇高的地位。巴黎"发现宫"科学博物馆的墙壁上著文介绍了祖冲之求得的圆周率，莫斯科大学礼堂的走廊上镶嵌有祖冲之的大理石塑像。为纪念这位伟大的古代科学家，人们将月球背面的一座环形山命名为"祖冲之环形山"，将1888号小行星命名为"祖冲之小行星"。

吴为山所创作的祖冲之，高古静美，凝眉深虑，刀劈斧削，删繁就简的痕迹，如同文化化石，蕴藏着深厚的文化底蕴和科学精神，雕像的势、态、形、神，尽精微致广大，其艺术感染力，越过了观众的视觉，直抵心灵，走近可与之对话。

华罗庚先生曾说："祖冲之虽已去世一千四百多年，但他的广泛吸收古人成就而不为其所拘泥、艰苦劳动、勇于创造和敢于坚持真理的精神，仍旧是我们应当学习的榜样。"吴为山独具匠心的创意，将这位高山仰止，垂范后世的古代科技精英，在意向造型中体现个性，既沉淀着内敛浑雄的历史感，又流溢着智慧与理性的伟大。

吴为山 《祖冲之》 70厘米×36厘米×31厘米 2012年 南京博物院藏

《李白》

　　李白（701～762年），字太白，号青莲居士，唐朝浪漫主义诗人，被后人誉为"诗仙"。祖籍陇西成纪，出生于西域碎叶城，4岁再随父迁至剑南道绵州。李白存世诗文千余篇，有《李太白集》传世。

　　李白是一位傲岸不羁，爽朗大方，热情豪放之人，爱饮酒作诗，喜结交友人。诗作中多为醉时所写，代表作有《望庐山瀑布》《行路难》《蜀道难》《将进酒》《梁甫吟》《早发白帝城》等。李白受儒家、道家思想所支配，在李白的诗歌中不仅仅只表现他的豪迈豁达，他也有悲凉、清逸。作者抓住李白豪迈乐观与豁达不羁的性格特点，以飘动的衣襟，仰天醉歌，举杯邀月，来展示诗仙李白的叛逆性格，整个雕塑充满动势与旋律，给人以无限的遐思。这种综合变异、快捷、夸张的雕塑手法，恰到好处地吻合了李白愤世嫉俗，以自然为友的精神风貌、气质特征和浪漫情怀。

吴为山　《李白》　58.5厘米×55厘米×26厘米　2012年　南京博物院藏

《超越时空的对话》

达·芬奇（1452～1519年），意大利文艺复兴三杰之一，欧洲文艺复兴时期最光美的代表，齐白石（1864～1957年），近代中国绘画大师、世界文化名人。

该作品运用圆雕、浮雕相结合的手法，入神入骨地塑造了达·芬奇深厚、博学的自然科学与艺术精神相融渗的智者之像，以及齐白石手持龙头节杖仙风道骨，立于宇宙间之神韵。在创作中作者还特意为达·芬奇和齐白石两位艺术大师"蓄上了"长胡须，以体现深厚的文化内涵，表明了雕塑家中西合璧、古今一体的艺术理念。这组作品被西方学者评论为相互独立而又有内在联系的"圣像"，被东方学者称为东西方艺术之门的两位"门神"。吴为山从塑齐白石到塑齐白石与达·芬奇对话，似乎是内容与形式方面的探索，但更是对人类艺术发展深度思考的文化艺术之为。作品中写实与写意交相呼应，线体相生，形意互动，是对古希腊、古罗马乃至文艺复兴艺术的暗暗通息，也是对东方原始意象造型的遥遥相接。

作者以讲故事的形式，巧妙"借势"传播中华优秀文化。达·芬奇和齐白石是中西方的两位伟大的画家，虽然生于不同时代，讲不同的语言，但在雕塑的"时光隧道"里相遇。绝大多数西方人不知道齐白石是谁，看到达·芬奇跟一位东方面孔的人"对谈"，必定充满好奇心，于是通过了解齐白石其人和作品，渐而了解中国文化。不仅如此，观赏者还通过对齐白石和达·芬奇的作品，自觉领会中西方绘画艺术的共性和区别。吴为山的这组雕塑作品永久立于世界雕塑之都罗马——意大利国家博物馆。

吴为山 《超越时空的对话》 达·芬奇：225 厘米 ×100 厘米 ×65 厘米 齐白石：350 厘米 ×90 厘米 ×65 厘米 2012 年 南京博物院藏

《黄宾虹》

　　黄宾虹（1865～1955年），中国近现代艺术史上的一代巨匠。祖籍安徽歙县，出生于浙江金华。历任新华艺专、北平艺专、中央美院华东分院教授、中央民族美术研究所所长。他学养渊博，著述宏富，诗书画印及鉴赏皆精，在20世纪中国美术史中，他对绘画进程作出了突破性的贡献，90寿辰时被华东行政委员会授予"中国人民优秀的画家"荣誉称号。他的名望已经超越了艺术的范畴，其道德学问都备受推崇。

　　作者在雕塑创作中将自己诗意化的情绪、感受注入到形体的塑造，长衫包裹的身躯突出老人的风骨，特别是双手互动的肢体语言，不正是以"不读万卷书，不行万里路，不求修养之高，无以言境界"的生动体现吗？吴为山将书画中的意韵、墨韵注入到泥味中，积墨重重，气象万千，刚柔相济的艺术形象呼之欲出。此雕像与黄宾虹作品有异曲同工之处"洒脱而严紧，苍健而浑朴"。

　　更为有趣的是，2014年3月，84岁的法兰西学院艺术院主席克罗德·阿巴吉访问中国时，看到中国国家画院这尊黄宾虹雕塑，觉得非常精彩，便对雕塑写起生来。后来吴为山访问法国时，这位主席先生会见他时拿出当时在中国写生雕塑的本子给吴为山看，吴为山说："这个雕塑是我做的。"这位老外既诧异又激动地站起来说："哎呀，太荣幸了！""我终于见到原作者了，我以为是一个100多岁的老大师呢。"

吴为山　《黄宾虹》　185 厘米 ×65 厘米 ×64 厘米　2006 年　南京博物院藏

《民族脊梁——鲁迅》

鲁迅（1881～1936年），原名周树人，字豫才，浙江绍兴人。中国著名的文学家、思想家、革命家和教育家，五四新文化运动的重要参与者，中国现代文学的奠基人。毛泽东曾评价："鲁迅的方向，就是中华民族新文化的方向。"他对于五四运动以后的中国社会思想文化发展具有重大影响，蜚声世界文坛。

1994年作者为鲁迅塑造胸像，这件作品受到了熊秉明、吴冠中等美术界前辈的一致推崇。2006年，作者再次塑鲁迅，大刀阔斧走笔如风，塑就一位昂首前行的身影，形象地把鲁迅先生这种不向任何恶势力低头屈服的硬骨头精神，以及以改造国民性为己任的伟大情怀得到很好的彰显，是他"横眉冷对千夫指，俯首甘为孺子牛"的生动写照。

自鲁迅去世后以来，许多美术家们都把表现鲁迅精神作为创作的重要题材。其中不仅有鲁迅的肖像，还有以鲁迅文学作品为题材的作品。这些作品中，无论以木刻、中国画、油画，或是以雕塑的形式表现，都从不同方面、不同视点反映了美术家们对鲁迅这位不屈不挠的文坛斗士的认识和敬意。吴为山《民族脊梁——鲁迅》的形象"如同令人高山仰止的纪念碑！"

吴为山 《民族脊梁——鲁迅》 高 200 厘米 2006 年 南京博物院藏

《阿炳》

阿炳（1893～1950年），原名华彦钧，江苏无锡人，民间音乐家。3岁时丧母，8岁随父在雷尊殿当小道士。后从父学习鼓、笛、二胡、琵琶等乐器。12岁已能演奏多种乐器，并经常参加拜忏、诵经、奏乐等活动。18岁时被无锡道教音乐界誉为演奏能手。1927年，阿炳因患眼疾无钱医治而双目失明，为了维持生计开始说唱卖艺，一生共创作和演出了270多首民间乐曲。现留存《二泉映月》《听松》《寒春风曲》《龙船》《大浪淘沙》和《昭君出塞》6首流传后世，其中尤以《二泉映月》为世人传颂。

吴为山　《阿炳》　215厘米×30厘米×30厘米
2006年　南京博物院藏

吴为山先生的雕塑《阿炳》是在一个月夜清冷的空间，头戴破毡帽，衣衫褴褛、瘦弱伶仃，盲镜背后深蹙的眉头，悲怆的双眼，枯瘦的身躯卷缩在黑暗的墙角里。他以孤独为弦，悲凉为弓，历经的磨难是曲谱、是生命的颤动。雕塑所呈现的是凄凉悲壮的美，简洁明快，一气呵成，但又不乏局部的精彩。肌理对比呼应，正负空间处理出人意表，冷月的清辉洒落在他的身上既是阿炳生存的依托，更是灵魂的慰藉，你会感受到已经融入阿炳体内的那把二胡，正流淌着时而低沉婉转、时而高亢激昂的《二泉映月》的琴声。一把与命运相连的二胡，将一个落魄的艺术家与他的音乐结合在一起，从里面流泻出生命的震颤，流动的超越任何形式色彩的美，谱写了一个追求光明，用音乐倾诉心灵，具有铮铮铁骨的人。

《徐悲鸿》

徐悲鸿（1895～1953年），原名徐寿康，江苏宜兴屺亭桥镇人。中国现代画家、美术教育家，是中国现代美术教育的奠基人。徐悲鸿自幼学画，早年赴欧留学，归国后长期从事美术教育，先后任教于国立中央大学、北平大学和北平艺专。建国后任中央美术学院院长。徐悲鸿取法西方古典写实绘画，力倡用"写实主义"改造中国画，强调"尽精微、致广大""惟妙惟肖""直接师法造化"，特别是他的"素描是一切造型艺术的基础"论，在画史上具有划时代意义。他的写实主张和从苏联引进的"社会主义现实主义"并为一体，成为20世纪最大的主流画派，也奠定了他一代美术宗师的地位。

吴为山雕塑《徐悲鸿》，选取的是大师从海外学成归来，锐意"复兴中国美术"以期拯救民族危亡的独特形象，来表征他心中的悲鸿大师。这次雕塑与前五次有着不同的境界："夜深了，悲鸿大师来到了我的工作室，塑造时，自觉与大师对话。那书法中的'晋人风骨'和'奔马'中的爱国情怀是一代大师的风范。"吴为山用诚心、用深情、用他特有的写意方法，为这位中国现代美术教育的奠基人、绘画大师徐悲鸿塑像。

一代大师立于天地之间，风衣搭在他的右臂上，眉头微微皱起，目光凝重而坚定，眼神中流露的是美术救国的热望。这位中国现代美术的开拓者，从历史的深处走来，又向历史的深处走去，渗透着学贯中西的独特气质。整体造型简括明快，轮廓特征明显，无论是站姿、表情、衣着，还是头、胸、腰、腿表现得十分得体，充分体现出徐悲鸿的"儒雅之风""文化柔气"以及"顽强傲骨"，具有感性的、有机的、偶然的和情趣化的特征。

吴为山 《徐悲鸿》 高200厘米 2006年 南京博物院藏

《潘天寿》

潘天寿（1897～1971年），字大颐，自署阿寿、寿者。现代书画家，篆刻家，美术教育家。曾任国立艺专校长，中国美术学院（原浙江美术学院）院长，中国美术家协会副主席。最后创立了自己的沉雄奇崛，苍古高华的艺术风格，成为一代艺术大师。

2006年，杭州西湖区拟将潘天寿和黄宾虹的墓迁到超山，潘天寿的儿子潘公凯，希望在墓前摆放一尊塑像，并提出请吴为山塑之。潘天寿艺术功力雄厚，笔墨精湛，学养极高，作为中国画一代宗师，其极富个性张力的艺术风格和创造性，可用他自己的闲章印语来概括："强其骨""一味霸悍"。为了对表现对象的文化特色、性格特色和风格特色有深切的理解，吴为山对其有限的图片资料进行研究。他认为潘天寿是个志洁的文人，诚实、光明磊落、强倔而深沉、时时关心着祖国与民族的命运——这些个人品质与时代意识统一在他身上。骨力、骨气是中国书画阳刚美的审美标准。潘天寿的"强其骨"并非一般"力能扛鼎"之笔力，而是铁骨铮铮的独特风格。

吴为山 《潘天寿》 高260厘米 2006年 南京博物院藏

吴为山选择潘天寿中年时期的坐姿造型，正如潘天寿的作品"立足于稳、静及恒久，着意于铸型"的意境，既有敏锐生动，没有那种板滞的、教条的感觉，又呈潇洒恣肆、雄怪静穆、大气磅礴的气质。人物形象与先生艺术达到颠峰时期的精神风貌相吻合，雄阔险峻，出奇制胜，给人以强烈、严肃、惊险及激动的感觉。雕塑的手法大刀阔斧，对于形态、姿势，包括微小的动态的把握都显得十分果断快捷。

《行吟中的林散之像》

　　林散之（1898～1989年），名霖，又名以霖，字散之，号三痴、左耳、江上老人等，生于江苏南京市江浦县（今南京市浦口区），诗人、书画家，尤擅草书。被称之诗、书、画"当代三绝"，被誉为"草圣"，林散之草书被称之为"林体"。数十年寒灯苦学，滋养了其书之气、韵、意、趣，使之能上达超凡的极高境界，对现代中国书法艺术事业的贡献，真可谓"功莫大焉"。

　　吴为山曾诵读过林散之的传记，收藏有他不同时期的墨宝，并亲睹过他临砚援笔的风采，忘不了那长长的寿眉、一波三折而收进去的嘴唇，垂肩的大耳所构成的一副一看便知艺术造诣极深的高人相。作者深为林散之书法之涵纳的一股高古、清逸而内蕴骨劲的山林之气所陶醉。林散之先生之为人同样是和善而内刚，谦虚却自信，其字则外似圆融内藏刚强。在作者眼中，林散之先生既是大书法家，更是一个高僧，一个圣人。

　　作者创作的这尊手挂拐杖、独步行吟、沉醉于诗境的雕塑，质朴、刚毅、超然，似乎历尽人间喜怒哀乐，而臻深谙人的自然本性，浑身上下散发出山林之气、文人之气。在处理行走这个动作中，作者从腿与脚的矛盾关系入手，巧妙地收缩了脚的实际长度，使之与腿部凝聚为一体，从而取消了脚与身体的分裂状态，充分体现艺术家建构抽象形体的审美创造力。作品用泥手法颇为别致，墨气氤氲浑然一体，将国画中的皴、擦、点、染等手法结合在一起，强烈的体现了写意雕塑与西方表现主义完美融合，无疑把林先生超凡脱俗的"高僧"形象与其诗其书的清逸精神熔铸一炉。

吴为山　《行吟中的林散之像》　180 厘米 × 80 厘米 ×700 厘米　2001 年　南京博物院藏

《社会学家费孝通》

费孝通（1910～2005年），江苏吴江人，著名社会学家、人类学家、民族学家、社会活动家，中国社会学和人类学的奠基人之一。

费老睿智的谈吐、爽朗的笑声、儒雅的风度、长者的慈祥，与他的"文化自觉"理念、"美美与共、天下大同"的和谐世界是那样的统一。在作者的心目中，费孝通是一个胸怀宽广，融通中西的现代大知识分子，如一座高山仰止的丰碑。

1995年作者为费老雕塑了一尊青铜头像，他运用了雕塑体量的语言以先声夺人之势，用比真人头大的体积占有空间，描写了学者睿智的头脑，并着力刻划费老嘴唇正吐言之间停顿的瞬间微笑，从而使空间转化为精神，保持了艺术作品应有的超然和纯化，成为注入精神的永恒之中的可贵一瞬。吴为山十分珍视创作过程中体现作者的情感渲泄偶然留下的痕迹，犹如草书时无意识留下的飞白、渲化，作品在雕塑过程中，所产生的起伏微妙、生动跳跃的独特语言效果，使人物的每一块肌肉都在跳动，体现出真实生命的生动性。

费孝通先生看到后，欣然命笔：得其神胜于得其貌。由此两人展开了长达十年的忘年交。杨振宁先生认为，吴为山所塑的"费孝通"比真人的费孝通似乎更像费孝通，开朗的面貌、幽默的谈吐和乐观的精神都给刻画出来。著名作家宗璞先生这样评价："费孝通的微笑让我惊异，这微笑太像了，好像听见费先生发出嘿嘿的笑声和他那一口蓝青官话。"

吴为山 《社会学家费孝通》 高170厘米 2006年 南京博物院藏

《文化昆仑——钱钟书》

钱钟书（1910～1998年），江苏无锡人，字默存，号槐聚，中国现代作家、文学研究家。1929年，考入清华大学外文系。1938年，他被清华大学破例聘为教授。1941年完成《谈艺录》《写在人生边上》的写作，1947年长篇小说《围城》出版，1958年创作的《宋诗选注》列入中国古典文学读本丛书，1976年由钱钟书参与翻译的《毛泽东诗词》英译本出版，1982年创作的《管锥编增订》出版。钱钟书不仅是当代学术的一座高峰，也是当代学人的楷模。他以前瞻的眼光，提炼、沟通和熔铸人类有史以来文化的精华，并努力把它推向更高更美的境界。钱钟书被誉为"博学鸿儒""文化昆仑""20世纪人类最智慧的头颅"。

对塑造对象的精神风貌和人格魅力的研究了解，是吴为山创作之前必备过程，他知道钱钟书精通多种语言，能将经史子集随手拈来，他幽默风趣，健谈善辩，隽思妙语，大有孟子、韩愈遗风。吴为山从钱钟书与夫人杨绛的一张合影中得到灵感。塑像中的钱钟书，取坐姿形象，眉宇之间神采奕奕，嘴角微抿，略微上翘，浮现一个典型的钱钟书式的微笑，那厚厚的眼镜片下一双睿智的双眼，闪透着无尽的智慧，仿佛有一种洞穿世界的力量。身着典型的中国式长衫，身躯以大写意的手法一气呵成，夸张模糊的身躯与雕塑的头形成强烈对比，古朴雅拙，意象全出。不仅突出钱钟书那东方"最智慧的头颅"，又如一座苍茫巍巍的昆仑之山端然卓立，雕塑家不拘于人物具体的身体结构和衣饰纹理，而是从塑造钱钟书的典型气质和精神内韵出发，意在笔先，以神统形，用独特的写意雕塑语言谋局创作，恰如其分地表现了钱钟书学养的丰厚和才智的广博。

吴为山 《文化昆仑——钱钟书》 高60厘米 2007年 南京博物院藏

《杨振宁》

　　杨振宁，安徽合肥三河镇人，著名美籍华裔科学家、物理大师、诺贝尔物理学获得者。1956年与李政道合作，提出"弱相互作用中宇称不守恒理论"，共同获1957年诺贝尔物理学奖。2017年2月，已放弃外国国籍成为中国公民的原中国科学院外籍院士杨振宁，正式转为中国科学院院士。2018年4月16日当选西湖大学校董会名誉主席。

　　1997年，经钱伟长教授引见吴为山与杨振宁相识，二人一见如故，以后一直有书信往来。当年中国科学院和江苏省人民政府宣布，国际小行星中心将国际编号为3421小行星正式命名为"杨振宁星"。命名仪式结束后，吴为山一直有为杨振宁塑像的愿望。1999年两人于南京大学进行了一次长谈。吴为山仔细端祥，杨先生的下颌呈一种几何状，客观、本然、大方，他的头发，一丝不乱，体现了科学家的严谨、理性。而他的微笑、一双永远瞪大的眼睛、一对天真的酒窝，也反映出追求人文最高理想境界的一个文化人的单纯品质。吴为山感受到杨先生本身便是东西方文化的融合体，既对融入文化血脉的中国诗歌、哲学有着成熟的认识，又映辉着对西方科学文化理性的精神之光，尤其是先生对自然、历史、人文的精辟见解，以及对后生那种真挚的关爱的人格力量，让吴为山深深感动。

吴为山 《杨振宁》 高66厘米 2001年
南京博物院藏

　　2001年，吴为山在南京大学为杨振宁先生塑像时，法国巴黎大学教授、著名雕塑家、杨振宁先生的好友熊秉明先生在场陪同，他建议吴为山："你要把杨振宁的数理性做进去！"怎样用泥去体现数理性呢？杨振宁坐了两个多小时，一会儿微笑，一会儿严肃，一会儿沉思。吴为山汗流浃背，全神贯注用心雕刻，努力表现杨先生温良、灵敏、智慧、坚毅以及纯真的形象。

　　泥塑稿出来，饱满的天庭、富于数理逻辑的方正脸型，一丝不苟的发型，那永远向世界发出疑问又获得肯定的敏锐而深情、慈祥的双眼，自信、坚毅的嘴角，由于长期伏案而微微前躬的后背……这尊充满理性之光的雕像展现在眼前，杨振宁露出灿烂的微笑。作者为了更好地体现杨振宁，特意选用汉白玉，用简练和概括，趋于几何体最终完成这尊雕像。

《逗你玩——马三立》

马三立（1914～2003年），回族，中国相声泰斗，著名相声表演艺术大师。出生于北京，祖籍甘肃永昌县，从小生活在天津，直至去世。在父兄的熏陶下，打下"说""学""逗""唱"的深厚功底，马三立的表演，不主张大喊大叫而工于"蔫逗"，以擅演"文哏"段子著称。在相声界，他的艺术、人格、品德应该是摆在第一位的，让人感到可亲可敬。

作者创作的马三立雕塑，整体上强调了人物的舞台形象，端祥人物造型之美，自然而然地想起了马三立最著名的段子《逗你玩》。《逗你玩》是马先生推出的历久不衰单口相声，融合了传统相声讽刺、幽默的固有特点，有着鲜明的马派相声特色。作者独具匠心把马三立这段脍炙人口、经典流芳的精彩表演，与其个人"随风潜入夜，润物细无声"的精神风貌柔和在一体。身着长衫，神态顾盼，三番四抖，扬手投足之间，传递隽永的艺术神韵，犹如活生生的形象站立在舞台前，正用他似云遮月，余味无穷的灌口和慢条斯理、抬臂举指的肌体语言，让人如见其人、如闻其声、如临其境，甚至带来"余音绕梁"的美感。

吴为山 《逗你玩——马三立》
190 厘米 ×58 厘米 ×40 厘米
2006 年 南京博物院藏

《石鲁》

石鲁（1919～1982年），原名冯亚珩，四川仁寿人。当代中国画家。因敬慕清代画家石涛和现代著名作家鲁迅，就把自己的号称为"石鲁"。早年就学于成都东方美专，1940年赴延安入陕北公学院，从事版画创作，后专攻中国画。石鲁是20世纪中叶最具独特气质的艺术家，是中国画领域里最富于探索性、创造性和实验性的代表，是长安画派的领军人物之一。

石鲁是位极具独特灵气和创新精神的艺术家，黄土高原和陕北风情既寄寓了石鲁对那段革命历史的深情回忆，也表现了他对美和美的价值的全新理解。1959年创作《转战陕北》，奠定了他在美术界的地位。对所谓的"野、怪、乱、黑"之谬误，倔强的石鲁绝不迁就"人骂我野我更野，搜尽平凡创奇迹；人责我怪我何怪，不屑为奴偏自裁；人为我乱不为乱，无法之法法更严；人笑我黑不太黑，黑到惊心动魂魄，野怪乱黑何足论，你有嘴舌我有心。生活为我出新意，我为生活传精神。"尽管这位艺术家身心遭到严重的摧残，但对艺术永不止息的探索精神，让他飞升到一个人神共享的艺术境界，使他成为了20世纪中国画坛上最具反传统色彩的一代大师。

吴为山 《石鲁》 130厘米×185厘米×210厘米 2011年 南京博物院藏

吴为山所塑《石鲁》像以坐姿取势，翘腿抽烟，手扶藤椅，瞬时之闲的放松与恬静，洒脱与清俊。高扬的发际、深邃的目光，扭头侧视的神情，似乎仍在回味沉思之中，凛然不可犯。整体雕塑别出心裁，块面疏朗，练达简易，把这位大家理性与激情，天才与癫狂，在中国画坛上最耀眼、最富个性、最具争议的桀骜之风骨，刻划得如此之生动形象，实属神来之作。吴为山创作《石鲁》看似是司空见惯的生活场景，实则涵藏了作者对这位艺术大师浪漫而坎坷、顽强而自信、惨烈而悲壮的人生有着深刻理解，并能借助于艺术样式、雕塑语言巧妙的表现出来。

《季羡林》

季羡林（1911～2009年），山东临清人，字希逋，又字齐奘，著名语言学家、文学家、教育家、史学家和社会活动家。历任中国科学院哲学社会科学部委员、北京大学副校长、中国社会科学院南亚研究所所长，聊城大学名誉校长、北京大学终身教授。精通12国语言，为"梵学、佛学、吐火罗文研究并举，中国文学、比较文学、文艺理论研究齐飞"，其著作汇编成《季羡林文集》，共24卷。生前曾撰文三辞桂冠：国学大师、学界泰斗、国宝。

1995年，吴为山应邀为季羡林资料馆塑像，并专程拜见季羡林先生。吴为山不仅读过季老的散文，更知道先生在佛学、语言学、中印关系史方面的杰出成就。当见到季老时，吴为山第一感觉是：典型的东方智者。准确、平实、不带任何夸张将他塑出来，就是极好的作品。吴为山为能够遇上这样有特点的雕塑对象而高兴。

季先生博古通今，学贯中西，他的散文，质朴而不失典雅，率真而不乏睿智。听先生讲话，如中国古典章回小说中描写的高人一般，论古道今，表情几乎没有变化。吴为山感到这正是人们常常忽视的一种"无表情的表情"。这是"大智""天哲"才能达到的境界。吴为山用雕塑的语言、青铜的材质，成功塑就《季羡林》先生像：棱角分明的头颅，稀稀的银发，清癯的脸庞，长长的寿眉，平和、含蓄的表情，蕴藏着深不可测的敏锐与高超。雕塑家抓住被塑对象的内心精神世界，真正是用艺术留住了这位东方智叟的生命灵魂⋯⋯

吴为山 《季羡林》 高60厘米 2002年 南京博物院藏

《春风》

　　吴为山对中国传统美学体系有着深刻的体悟，他所创造的写意性雕塑，不拘泥于客观对象的形似，而是追求艺术的文化意味和形式美感，重点是要表现其神采、神韵，传达其精神。吴为山有时还会展现他的另一种雕塑，以现代人的眼光，展现最清纯、最温情、最原始的艺术天使。此时吴为山手中沉重而冰凉的黏土会变得飘逸轻快而又情意绵绵。在他的《春风》里，泥的肌理有温柔的触感，好像用柔软的羊毫，沾以淡墨，带着喜悦，轻快点染出儿童柔嫩的肌肤和充满活力的意境。尽管模糊的五官近乎省略，有种"恍兮惚兮，中有象兮"的感觉，但温润清澈的少女，似春风飘然而至，润物无声，足见作者对人间的温情、对春天的温暖的敏感和敬意。

　　谈到这件作品的创意吴为山说："1994年春，我生病在家，女儿从幼儿园回来，小裙子飘起来，小脚丫翘起来，可爱至极。记得她小时候便喜欢看天，仿佛蝴蝶，梦游着庄园。"生活中的诗意，一下子被吴为山敏锐地捕捉到了，于是有了《春风》这件雕塑。

　　春风和煦，裙裾飘飘，女童翩跹成蝴蝶轻舞的模样，又有谁能不被这扑面而来的纯真与美好打动呢。

吴为山　《春风》　15厘米×5厘米×5厘米　1994年

《羌族老人》

吴为山在人物雕塑上有着非凡的创造力，对于角色神情毕肖的表现体现出其高超艺术才能。吴为山喜欢以西部为基地写生作画，考察游历，将自己的艺术追求放在民族生活现实，追寻传统之源。西部广袤的高原山川，独特的自然风貌和渗入内心的历史情怀，使吴为山的精神世界回萦着铿锵高昂的时代节律。蓝天白云，大漠平湖，梯田层层，佛乐渺渺，情歌悠悠……这些鲜明而富于特色的景象使艺术家获得崭新的感受，使墨彩油然融入新时代、新形式的表现与创造中。

羌族是中国西部的一个古老的民族，被称为"云朵上的民族"。20世纪90年代末，吴为山赴四川阿坝自治州汶川采风，在羌寨里见到一位小个头的羌族老人，手里拿着一只陶罐，对着吴为山说道这是他的一件文物，要以50块钱卖给这位外地来的艺术家。吴为山说，钱我可以给你，但这只罐子我不能拿走。老人善良朴实的形象一直在吴为山记忆中闪动，作者以泥当笔，用写意雕塑的表达方式创作了这件《羌族老人》。透过朦胧的意象，用厚重、结实的型体塑造了老人矮小的躯干与交叉分开略显微屈的双腿，粗大的手关节强化老人长期艰辛劳作的本质特征。人物的五官概括模糊，但和善、纯朴、敦厚的表情，塑造得那么活灵活现，那么传神生动，左手紧握那只所谓宝贝古董，抬起的右手与老人面带微笑的表情相呼应，似乎正叙说着这"陶罐"的精彩故事。2008年5月12日汶川地震以后，吴为山再度来到羌寨拜访那位老人，可惜羌寨已经不复存在，也没有见到那位想要卖给他陶罐的老人。

吴为山 《羌族老人》 68厘米×31厘米×22厘米 1998年

"不着一字，尽得风流"。观者不必弄清楚作者究竟做的是谁，却能从刻画社会历史、斧凿时代烙印的作品中，清晰地体味到古老民族文化流淌出的神韵和现代审美理想的追求。

《睡童》

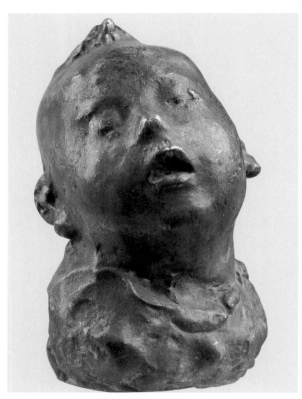

吴为山 《睡童》 11 厘米 ×7 厘米 ×8 厘米 1998 年

在吴为山一些小件雕塑作品中，往往自然流露出作者的艺术智慧、个性方式及意趣和美感。如《睡童》，胖胖萌萌的孩子，也许是哭闹之后的熟睡，也许是嬉戏后带着疲倦甜入梦乡，天使般的面容有着诗化意境之美。《睡童》寄托的人类共有的美好情感，沁人心脾。质朴、温存、纯洁和灵动的情态，具有强烈的震撼力、感染力和穿透力，这无论国家与民族，更无论政治与宗教。

吴为山深知灵感神秘玄妙，来去无踪，难以捉摸，一旦有之必须迅速抓住并从心里掏出。《睡童》便是偶然的神来之笔。一天午后，吴为山应邀为好友、著名设计家速泰熙的外孙做脚模。出生仅4个月的婴儿脑袋微微后仰，半张的小嘴，正睡得香甜。天使般的面容，以及弥漫在婴孩呼吸中的真纯与美好，给予吴为山以灵感，在激情支配之下吴为山捧起一把泥土，三两下的抓捏一个憨态可掬的《睡童》神奇地化为永恒的结晶。

让作者没想到的是，这件随意之作竟荣获2003年英国皇家肖像雕塑家协会"攀格林奖"。

本文为吴为山雕塑艺术研究阶段性成果之一

博物馆与公共文化服务

真情传播文明　恒心塑造未来

——当代博物馆可持续发展不可或缺的关键要素

自古埃及亚历山大博物馆于公元前280年左右诞生以来，世界各地博物馆为人类文明发展做出了巨大贡献，其影响之深远、经验之丰富永远值得后世学习。中国博物馆相比之下起步较晚，从近代实业家张謇创办第一家博物馆算起，也只有110多年历史。随着中国的崛起，博物馆事业得到长足发展，每年新增博物馆近300座，这是国力增强社会进步的重要体现。博物馆为何有如此顽强的生命力，支撑它持续发展的核心要素是什么？博物馆学家约翰·爱德华·格雷（1800～1875年）最早提出博物馆存在的目的"在广大群众中传播知识和理性娱乐，给科学研究者提供多种方式来仔细观察和研究博物馆所藏的标本"[1]。纽约布鲁克林博物馆馆长卢卡斯在1907年的一次演讲中指出教育是博物馆对社会最重要、最持久的贡献，"博物馆不只是保存这些物件的地方，它还是一个所用语言能为所有人听懂的大型教育机构，是一本使终打开的书籍，里面的每一页不仅吸引着学者而且吸引着不识字的文盲"[2]。任凭世界风云变幻博物馆"收藏、保存、研究、展陈、教育"基本功能始终如一，这是推动博物馆不断发展的动力所在。因此我国的博物馆作为一种社会资源，既要与经济社会协调发展，又要在收藏、保护、利用上持之以恒，且源源不断的充实、优化，才能实现可持续发展。

一　营造怡人的公共空间

时代塑造着博物馆，人们需要什么样的博物馆，必然有着深深的时代烙印，但是博物馆自身的运行也在塑造着我们或者一个时代关于藏品、艺术品、艺术乃至人类的记忆与历史的概念[3]。新世纪以来我国一大批新建、改建和扩建的博物馆在外观造型、体量空间、内部装修、设施配备等方面，已达到了相当高的水准，成为当地标志性文化景观，有的甚至超过欧美等发达国家的规模。江苏现有各类博物馆285座，其中国家一级馆5家、二级13家、三级19家。南京博物院、苏州博物馆（图1）、南通博物苑、扬州博物馆等一批博物馆在新一轮建设中，以优良的文化设施为依托，以国际水准的展览陈设、社会教育活动为载体，以服务于

图 1　苏州博物馆

公众为目标，文化服务功能大大提升，为今后提档升级奠定了良好的基础。

设施建设要量体裁衣尽显特色。建设博物馆要编制切实可行的发展规划，努力构建与区域经济社会发展相协调、符合博物馆事业发展规律的博物馆体系。一定要根据本地区博物馆品类，突出自己的特色，在建筑的外型设计与内部功能实用上最大限度地统一起来，做到既美观大方又经济实用。切忌不从实际出发，盲目攀比，投资过大，搞政绩工程，致使博物馆建成后文物藏量与展示能力薄弱、运营维护困难的窘境。其实一个成功的博物馆不在于它的面积大小，豪华装修的程度，而是它是否有自己的建筑风格、空间设计的人性化程度以及其藏品资源利用所产生的"引力"和社会影响。法国奥塞博物馆（图2）是由1898年建造的火车站改造而成的，它被称为"欧洲最美的博物馆"、印象主义画家的殿堂，镇江市博物馆则是利用原英国领事馆旧址而设立的，很有特色。应当倡导在已有建筑的基础上改建扩建，使博物馆建筑体量规模与自身实际相符合，做到量体裁衣，量力而为，不贪大求洋。

内部空间要讲究易达性和舒适度。当今博物馆建筑规模不断扩大，设计能力和设计水平也越来越高，尤其是博物馆内的中庭造型及功能日趋多样化。中庭环境及氛围的营造，对于提升博物馆人性化设计水平极为关键。应千方百计让观众拥有一个顺畅且愉快的线路，包括残障者出入的无障碍通道。由于展厅内多为人造光源，人们在参观过程中始终处于较为昏暗的光线之中，往往容易使观众烦闷压抑，心神不爽。为了解决这一问题，不少博物馆借助中庭采光，缓解展厅内自然光不足之感。南京博物院二期工程建设中的历史馆、特展馆都以展厅环绕中庭形式来解决以上不足，借助中庭作为共享空间，利用中庭回廊联系各展厅，使观

图 2　法国奥塞博物馆

众在穿梭于展厅间隙，借助中庭顶部采光缓解展厅内自然光不足带来的不适感[4]。

室外要营造成为休闲之地。今年国际博物馆日的主题为"博物馆与文化景观"其目的是促使博物馆对其文化景观承担起责任。博物馆在获取研究、开发、提供和共享其所在地域知识的同时，为观众提供一种不同的方式来观察这些景观。在中国由于博物馆的免费开放，去博物馆休闲、学习和欣赏的观众越来越多，博物馆拥有高质量休闲空间的需求也必将越来越大。苏州博物馆新馆、南京博物院等在室外设有若干便于休闲和疏散的最佳空间，安置富有文化内涵的景观，使游人在小憩中也能悦目怡情。

此外，博物馆要最大可能地成为舒缓情绪的心灵栖息地。人生常常会遇到不顺心的时候，一般可多种方式来放松缓解心理的紧张。现在的博物馆倒是一个能够使内心安宁的地方，这里是在喧嚣世界中独立存在的宁静空间，没有现实生活中残酷的竞争、繁琐的工作、令人头痛的矛盾纠葛，只有单纯的艺术、历史和自然科学。到这里暂回避一下现实，转移注意力，淡化原有情绪让自己冷静下来，有利于身心健康。也许在博物馆某一个特殊的空间有触动其心灵化解的震撼元素，能拓宽自己的心理容量，使自己的修养和宽大胸怀有了新的启迪。不少观众愿意将博物馆当作他们心灵栖息之地是有一定意义的。

二　为明天发展而收藏

博物馆是基于"选择与保存对现在与未来的人类具有重要性的物件"的原则而创立的，藏品是博物馆一切活动的起点。好的收藏依据博物馆自身的定位，既有明确的收藏目标，又有明智的收藏计划，执行过程非常之审慎。因为今天的收藏，将会成为未来的珍宝，这是对历史负责，对人类文明负责。

坚持不懈地收藏能够记住历史、记住乡愁的物件。博物馆应主动实施经济社会发展变迁物证征藏工作，记录时代发展，丰富藏品门类。收藏的理念、行为模式，不仅会影响博物馆藏品的性质，也会影响未来人类对历史的认知。公共博物馆的收藏不同于私人收藏，但关乎藏品的过去与现在之间的联系，关乎藏品的单个历史与博物馆整体历史的关系，以及藏品的地方性与世界性之间的联系[5]。南京博物馆在文物收藏中着眼于博物馆既有藏品的系统构成和今后发展方向，坚持"拾遗补缺"的宗旨，同时又承担抢救和保护国家文化遗产的使命，对稀有易逝的文物果断加以收集，努力留住历史记忆。南京博物院现有藏品从旧石器时代下迄至当代，既有全国性的也有江苏地域性的，其中宫廷文物有近三分之二，均为历朝历代的珍品佳作，藏品仅次于北京故宫博物院和台北故宫博物院，可以说是一座巨大的中华民族文化艺术宝库[6]。这一系列的重要藏品奠定了南京博物院的历史地位和对外影响力。由于特殊的历史地位，民国文物收藏是南京博物院的重点之一。南博新馆设立的民国馆，通过复原民国时期的街区状态，再现普通市民生活，其陈设的匾额、器具等都是征集的民国文物，街上的杂货店、银行、邮局、书店、南北货店、照相馆、火车站都是活态实体。

争取重要捐赠的机会。当今由于艺术品市场的无序，许多大家、名家的作品常常集中在收藏家手中，一件作品因作者的名气不同，拍卖价格会有天壤之别。克莉丝蒂是伦敦最大最受尊敬的一家拍卖公司，当他们以为《巴黎的审判》出自兰克里克的手笔时，以280美金的价格开始喊价，后来被确定为鲁本斯的作品时，喊价立即超过22.5万美金[7]。这种以收藏者决定和控制的名人艺术品，博物馆根本无法参与征集收藏。争取有识之士的捐赠是一条不错的征集之路。当然，每个博物馆对自身的收藏是有标准的，不仅要求符合博物馆收藏的地理、时代和主题的要求，还要考虑到捐赠物来源是否合法、其潜在用途有多大等。历史上艺术杰作的最终归宿在博物馆，然后通过博物馆展览实现与公众审美结合起来。好的成批量的文物捐赠，可以极大地提升博物馆内藏品的质量。如南京博物院1958年庞增和捐赠的一批他祖父庞莱臣收藏的书画，1976年傅抱石夫人罗时慧代表家人捐赠的绘画及印章、写生稿、手稿等，都成为南京博物院的重要收藏[8]。2011

年英国侨领单声先生，在泰州捐献出自己的旧居和中国流失海外的300多件弥足珍贵的文物精品，建成单声珍藏文物馆（图3）。收藏家李巍先生2009年，将自己收藏的22尊金铜造像，捐赠给了中国国家博物馆；2015年，捐赠500件金铜佛像及佛饰法器给普陀山佛教协会；2016年捐赠3尊金铜佛像给吉林博物院。

图3　单声珍藏文物馆

有效拓展收藏范围。从文化留存与传播角度，主动参与到保护与传承非物质文化工作中。在注重收集与记述其历史、艺术、科学价值的基础上，从其非物质文化传承载体的角度，采用声像等现代数字技术全面收集与之相关的非物质文化资料。南京博物院建立非遗馆包括演艺厅、工艺厅、展览厅、多功能厅等，正常安排非遗传承人现场制作作品，通过晚清风格茶馆戏台表演折子戏、评弹、白局、皮影等。小剧场则以表演传统戏剧为主，使文化的完整性在博物馆得以复原，为其传承与发展奠定必要基础，有效提升了博物馆社会服务能力，为保护文化多样性作出自己的努力。

适时清除无用物件。没有任何一座博物馆，能够有这么多的空间来贮存没有历史意义的物件。对不够收藏标准，或因腐蚀损毁等原因无法修复并无继续保存价值的藏品，在得到充分评估论证之后，通过申请退出馆藏。这种"谨慎的让渡"虽是一个比较复杂的操作，却可能比收集本身还要重要[9]。

三　致力于科学保护状态

对进入博物馆的藏品进行科学保护和修复，尽最大努力维持藏品处于最佳状态，以延长其寿命，防止文物的历史文化价值和研究价值遭到破坏，是博物馆人的职责所在。我国博物馆安全存放条件差，修复技术比较落后，持续发展能力不足。因此，需要持续对文物进行科学保护，及时抢救修复濒危珍贵文物，优先保护材质脆弱珍贵文物，分类推进珍贵文物保护修复，不断完善文物监测和调控设施。

大力弘扬我国优秀传统保护方法。各地博物馆有自己独特保护和修复的绝活，如壁画修复和揭取技术、青铜器保护修复技术、木器漆器瓷器修复技术以及古字画修复等都非常成熟。南京博物院在"旧纸张保护技术""纸张气相脱酸研究""复方中药杀虫剂研究""整本图书加固技术研究"等获文化部文化科技成果奖。拥有现代设备和专业团队，近现代纸质文献脱酸保护、纸质文物保护技术成为国家重点实验室和重点科研基地。文物修复是件苦活细活，它和传统手工艺一样，需要以老带新，真正把中国传承了数千年的古物修复技术和匠人精神一代一代传承下去。

突破文物保护与修复的关键技术。珍贵馆藏文物的保护修复与关键性技术的突破密不可分，一旦在某些关键性技术上取得突破，便能够使更多珍贵馆藏文物得到有效的修复和保护，从而及时得到利用，满足公众的欣赏需求。我国博物馆在金属文物有害锈转化、脆弱陶质文物快速脱盐、脆弱纺织品和纸质文物清洗与接枝加固、竹木漆器微结构修复与整形加固、鼓角质文物的生物技术修复等关键性技术和集成技术方面需迫切研发[10]。博物馆需要集中优势力量与科研院所高校等联合攻关，采取项目和课题的形式推动关键性技术的研发，以缩小与发达国家博物馆的差距。

此外，还要特别注重对文物保护环境采用科学、有效的方法进行研究，以便制定合理、科学的文物保护方案，确保环境对文物保护造成的不利影响能够降到最低。如火灾、漏水、灰尘、极端的温度、光辐射、菌类、昆虫等，有很多的外部因素会对文物造成不利影响，文物材料的抗氧化性也会降低。例如光辐射很容易对文物表面造成破坏，而文物表面也是历史文化的精华，蕴含着丰富的历史知识。当然如果文物被永久、密封地保存，而不将其取出进行利用，则文物蕴含的历史文化也就失去了价值。

四　不断追求的陈列创新

博物馆作为高雅的文化场所，策划好"雅俗共赏"的展览是博物馆人的主要服务任务之一。在展览的整体布局上，要线路清晰、舒缓、幽静，让观众有休息和思考的时间与空间。美国著名科学家、教育学家、心理学家佛兰克·欧本海默在1969年创办旧金山探索馆时曾提出："博物馆展出的物品的价值并不体现在其本身的材质和构造上，而是取决于观众如何去观察、发现和感受它。而只有通过观众对物品最直接的感知，才能形成他们自己对自然科学和人文科学的认知"[11]。博物馆在具体的展览策划与设计工作中，应当把握不同年龄阶段、不同文化背景、不同层次的心理需求，使观众能够在参观过程中享有一次从认知、娱乐、情感、教育等层面的体验过程。

注重加大陈展的科技含量。博物馆的发展应当在为公众提供良好服务基础上，不断加强与文化科技融合力度。在树立现代展陈理念的前提下，借助先进科技手段，多运用形象化、具象化的展示方式，多开展互动式、体验式的活动项目，不断增强藏品的吸引力、感染力，使公众到博物馆能够在富有趣味地主动参与到艺术休闲中，深刻感受中华文化的博大精深。

满足观众的好奇之心。博物馆学观众研究的结果显示，参观者的心灵之旅往往是从细致的观察开始的，一次有益的观察或能打开观众记忆的闸门，或能产生对未知事物的好奇之心，或能触动某种情感，或能产生其他的联想，这些触动能够为之后的参观探索体验做好心理和情绪上的铺垫。首都博物馆策划的纪念殷墟妇好墓考古发掘四十周年特展，以"王后·母亲·女将"为题概括了妇好传奇一生的三个角色，用411件（组）文物分别细说"她是谁""她的时代""她的生活""她的故事""她的葬礼"，吸收观众一步一步地深入到妇好这位中国古代史地位最高女战神的故事之中（图4）。

引人思考的知识信息点。博物馆通过陈列展览及相关教育活动"传授知识、传播文化"。其实一个好博物馆不仅仅关乎观众能够从展览中获取多少知识信息，更关乎其参观之后所产生的各种疑问，对现实生活、人生态度和对一些感兴趣的问题有更深层次的思考。如何欣赏文物，习近平总书记有句精辟的论述"不能只满足于欣赏它们产生的精美物件，更应该去领略其中包含的人文精神；不能只满足于领略它们对以往人们生活的艺术表现，更应该让其中蕴藏的精神鲜活起

图4　首都博物馆"王后·母亲·女将——纪念殷墟妇好墓考古发掘四十周年特展"

来"[12]。当然每个观众要想弄清的问题不尽相同，但寻求这些问题答案的过程却是博物馆留给他们的智慧和精神财富。去年南京博物院举办"温·婉——中国古代女性文物大展"从"形塑女性""女仕日常""才媛集艺""笔端容功"四个方面，通过院藏文物的展示既将文物所具有的知识点传达给观众，又把中国古代传统女性的生活状态、艺术追求以及坚定、执着、聪慧和才智表现出来。

增强轻松的娱乐互动。英国博物馆学者凯蒂·贝勒2011年主编的《玩转博物馆》把游戏和娱乐推崇到至高的地位，她认为"人们在娱乐过程中能够自主发现，能够触发灵感，能够交流合作"[13]。利用博物馆特殊的陈列语言，科学地留存、复制与展示原生态的非物质文化，为消失的弱势文化提供生动的较全面留存、展示与传播空间。使传统静态为主的陈列模式，向互动为主的动态展示转变，使物质文化与非物质文化在陈列展览中实现文化形态的完整统一。在博物馆的社会教育方式上，让观众从被动的灌输教育方式变成主动参与，使人们在文化自觉的环境中受益。2015年南京博物院策划的"和·合——中国传统文化和人文精神系列展"（图5）意在弘扬传统文化中的和谐融洽关系，倡导人与自然、人与人、人与社会和谐相处，展现我国几千年文明所创造出的"和文化"，激发观众从传统文化中认知自我、寻找自我、发展自我。策展人利用多媒体等新技术向观众展现出"和文化"的大主题，边看边玩互动升级，如《四季牧牛图》动画效果，金榜题名和洞房花烛互动体验，以及传统厅堂合家欢照片传输联动，让观众觉得好玩的同时又能真实感受到古人平和向善的情怀。

图5 南京博物院"和·合——中国传统文化中的和谐之道"展览场景

五　打开文博创意产业之门

2015年新颁布的《博物馆条例》，对博物馆开发文创产品、发展文创产业作出了重要的指导和规定，这为博物馆合法发展文创产业提供了制度保障。博物馆在坚持非营利性的前提下，通过文创产品的延伸使其教育功能、服务功能、休闲功能得到有益补充，最大限度地满足人们求新求变求美的文化需求。博物馆通过自身展览场馆的优势，加之成千上万源源不断的观众成为文创产品潜在销售对象，既有利于创造收入支持博物馆各项核心业务的拓展，缓解博物馆资金不足的压力，为可持续发展提供经济保障，也有利于优秀传统文化在大众日常生活中传播、创新和发展。

文创产品是连接大众最好的纽带。正如联合国教科文组织定义的那样文化产品是"传播思想、符号和生活方式的消费品，它能够提供信息和娱乐，进而形成群体认同并影响文化行为"。文创商品由文物、艺术品发展而来，经过再创作，生产出从几元到数万元不等的文化产品，满足着不同消费群体的文化需求。博物馆要努力挖掘文物的活力，充分利用附着在文物藏品上的各种信息元素，在创意思维下通过与现代科技手段进行完美结合，所开发出来的商品具有时代性、艺术性、装饰性和实用性，要让来自世界各地的观众，看到价廉物美的文创产品后，产生购买欲望，实现把博物馆"带回家"的目的[14]。美国大都会博物馆、史密森尼博物馆，近年的文创产品年均销售收入均超过1亿美元；台北故宫博物院每3个月就要求推出约300种设计新品，采取严酷的"上架和退场"机制；上海博物馆近20年自主开发系列文化商品1600余种，并成为大英博物馆长期合作伙伴[15]。

着力研发具有自主知识产权的创意产品。博物馆是一个蕴藏量极大"资源富矿"，具有由文化资源向文创产业资源转化的天然优势。需要博物馆大胆创新、研发能够体现时代特色、中国元素、实用功能于一体的特色文创产品。由于博物馆现有创意设计人才严重匮乏，要想得到长足发展仍有较长的路要走。目前，我国只有北京故宫博物院、上海博物馆等少数几家博物馆拥有自己的创意设计团队，大多数博物馆的文创产品开发基本上采取的是在完成创意设计后再授权给厂家制造；有的直接整体捆绑招标，由获得授权的设计厂商负责研发、生产，最后由博物馆贴牌销售。国内博物馆要调整发展战略，加强与国际博物馆之间的交流与合作，积极借鉴国内外成功的经验，把创意产业作为自身运营的重要支撑，在"借鸡下蛋"的发展过程中，加大培养文创设计人才，建立自主研发团队。

构建符合现代市场发展的交易平台。国外博物馆在文创产品创意、开发、设计、生产、销售、售后等方面都有着成熟的经验，产品能够满足不同消费需求，已达到高度产业化。国内博物馆积极开拓市场，不断拓展销售推广渠道，实现跨区域跨部门之间的联盟运营。不仅在各大博物馆内、城市飞机场、大型购物商场设有博物馆商店，同时还要设有相应的网络购物平台。积极创造条件努力与国际接轨，且在文博创意产业研发、营销、推广、贸易等方面拓展广泛的合作空间。故宫博物院建有8个文化创意体验馆，方便游客购物，上海博物馆实现研发、生产、销售一体化经营，中国国家博物馆、陕西博物馆运用"互联网+"模式开拓线上销售平台，南京博物院在本馆内开设5个直营商店，并以"江苏省博物馆商店联盟"形式，吸纳江苏省11家地市博物馆加盟，这些举措为培育新型文化业态作出有益尝试（图6）。

博物馆作为城市主体公共文化空间，要抓住时下开发文创产品、发展文创产业的有利时机，深入挖掘藏品内涵，与文化创意、旅游等产业相结合，开发衍生产品，增强博物馆发展能力。大力创新文创产品开发运行管理机制，吸引更多社会人才、力量、技术及资金进入博物馆文创产业。加速博物馆文创产业发展的规模化、产业化进程。及时做好政策引导、规范和支持博物馆发展文创产业，不断提升在GDP中所占比率、税收贡献率、吸收人口就业率，使之真正成为一个地区甚至一个国家吸引文化关注及经济增长的新地标。

图6　上海博物馆文创产品

注释

[1]〔美〕吉诺韦斯、〔美〕安德列编，路旦俊译，陈建明主编：《博物馆起源》，译林出版社，
　　2014年，第52页。

[2]〔美〕吉诺韦斯、〔美〕安德列编，路旦俊译，陈建明主编：《博物馆起源》，译林出版社，
　　2014年，第53、54页。

[3]曹兵武：《塑造未来：博物馆收藏的新动向》，《国际博物馆》中文版，2008年第3期。

[4]杨海荣、郭呈祥：《论博物馆建筑布局中的人性化设计》，《四川建筑科学研究》第36卷，
　　2008年。

[5]曹兵武：《塑造未来：博物馆收藏的新动向》，《国际博物馆》中文版，2008年第3期。

[6]南京博物院编：《南京博物院八十周年院史》，2013年，第20页。

[7]乔治·艾里斯·博寇：《博物馆这一行》，台湾五观艺术事业有限公司，2013年，第134页。

[8]南京博物院编：《南京博物院八十周年院史》，2013年，第206页。

[9]乔治·艾里斯博寇：《博物馆这一行》，台湾五观艺术事业有限公司，2013年，第111页。

[10]周全明：《文化科技融合视野下博物馆事业的发展路径及趋向》，《江汉大学学报（社会
　　科学版）》2013年第3期。

[11]李林：《以观众体验为核心的博物馆展览设计——以华夏自然蜜蜂博物馆的观众体验设计
　　为案例》，《东南文化》2012年第6期。

[12]《"平语"近人——习近平谈文物工作》，新华网，2016年4月13日。

[13]李林：《以观众体验为核心的博物馆展览设计——以华夏自然蜜蜂博物馆的观众体验设计
　　为案例》，《东南文化》2012年第6期。

[14]陈明、付奇：《让文物活起来，把博物馆带回家》，《新华日报》2015年11月30日，第9版。

[15]郑汝可：《如何让文物活起来？》，《长江日报》2015年1月16日。

原载上海博物馆、中国博协博物馆管理专业委员会《博物馆管理论文
集》，上海书画出版社，2016年；江苏省文物局《江苏省2016国际博物馆日
主题论坛论文集》，南京出版社，2016年

博物馆的责任担当

我国各类博物馆有着丰富的文物藏品，这些藏品中蕴涵着中华优秀传统文化在思想理念、传统美德、人文精神等方面对人类文明所作贡献。身处国家战略下的博物馆，不仅是传统意义上的收藏、保护、研究和展示，而且是国家文化的象征，关乎到国家、民族的前途与命运。如何以坚定的文化自信，切实增强博物馆服务功能，把握新使命传播正能量，主动承担起传承和复兴中华优秀传统文化的历史重任，这是每个博物馆都必须面对的现实问题（图1）。

图1　南京博物院

一　以独特"个性"立馆

博物馆影响力的强与弱，最为核心要素是它的个性与特色，这是博物馆的灵魂，也是吸引观众的法宝。时下国内博物馆建设方兴未艾，但千馆一面、形式单调，缺少文物藏品支撑的博物馆不在少数。虽然进馆的门槛低了，但遭遇观众冷落的窘境时有发生。博物馆需要从"量"的增长到"质"的提高，要依据自身藏品情况推出富有特色的服

图2　苏州博物馆

务产品，且能体现以人为本的理念，满足不同层次观众的需求，使博物馆的唯一性、独特性、公共性服务效能得到提升。其实博物馆自身功能如何、服务效果怎样，如人饮水，冷暖自知，只有根据社会发展、公众文化需求，及时破解存在的问题，才能走出一条创新发展、自我完善之路。眼下博物馆要对实际资源所生产和传播的公共文化服务数量、质量、特色、效率、效果等要素有一个基本评估。尤其是观众对博物馆文化服务、活动需求的可及性和参与性，有一个正确的分析和判断，通过强化绩效管理，促使其综合服务能力得到进一步提高（图2）。

二　研究是"活起来"的提前

一个有担当、有作为的博物馆对其馆藏文物不仅保护有序，而且对所藏文物有着广泛而深入的研究。美国博物馆专家古德有句名言："博物馆不在于它拥有什么，而在于它以其有用的资源做了什么。"研究是一切资源利用的基础。博物馆对于藏品的定位，不仅是收藏和展示，更重要的是通过研究挖掘所藏文物的内涵信息，为文物藏品交流、展览策划、文创产品开发、社教活动的拓展提供第一手资料。很难想象一个家底不清、研究缺失、文物受损严重的博物馆，在对社会和公众

图3　南京博物院茶馆

图 4　南京博物院民国街

提供服务时能有所作为。博物馆要采取多种措施，缓解研究人才严重缺失的尴尬局面，主动与兄弟馆、高校、科研院所等单位加强合作，实行藏品信息互通有无、藏品研究成果共享，力所能及地为学者和研究人员提供接触藏品实物的机会。要组织骨干力量加强对馆藏文物开展分类研究，梳理校正馆藏物品的原有认知，特别是通过对文物器物的具体研究，发现新的认识空间和新的表达，深刻探究文物中具有代表性的优秀文化精华，甚至推出具有世界关注度的文博成果。博物馆要充分利用第一次全国可移动文物普查成果，建立可移动文物数据社会服务和共享机制，积极探索文物联合研究、文物资源综合利用的新途径（图3、4）。

三　让藏品在展陈中更加"雷人"

现代博物馆正在实现由以藏品为中心到以观众为中心的转型，"好玩""好看"成为新的追求目标。现在的展陈方式，已非过去的简单文物排列，而是突出主题性、故事性或对比性。综合运用现代科技手段，融造型、媒体、装置和展板等多种形式，来诠释和解读文物藏品中蕴藏的文化内涵，使原有孤立的文物器物、枯燥生冷的学术问题成为趣味性、知识性、故事性强的展览，成为所述故事

图 5 "法老·王——古埃及文明和中国汉代文明的故事"展览场景序厅

中的真实依据和欣赏对象。而这一切的关键在于有一个好的策展人和策划团队。近年来，南京博物院、首都博物馆、苏州博物馆等在展览陈列中，实行展览项目制的管理模式，越来越呈现出它的生命力。南京博物院打破了过去由展陈部门单一操作的局限，充分调动全院专业技术人员的智慧，实行以策展人为核心项目制，只要有好的展陈创意，都可以成为策展人。如"温·婉——中国古代女性文物大展""和·合——中国传统文化中的和谐之道""法老·王——古埃及文明和中国汉代文明"（图5），以及正在展出的"帝国盛世——沙俄与大清的黄金时代"（图6）等展览，都是这一制度下的产物，引起社会广泛关注和好评，参观者得到发自内心的精神愉悦和文化冲击，文化滋润的功效充分体现。

四 勇于在世界舞台"放声"

在当今世界舞台上，中国的角色越来越重要，影响越来越大，国际社会对中华文化的兴趣越来越强，东西方文化之间的碰撞、交流、博弈、融合已成为一种新常态。在这样的国际

图 6 "帝国盛世——沙俄与大清的黄金时代"展览场景序厅

背景下，我国博物馆不仅要在国内发挥教育、传承保护文物的作用，而且要通过多种办法、途径，让中国的博物馆走向世界、融入世界，让世界了解中国的博物馆。判断一个博物馆的贡献，不是看它每年办展的次数，也不是看引进了多少外国文物展，而是看它向世界提供了多少文物交流的成功经验，看它代表我国民族文化精神的展览在国外主流社会所产生的辐射力和影响力。上升为国家战略的博物馆，是人类文化的守护者，它的伟大使命就是要充满自信地走向世界文化舞台的中心。欲与世界博物馆比肩，仅凭勇气和胆量是不够的，必须有高度的担当意识，在创新布展形式，运营管理方式上，以先进理念和专业水准与国际社会接轨。通过馆藏物证加强不同国家博物馆之间的合作交流，不断在国际舞台上发力发声，把中华优秀传统文化中具有当代价值、世界意义的思想资源直观快捷地反映和传扬出去。

原载《中国文化报》2017年7月18日，《精彩江苏》2017年第7期

拓展博物馆社会教育的创新之路

　　20世纪30年代蔡元培先生倡议创建国立中央博物院筹备处，并亲自兼任第一届理事会理事长。建院之初首先确立了"提倡科学研究，辅助公众教育，以适当之陈列展览，图智识之增进"的宗旨，把公众教育作为博物馆的主要任务，为中国现代博物馆事业发展奠定了思想和理论基础。随着时代发展博物馆的教育功能已经成为公众服务的核心。南京博物院经过二期工程的改扩建，形成了"一院六馆六所"的新格局，并将现代管理理念和教育方式，贯穿在整个系统，使博物馆的各项活动统一到"为社会及其进步服务"的总目标上来（图1）。

图1　南京博物院志愿者在展厅内为公众讲解

一　让展览更具教育的张力

　　展览展示是博物馆的主体任务，而展览的根本目的在于观众教育。不管是常设展还是临时特展，也不管是研究性的还是推广性的展览，其教育性都是显著的。当然这种教育不是强制性的，一般以静态的方式让观众自行接受展览的内容或其中的知识点。美国著名科学家、教育学家、心理学家佛兰克·欧本海默在1969年创办旧金山探索馆时曾提出："博物馆展出的物品的价值并不体现在其本身的材质和构造上，而是取决于观众如何去观察、发现和感受它。而只有通过观众对物品最直接的感知，才能形成他们自己对自然科学和人文科学的认知。"现在博物馆的展陈设计与传统的手段已有非常大的改变，每个展览都要充分把握不同年龄阶段、不同文化背景、不同层次的心理需求，使观众能够在参观过程中享

图2　"'在此'中国生活艺术展"场景

有一次从认知、娱乐、情感、教育等层面的体验过程。南京博物院在展陈中，不断创新和超越自我，以现代时尚元素来诠释神秘而悠远的古代文明，给观众以全新的视觉冲击，留下的不仅是深刻的印象，还有潜移默化的教育作用（图2）。

一是在展览的教育理念和设计主题上，根据博物馆的资源与观众的实际需要中提炼产生。着力"双向、平等、互动"教育活动，避免传统的居高临下的单向刻板模式。展览样式由系统分类、复原陈列向对比陈列、中心陈列拓展，量身定做不同的展览，使之更加生动新颖，可看性更强。例如"藏品架起沟通的桥梁"诠释文物与生活、传统、交流、艺术的关系，"'在此'中国生活艺术展"启发公众将传统文化精神融入当代生活，"南腔北调——传统戏曲艺术展"通过戏曲文物展示汉代到清代中国南北戏曲艺术的演变。根据每个临时展览自身特点的不同，教育人员制定出分众化和差异化的教育活动方案，强化了临时展览配套活动的科学性和针对性。

二是在展览的设计制作上既注重加大科技含量，又引入观众的互动交流。博物馆的发展应当在为公众提供良好服务基础上，不断加强与文化科技融合力度。在树立现代展陈理念的前提下，借助先进科技手段，多运用形象化、具象化的展示方式，结合开展互动式、体验式的活动项目，不断增强藏品的吸引力、感染力，使公众到博物馆富有趣味地参与到艺术休闲中，深刻感受中华文化的博大精深。近年来，南博配合特展开展的社会教育活动高达100％。如配合"藏天下：庞莱臣虚斋展"推出的"我是大收藏家"角色体验活动；配合"伦勃朗的时代——

16至18世纪欧洲油画展"开展油画欣赏、临摹和创作活动；配合"温·婉"展览，策划的"女人故事会"雅集活动；配合《和·合——中国传统文化和人文精神系列展》，在展厅中布置一个传统的中堂，全家人相约在此，拍摄传统家庭团圆和美的全家福（图3、4）。

图3 2014年"藏品架起沟通的桥梁"主题展厅

三是展览的制作教育人员整体对接，全程参与。从内容策划到展品挑选、从导览词的撰写到公众教育活动的策划、从观众调查到志愿者服务培训，社会教育人员全程对接，进一步增强了临时展览教育活动的完整性与系统性。教育活动的创新实践也提升了南博教育人员的综合能力，他们充分地利用馆内的资源，针对不同人群、性格特征、内心需求策划丰富多彩的教育活动，让观众在参观中得到更多滋养。

图4 "颜色的故事"南京博物院社教活动

二 互动体验让"脑洞大开"

博物馆不是一个简单的保护国家文化和自然遗产的贮存机构，而是一种具有广泛意义的强有力的教育工具。但博物馆的教育方式是独特的，它与学校的最大区别就在于人们是自发地、业余地、有目的地寻求快乐。他们可以根据自己的知识背景、兴趣爱好自主选择。在科技发达和文化艺术飞跃发展的当下，观众已不满足于被动地看和听等传统模式，而是希望得到更多参与和互动的文化体验来获得内心的愉悦。因此，现代博物馆教育应努力拓宽观众直接与藏品资源接触的机会，实现由静到动、由封闭性到开放性的转变（图5）。

图5　南京博物院小剧场传统大戏演出

图6　南京博物院社教系活动——"萌娃逛南博"

图7　中学生考古勘探实践

　　丰富多彩的教育活动，密切了博物馆与观众之间的联系，拉近了人们与历史的距离。南京博物院社会教育结合历史馆、艺术馆展线特点与文物内容，重点关注观众在展示中的参与程度和体验感受，将专业性、知识性与趣味性、观赏性有机地结合起来，根据不同的观众群体策划并实施系列化教育活动。如非遗馆老茶馆的折子戏、小剧场的传统大戏、南博讲坛的专家讲座、民国馆内20世纪30年代南京街市的风土人情，以及诸如"博物馆奇妙夜——夜游南博系列活动"，无不是吸引人气最旺的好地方。针对低龄儿童的心智特点及儿童趣味状况，教育人员策划实施的"萌娃逛南博""古乐悠悠，汉舞轻扬""皇帝的生日礼物""认识国宝学成语——竹林七贤模印砖画""文物里的濒危动物""我是小小考古家"等儿童主题体验活动，让博物馆成为青少年享受学习、体验快乐的地方，从情感触动达到心灵启迪（图6、7）。

　　南京博物院中学生考古夏令营"触摸逝去的历史——探索长江下游的早期

文明"，这一独具特色的社会教育项目颇受中学生喜爱，目前已经成功举办三届。由南京博物院考古专家及考古一线工作人员全程陪同参观考古发掘现场与博物馆。学生和考古学家一起亲临考古遗址现场，深入了解考古学的方法及学科特征，培养独立思考与实践的能力。整个夏令营活动期间集中住宿在南京博物院江南考古工作站，零距离学习并实践科技考古的新方法，感受考古学实验研究的新理念。

三　让科技引领博物馆时代

在现代信息技术的影响下，博物馆教育的能力日益强劲，多媒体、互联网、数字技术都使博物馆的教育方式获得了无限的想象空间和扩展空间，让更多的不可能变成了可能。南京博物院不断吸引、利用现代科技成果提升服务能力和水平。一方面积极引进现代科技实现与时俱进的自我完善，另一面与其博物馆教育融合一起，达到科学性、知识性、艺术性和娱乐性的统一，让人们在充满时代气息的环境中既赏心悦目又获得教益（图8）。

南京博物院数字馆的创新之处，就在于由实体展馆和网络虚拟馆构成。如果说历史馆、艺术馆、特展馆为实体博物馆，民国馆、非遗馆为活态体验博物馆，那么数字馆则是虚实结合的现代型博物馆。通过"分列式多屏幕""透明屏""二维码"等多媒体展示形式，并采用"实时抠像""动作捕捉"等数字技术，将空间、装饰与媒体硬件以及数字内容结合，营造立体丰富的展示环境。南京博物院数字馆开馆以来备受称赞，高端大气现代感十足，互动小游戏很受欢迎，大大改变了人们对博物馆的沉闷印象。

南博数字馆的设计绝不是单纯的技术演示，而是利用现代信息技术全面展示、诠释文物所蕴含的历史文化发展、变迁和交融，摆脱了传统意义上实体博物馆的束缚，打破了时间与空间的限制。与实体博物馆相比较，数字博物馆具有信息实体虚拟化、信息资源数字化、信息传递网络化、信息利用共享化、信息提供知识化、信

图 8　南京博物院数字馆

息展示多样化等特点，是实体博物馆实物陈列的有益补充。南博数字馆围绕中国古代文明发展之路，通过人类在险恶的环境中求得生存和延续，文明内部发展和壮大的内在需求，包括政治经济、科学技术、文化艺术等人类文明各要素快速发展，贯穿与一系列历史事件当中并赋予历史人物以鲜明的角色特征，让观众感受到历史的发展并非一条直线，而是一种螺旋渐进的过程。在这个过程中，文化和民族产生了融合，政治制度、科学技术和文化艺术也在不断成熟、进步，使人类后续的文明向更加美好和睿智的方向前进。南博数字馆的建立实现了公众与博物馆的零距离，为观众提供临场性、交互性、参与性，在愉快轻松的参观体验中，不知不觉地获得对社会历史和自然界的认识，甚至产生对人类世界未来的幻想境界。

四　让博物馆插上"智慧"的翅膀

2008年国际商业机器公司（IBM）提出了"智慧的地球"这一理念，引发了智慧城市建设的热潮。2009年，迪比克市与IBM合作，建立美国第一个智慧城市，尔后日本推出"智慧日本战略"，新加坡启动"智慧国2015"计划，韩国打造绿色、数字化、无缝移动连接的生态、智慧型城市，中国也有154个城市提出建设智慧城市。可以预知从观念到手段，从形式到内容各个方面，智慧城市建设的浪潮无不影响甚至撞击着世界各地博物馆的大门。为了紧跟时代步伐，南京博物院已将"初步建成智慧博物馆"列入"十三五"事业发展规划中，这无疑是博物馆教育功能大释放、大渗透的又一次时空跨越（图9）。

随着互联网技术的成熟，以物、人、数据动态双向多元信息传递模式为核心的"智慧博物馆"正逐渐推广。南博在现有数字馆基础上，充分利用物联网、云计算、大数据、移动终端等技术，初步构建全面感知、深层互联、智能应用的博物馆运行新形态，全面实施以智慧服务、智慧管理、智慧保护为主要内容的智慧博物馆建设工作。通过智能化的信息管理系统、观众行为管理系统、移动导览系统、在线3D展馆、开放性的信息资源

图9　数字技术应用

等系统或流程，使人与人、人与物、物与物之间形成系统化的互联互通，使其博物馆的公共文化服务效能大幅提升。

今后几年南博将逐步完成由"数字化博物馆"向"智慧型博物馆"的转型，利用新技术，从展馆环境、平台交互、文化资源三个方面入手，构建以"全面感知、深层互联、智能应用"为特征的博物馆文化服务新形态。智慧博物馆建成后，其服务功能更为强劲，以多维展现互动形式，实现公众与博物馆藏品交互的高度完美融合。一是现场观众通过传感网络、虚拟现实、增强现实等技术方式，丰富陈列形式和信息供给，开启高品质、沉浸式的轻松文化之旅。二是非现场观众，则通过网络信息传递方式打破博物馆传统的时空界限，拓展博物馆的公众服务广度、深度与时限。三是在教育与研究方面，通过系统挖掘和整理博物馆藏品的历史、艺术、科学和相关社会等方面的信息，建立新型的知识组织方式，推动研究与教育的互动，把博物馆及相关虚拟平台打造成为学生的第二课堂和公众终身教育的场所。四是观众可对博物馆、文物参观感受、拍照、点评等互动结果进行"一键分享"。现代信息技术为建立智慧博物馆提供了技术基础和理论支撑，实践的空间非常大。有着五千多年生生不息的中华民族，是一座取之不尽的资源宝库，我们有理由相信未来博物馆不仅成为人们学习文化、享受文化的场所，还会在世界尺度上为中国建立文化自信，走向文化自强作出贡献。

2016年8月13日在中国台湾南投县中台世界博物馆开馆大典两岸博物馆交流研讨会上的演讲，原载《中台世界》2016年9月23日

博物馆安全之弦永不可松

博物馆是集中收藏、展示文物的重要场所，确保文物安全不仅关系到文物事业繁荣发展的大局，也是党和人民赋予我们的神圣使命和光荣职责。根据国家文物局统计，截至2015年底全国博物馆总数达到了4692家（其中非国有博物馆1110家），博物馆文物藏品2929.97万件；2016年我省现有注册博物馆286家（其中非国有博物馆58家），馆藏文物96万件套（近300万件）；南京博物院拥有藏品43万件套（53万件）。当今世界文化是一个国家和地区综合实力的具体体现，而博物馆正是文化软实力的一支重要方面军。

一　保障博物馆安全的极端重要性

博物馆作为公共文化服务机构，在展示人类文明、促进文化交流、提高人民群众思想道德和科学文化素质等方面发挥着十分重要的作用。2015年，我国博物馆行业首部全国性法规文件——《博物馆条例》正式出台施行。作为博物馆领域级别最高的法律，《博物馆条例》既是全面依法治国的理念在文博领域的体现，也为我国博物馆事业的全面健康发展提供了法制保障。

1.保障文物安全，是国家发展战略的需要

党和政府高度重视文化遗产的保护和利用，已经将博物馆事业上升为国家战略。近年来，全国各地博物馆事业正处于前所未有的高速发展期，博物馆不仅是收藏、保护、研究和展示文化遗产的机构，还是服务于人的全面发展和面向未来的公共文化服务和社会教育机构。2016年11月10日至12日，为期3天的国际博物馆高级别论坛在深圳举行。此次论坛凝聚了大家的智慧和共识，推动全球博物馆事业的发展，保护文化多样性将产生重要的作用。论坛还发表了《关于博物馆和藏品的深圳宣言》。该宣言就博物馆及其藏品和运营模式的多样化、博物馆在战争与冲突时代保护遗产方面的作用，以及关于博物馆、专业人士和社区参与的道德标准、职业标准和技术标准等提出了24条建议，并号召所有直接或间接参与文化、遗产和博物馆活动的博物馆、国家机关、国际组织、政府和非政府组织、私人机构以及个人积极响应。重申了博物馆在实现联合国

教科文组织目标方面的重要地位，特别是博物馆对促进文化的广泛传播、推动对人类公平、自由及和平理念的教育、以及思想和知识的自由交流至关重要。重申无论是物质或非物质文化遗产、可移动或不可移动文化遗产，还是陆地或水下文化遗产，博物馆始终是保护人类共同遗产的最为关键和主要的组织机构之一，且在促进文化创意产业的创造力和发展方面正发挥日益重要的作用，从而为改善人类的物质和精神生活做出了巨大贡献。同时表明，无论是在和平或战争年代，还是自然灾害期间，博物馆在打击非法贩运以及保护、保存和推广人类遗产方面都具有重要地位。

国家主席习近平在贺信中指出，博物馆是保护和传承人类文明的重要殿堂，是连接过去、现在、未来的桥梁，在促进世界文明交流互鉴方面具有特殊作用。中国各类博物馆不仅是中国历史的保存者和记录者，也是当代中国人民为实现中华民族伟大复兴的中国梦而奋斗的见证者和参与者。习近平希望世界各国博物馆的丰富馆藏都活起来，为共同保护文化多样性、增进各国人民相互了解、促进人类文明进步作出贡献。

2. 做好文物安全有利于继承和弘扬民族精神

无论是物质文化遗产，还是民族、民俗、民间等非物质文化遗产，都是具有代表性和民族性的历史文化成果，都包含着中华文化精神的内涵，这个精神内涵最后凝聚成我们民族的核心价值观，最能代表中国的文化形象。在五千多年的发展历程中，中华民族形成了以爱国主义为核心的团结统一、自强不息的民族精神，这种精神在丰富多彩的文物中得到了鲜活体现。加强对文物保护、利用和管理，对于传承我们的优秀传统文化，维护文化多样性，留存住本国本民族独特的文化遗产不被同化和破坏，发展当代中国的先进文化，弘扬民族精神，增进中华民族的凝聚力和创造力，加强同世界各国的文化交流，扩大国际影响，都能够发挥独特、积极的作用。

3. 保障文物安全有利于促进科学研究和经济发展

文物在我国经济发展中所起的重要作用也日趋显著。许多博物馆成为人们旅游选择的热点，富有创意的文化产品让人们有了"把博物馆带回家"的消费热情，使文化遗产教育功能得到发挥。并因此获得一定的经济收益，以弥补文化遗产保护利用经费的不足。文创产品不是游客必须购买的，而是人们为了增添生活情趣，保存参观文化遗产地的美好记忆，其价格高于一般商品。现在许多博物馆都是A级旅游景区，在国家旅游业所产生的经济效益中，文物旅游收益占了相当大的比重，成为旅游经济的顶梁柱。许多地区依靠得天独厚的文物资源，带动了当地交通、商贸和旅游业的发展，扩大了就业，增加了税收，有力地促进了当地经济和社会的繁荣发展。

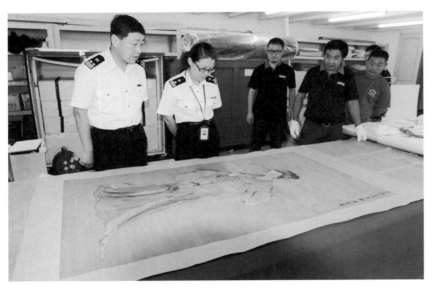

图1　金陵海关对南京博物院出境参加赴英国、荷兰举办"大明展"的文物进行查验

4.保障文物安全，有利于满足大众精神文化需求

博物馆是公共文化服务体系中重要组成部分，文化遗产作为全人类创造的文化结晶，是公共文化权利的重要内容，具有鲜明的公益性。馆藏文物往往对广大人民群众特别是青少年一代具有巨大的吸引力和感召力。加强文物工作，合理利用好文物，不但能使广大群众充分感受中国传统文化的魅力，提高科学文化素质，而且还能使他们陶冶情操，增强艺术鉴赏力，丰富精神生活，提高思想道德水平。文物安全事关人民利益，事关民族情感。文物违法犯罪虽然没有直接的受害人，但受损的是国家利益和人民群众整体文化权益，其侵害对象不可再生、无可替代，是对民族赖以存在的文化根基的毁灭性侵蚀，是对国民自尊心、自豪感的严重伤害（图1）。

二　博物馆面临的安全现状分析

鉴于博物馆的特殊身份、特殊地位、特殊作用，其安全管理工作在整个单位的运行中就显得特别的重要。随着社会的发展进行博物馆事业发展迅猛，普遍建成了当地标志建筑设施。与此同时也面临文物安全工作中出现的各种新情况、新问题。前不久，国家文物局下发的《关于加强馆藏文物展陈安全工作的通知》（文物博函〔2016〕1813号）指出，湖北荆州博物馆和浙江瑞安市博物馆展柜玻璃自爆造成文物受损、四川博物院编钟从钟架脱落造成文物受损、中国文物交流中心组织出境展览在运输中发生文物受损。性质严重，教训深刻。博物馆面临较多的安全风险，主要表现在以下几个方面：

1.窃贼犯罪抢劫

由于文物的珍贵和昂贵的价值，常常遭到盗窃分子的惦记。该风险是博物馆面临的最为严重且普遍的安全风险。通常情况下，博物馆的展柜都是用玻璃制成，其物理防护性能较差，外界与展品之间只相隔一块玻璃，一些具有不良企图的人稍微使用现成设备就能够将其打破，使得展柜当中的展品丢失。且博物馆为了能够吸引更多的群众前来参观，将一般性的展品与群众零距离接触，更加剧了其被盗的风险。馆藏文物成为犯罪分子窥视的目标，安全形势不容乐观。1986年郑板桥的墨笔兰石立轴四条屏，在山东省博物馆被盗。20世纪90年代，受国际文物市场寺庙文物和田野石刻行情飙升的刺激，仅1997年，全国就发生86起文物盗窃案，被盗割的石刻造像达400余尊。清代石涛的长轴墨笔山水，1996年也在山东省博物馆被盗。山东被盗文物24件，其中9件来自省博物馆、济南市长清区博物馆、日照市莒县老博物馆。江苏省同样出现文物被盗事件。1991年，镇江博物馆丢失12件宋瓷，包括龙泉窑暗花大盘、影青瓷孩儿枕等；同年扬州博物馆两次被盗7件西汉文物，包括龙纹玉觿、玉舞人和玉璜等。2008年8月24日，敦煌博物馆工作人员因安保设施比较落后，展厅内展出的7面铜镜竟有4面被盗。2011年5月8日，山东农民石柏魁潜入故宫博物院，窃得香港两依藏博物馆借展的7件展品后逃离。案件发生后，时任故宫博物院院长郑欣淼向媒体表示，失窃是硬伤，故宫只有亡羊补牢，查清原因做出补救。近年来内蒙古博物院、广东省乐昌市博物馆、山西省临猗县博物馆、临汾市丁村民俗博物馆、湖北省黄冈博物馆、江苏省如皋市博物馆等先后发生馆藏文物丢失、失窃、抢劫等恶性案件。

2. 利欲熏心监守自盗

馆长描摹赝品调包。广州美术学院图书馆原馆长萧元运用掌管画库钥匙的职务便当，贼喊捉贼，以自个描摹的赝品调包的办法，将张大千、齐白石等名家的143幅书画著作窃为己有，并拍卖掉125幅著作。以拍卖价和评估价计算，萧元贪污的143幅画作价值高达1.1亿元。

为何萧元可以轻易将画作掉包？广州美术学院图书馆藏画库总共有三道门，三道门上的钥匙分别由三个图书馆作业人员掌管。但萧元想要取画，却不必这么费事，因为他配有图书保藏画库的全套钥匙。藏画库的作业人员都是兼职，没有辨别书画真假的才能，只担任对数。

在萧元之前，广州美术学院是否已经存在画作掉包？广州美院图书馆书画藏品的掉包现象长期存在，总的掉包数量无从估计，但起码应该远超萧元本人掉包的100多幅。2003年，有管画的教师提出期望将画作进行数据化处理，便利教师和学生检查，在摄影进程中，萧元才知道了藏画库中的书画。他初次看到这些画的时候发现有许多赝品，之前现已被人调包过，因此也动起了歪心思。

萧元案的关键时间点都有哪些？2005年年底，广州美术学院新校区的美术馆落成，图书馆藏画移交美术馆。2006年后，萧元停止了掉包活动。2013年暑假期间，学院领导要把馆藏画找出来，筹备校庆展览，因此而发现被窃。但学院领导迟迟不报案，一直拖延到2014年4月份才报案。造成失窃画被拍卖和多次转手，难以追回，市场现在价值达到34亿以上。2014年4月，学院报案，5月萧元被捕。

保管员盗窃。1993年10月9日，南京博物院玉器保管员陈超涉嫌诈骗被捕，查出其1990年至1993年利用担任保管员职务之便，盗窃文物28件，1994年6月4日被判死刑。

保安员盗窃。2014年深圳至正艺术博物馆展厅5尊佛像失窃，价值共600万元。经对博物馆现场录像、走访调查，专案组民警发现该馆新应聘保安员凌晨值班期间盗走5尊佛像。嫌疑人所某杰在广州销赃后，因惧怕公安机关抓捕一直在街上流浪，晚上在医院、公园过夜，销赃收入没存入银行使用，在网吧不敢上网，在深圳使用的两部手机也在深圳卖掉。佛像被所某杰在广州低价出售。民警最终把佛像要回。至此，失窃的五尊佛像顺利回归（图2）。

著名的承德外八庙文物盗窃案。李海涛在担任承德市文物局外八庙管理处文物保管部主任和避暑山庄博物院文物保管部副主任期间，多次利用查库等机会进入外八庙文物库，私自将馆藏文物带出文物库，并卖出文物152件，其中一级文物4件，二级文物47件，李海涛从中获得赃款人民币320余万元、美元7.2万元。案发后，他被依法判处死刑。

3.火灾造成的风险

图2　警方找回的三尊被卖佛像

火灾对于博物馆文物、人员与设施安全的威胁是毁灭性的威胁。2016年4月26日凌晨，印度国家自然历史博物馆发生火灾。大火从博物馆顶层烧起，很快蔓延到其他楼层，约40名消防员花了4个多小时才控制住火情。馆内部分展品及珍贵动植物标本遭损毁，6名消防人员在救援中受伤。印度国家自然历史博物馆建于20世纪70年代，馆内藏有大量珍稀动植物标本，包括1.6亿年前的恐龙骨骼化石标本等。印度环境部长普拉卡什·贾瓦德卡尔说，国家自然历史博物馆是印度的财富，这场悲剧造成的损失无法估量。2007年巴黎市政府的一份调查显示："世界上每年都有一座博物馆毁灭于火灾"。1994年11月15日凌晨，吉林市博物馆发生火灾，烧毁6800平方米建筑，7000多万年前的恐龙化石，损毁展览室上千件珍贵文物，死亡2人，直接经济损失671万元，文物损失无法估算。1984年6月17日，西藏拉萨布达拉宫强巴佛殿因白炽灯烤着哈达、帐幔引起火灾，烧毁古建佛殿64平方米，铜质镏金佛像8尊，佛经100余部。2007年3月7日贵州省铜仁市国家重点文物保护单位川主宫突发大火，这个有600余年历史的古建筑只剩下残砖断瓦。由于博物馆的展厅会有大量的照明以及音响设备，用电量较大，增加了电路设备的运行负荷，长时间使用的电线就会出现老化的现象，极容易发生火灾。除此之外，博物馆办公人员在闭馆之后并没有严格检查电路设备，加之群众流动性较大，这些因素都会给博物馆埋下较大的安全隐患。

4.战争造成博物馆及文物损失

从1895年中日甲午战争到1945年抗日战争结束，日本在两次侵华战争期间劫掠的中国文物数量是一个永远无法揭开的迷。

日本侵略者占领南京以后，从1938年3月起，花费一个月的时间，每天搬走图书文献有十几卡车，共抢去图书文献88万册，超过当时日本最大的图书馆东京上野帝国图书馆85万册的藏书量。据粗略统计，南京市共损失古物26000余件，其中包括殷墟发掘团所藏商代青铜器、玉器等诸多举世公认的珍贵文物、字画7000多幅，书籍近46万册。公家方面损失文玩杂件60多万件。私人方面损失碑帖3000余件……

1937年8月17日，日军闯入故宫和颐和园，劫走大量珍贵文物。上海沦陷时，上海市立博物馆，所藏古物7000余件、字画190幅、书籍4000余册被日本人劫走。

1939年，日本人将雍和宫前3座牌楼的金丝楠木大柱更换成水泥柱，将换下的楠木柱运到日本。1942年8月，日伪当局搜刮了故宫金缸上的金屑，并掠走故宫收藏的铁炮1406尊，以熔铸枪炮。1944年，博物院所藏珍贵古籍11022册又遭到日军洗劫。随后日军又先后掠走院内铜缸54尊、铜炮1尊、铜灯亭91座以熔铸枪炮，并从位于故宫午门的北平历史博物馆内劫走珍贵文物1372件……据1946年中国代表团向联合国教科文组织巴黎大会递交的一份材料说："全国博物馆，战前计有37所，工作人员110人。战争起后，故宫博物院所藏文物珍品迁至四川、贵州各地妥藏。国立中央博物院筹备处（今南京博物院）亦迁四川李庄继续筹备。各省设立之博物馆则以战事影响，大多停办。1944年统计，全国仅存博物馆18所。"1931年"九·一八"事变发生后，幸亏北京故宫博物院将所藏不少文物珍品及时南迁，否则后果将不堪设想。据《日本侵华对文物的破坏》作者孟国翔介绍，战后日本归还了一部分战时掠夺的文物共158000多件，其中有2000多件是比较珍贵的。

伊拉克战争历时7年多，美方最终没有找到所谓的大规模杀伤性武器，反而找到萨达姆政权早已将其销毁的文件和人证。由于伊拉克战争使用了大量的美国现

图 3   伊拉克战争中伊拉克国家博物馆被洗劫后情景

代化新式武器，加上美军使用的武器费用非常的高昂，这场战争也被称为浪费钱的战争。在美英联军攻入伊拉克首都巴格达后，伊拉克国家博物馆被洗劫，大量精美绝伦的文物惨遭破坏，令人痛心不已，许多专家学者为此而哭泣。大约有17万件文物遭暴徒哄抢，价值可能有"数十亿美元"。面对遍地狼籍的博物馆，伊拉克国家博物馆副馆长阿明哭诉说："那感觉就像我的全家都已死去。"（图3）。

5.管理不善造成文物受损

博物馆因为安全管理混乱，文物安全事故频发，很多全国文物重点保护单位陷入万劫不复之灾。博物馆的安全事故不仅是某一人或某一单位的损失，更是人类文化遗产的极大损失。

前不久，国家文物局通报的几件案例，均是由于管理不到位的原因造成的。

2011年在全国产生影响的故宫十重门。

"失窃门"——5月8日香港两依藏博物馆在故宫斋宫举办的展览"交融——两依藏珍选粹展"发生展品离奇失窃事件，一时间被公众称为"失窃门"；

"错字门"——在公安机关神速破案后，故宫博物院赠送北京市公安局的锦旗上，却赫然将"捍祖国强盛"的"捍"字错写成"撼"字，闹出"错字门"。

"会所门"——故宫建福宫被改建成全球顶级富豪私人会所的所谓"会所门"又见诸报端。

"哥窑门"——由于微博爆料，7月31日，故宫不得不公开承认，国家一级文物宋代哥窑代表作品青釉葵瓣口盘在进行无损分析测试时，发生了严重的文物损坏，虽然故宫方面将长达26天的"静默"称作"调查认证"，但是"哥窑门"已然铸成。至此，故宫再度成为国人关注的焦点。

"瞒报门"——进入8月，故宫又相继曝出近年连发4起珍贵文物人为损坏事件、故宫均秘而不宣的"瞒报门"。

"屏风门"——故宫对清宫旧藏木质屏风修复时致其被水浸泡，因院方选择隐瞒不报的"屏风门"。

"拍卖门"——私自拍卖5件北宋名人书札的"拍卖门"。

"封口门"——内部人员勾结导游私分门票，事情败露后被知情者勒索10万元"封口费"的"封口门"。

再加上后来发生的"逃税门"和"古籍门"，故宫已经深陷"十重门"。

故宫博物院安全防范为什么出现这样的漏洞，第一是人防问题。安保人员要不定时地对重要场所及保护对象的巡查，并能随时同监控中心保持联系。故宫窃案反映的情况是盗贼在盗窃得手后出来时，被巡查人员碰到，并被控制，在打电话通知监控中心当时让窃贼逃脱。这暴露出巡查人员与监控中心之间联络不及时的缺陷。第二是物防问题。从报道的案情中了解到，窃贼是砸窗而入，盗走展品，这反应了物防的缺失，门窗的防护有多种手段，如：铁栅栏、防砸膜等。第三是技防问题。此次失窃案暴露出故宫博物院技术防范产品的重大问题，一级文物防范对象发生盗窃时，报警系统却没有第一时间反映并且报警，这说明故宫博物院的报警系统疏于日常的维护保养。安全防范、警钟长鸣博物馆安全管理目前状况不容乐观，安全隐患不容忽略。分析博物馆安防存在的理由主要存在安保专业人才缺乏，重数量轻质量，从事安保工作的人员很多都是半路出家，受编制、财政影响，安保队伍缺乏专业的管理人员、技防技术人员。安保经费不足，技防设施相对落后。工资待遇不高，造成安保队伍不稳定，很难招到高素质的安保人员。对安保工作不重视有麻痹大意和疏忽大意的思想，管理标准不高，要求不严，制度不落实等原因。

6.裸展文物安全存在的安全风险

文物本体与观众距离过近，部分观众无视警告标志随意触摸，造成一定后果。如：2015年7月4日南京博物院特展馆伦勃朗展厅，一名小孩用手摸抠油画被及时制止；2015年11月14日南京博物院历史馆远古化石展厅，一名小孩用手触摸化石，导致化石尾骨脱落；2016年10月11日南京博物院历史馆远古化石展厅，一名小孩捡起展台鹅卵石抛砸化石，导致化石部分脱落损裂。临展中部分展柜为现场加工自制，部分自制柜子玻璃固定不牢，柜体松动，出现过观众行走传导震动致使文物从展架移位以致掉落，因高差不大且文物质地较硬，未造成不良后果。个别展览文物固定不牢，如2016年8月10日南京博物院特展馆非洲面具展厅，由于面具只是搭在展架上，一位观众只稍稍触碰便脱落倒地并破裂；2016年11月26日艺术馆吴为山雕塑馆展厅，由于一件展品重心靠后且底部未固定，一名观众触碰作品导致掉落。历史馆新石器时代墓葬复原部分，经常发生观众无视工作人员提醒将手机深入墓葬上方拍照，多次出现手机等物品掉入的情况，所幸未发生文物损伤事件。

7.对外交流中文物的安全

馆际交流增加了不安全因素。博物馆为了更好地发挥藏品的作用，让更多的人知道博物馆内各种藏品的价值，通常会采用馆际交流的方式，让藏品走出去及引进来。但是因为博物馆每年会有不同的临时展览，对外交流的机会也逐渐增多，这样会使得藏品出现频繁的更换，增加了各种不安全的因素。加之藏品会经过长途运输，途中也会存在着各种不安全的因素，严重时将会造成藏品的磨损及丢失。

8.设施设备存在的安全隐患

电影博物馆设施存在安全隐患，致人员受伤获赔。2008年6月7日，一学龄前儿童随父亲去北京电影博物馆参观并观看电影。在上卫生间时，小孩因地面湿滑而摔倒，头部磕到卫生间门上的一个铁质插销而导致流血。小孩遂被送到医院就诊。其父母诉称，电影博物馆卫生间的硬件设施存在严重的安全隐患，给孩子造成了伤害。被告辩称，博物馆每天接待观众近千人，其对博物馆安全的防范和控制力度是有限的。小孩磕伤时卫生间环境整洁、地面干燥。磕破头部的是卫生间门上的插销，这是按照社会普遍公认的安全保护方式设置的，不会对入厕人员产生任何安全威胁。另外小孩的父母没有尽到相应的监护义务是导致事故发生的根本原因，应承担责任。

法院认为，小孩的头部被电影博物馆的卫生间设施划伤，该设施为金属质地，突出于门框，确实存在安全隐患。电影博物馆虽称设置该设施符合相关标准，但其对此未举证，应进行合理赔偿。另外，法院认为，小孩年幼其父亲没有妥善照顾，导致受伤，也应自担一部分损失。据此，北京市朝阳区人民法院一审判决电影博物馆赔偿原告损失1.1万余元。

三 博物馆安全防范的主要措施

1.养成良好的安全意识，是每位员工的基本道德操守

国务院颁发的《博物馆条例》对文物安全问题明确规定："博物馆法定代表人对藏品安全负责。博物馆法定代表人、藏品管理人员离任前，应当办结藏品移交手续。""博物馆应当加强对藏品的安全管理，定期对保障藏品安全的设备、设施进行检查、维护，保证其正常运行。对珍贵藏品和易损藏品应当设立专库或者专用设备保存，并由专人负责保管。"这既是对领导者、管理者的要求，同时也是对从业人员的要求。

我们博物馆每一个员工都要有防范文物安全风险意识和能力，要确保每个人都牢固地树立起安全第一的责任意识，并将这一意识付之于实际行动，贯穿在工作的每时每刻当中。为了更好地防范安全风险，博物馆可以定期组织展厅的管理人员、保安人员、消防人员等进行实践演习，可邀请群众自愿参与其中，开展应急预案演习，这样就能够有效的提升其应对安全风险的能力（图4）。

图 4　消防设备安全

2.健全责任机制，时刻牢记"责任重于泰山"的道理

要在建章立制上下工夫。规章制度和标准规范的不健全是当前制约博物馆文物安全工作的关键性因素，在一定程度上造成了文物安全工作无据可依，致使文物安全管理与监督工作缺少科学性、系统性和规范性。要修订、完善各个工作岗位运行管理的每个细节的规章制度与标准规范，将博物馆安全风险防范体系的建设的责任落实到每个部门、每个人的头上，实行一岗双责。要明确"安全自查""隐患自除""责任自负"，牢固树立"隐患险于明火、防范胜于救灾、责任重于泰山"的理念，坚决克服"等、靠、要"的惰性，对文物一定要有敬畏之心，对文物安全时刻都挂在心头上。切不可因一个人、几个人的责任心丧失给国家和人民带来重大而不可挽回损失的安全事故。要层层签订文物安全责任书，将安全责任分解落实到具体的单位、部门、岗位和人员，从根本上落到实处。同时，要逐步完善博物馆内的防范体系建设，要形成全天候、多角度以及系统化的防范体系，建立起安全风险应急预案。

3.加强安全设施建设，不断提升防范能力

要确保文物安全专项经费的投入，保证库房设备、消防、监控等各项设施设备的配备和更新，全面提高技防、物防和消防的能力，并通过设施建设消除防控盲点，延伸文物安全防范的范围。在这个过程中，要重点加强对库房以及展厅的防护能力，如防护墙、门以及展柜等都需要融入技术设计，提升抗击安全风险的能力。众多的文物安全事故给我们的惨痛教训证明，文物安全需要人员来落实，需要经费来保障，在机构设置、人员配置、经费投入、项目安排等行政资源的使用上，文物安全应优先安排。

4.注重文物使用过程中的安全防范

"让文物活起来"，不仅让文博人深思，也深感重责在肩。只有始终对历史文化保持一种敬畏，让那些在历史长河中积淀下来的文化珍存走近百姓、走进当代，才可能让中国文化走向未来、走向世界。随着我国博物馆的不断增加，文物藏品的利用频率大大增加。各种专题展、交流展此起彼伏。在馆际交流过程中，经常会遇到藏品流动的情况，也会遇到各种安全问题，因此，一定要加强藏品在移动过程中的监督，做好安全防范工作。如要对展品在管内的布展以及撤展进行专门的安全保护，对于展品的移动要有专业人员进行看管和监督保护。要全程监督藏品的运输过程，不能存在任何疏漏之处。这些细节性的问题都需要做好。

5.严格安全监管，进一步排查整治安全隐患

切实加强博物馆安全保卫人员的教育培训，全面提高博物馆安全保卫队伍的安全防范技能；要对博物馆安全保卫工作实施定期和不定期安全检查，发现安全隐患和管理漏洞要及时提出整改意见，对重大安全隐患要实施挂牌跟踪督办，直至彻底整改。近期，我院保卫部门对全院进行检查时发现不少安全隐患：如民国馆交通银行楼上平台砖砌栏杆牢固度堪忧，观众倚靠极有可能发生坍塌，目前我部用长条座椅和一米线进行隔离，但不能保证绝对安全。特展馆第5层观景平台北侧，偶尔发现有观众无视危险攀爬，因现场无法派人看护，如出现意外后果十分严重。文保所应对化学药品加强管理，因部分药品强腐蚀、有毒、有害、易燃、易爆等特性，不仅要指定专人负责，而且要规范采购、存放、使用、销毁等环节的管理，做好台账记录。按需采购，切忌工作场所大量存放。典藏部要加大对外聘临时人员的管理，建议典藏部加强与保卫部协调，及时更新人员信息以便门卫管理。句容工作站、考古工地及其他我院院外业务的安全保障工作不到位（图5）。

6.博物馆要有预防为主的安全处置应急预案

随着人类社会日益迅猛的发展和地球自然与环境的恶化，自然灾害事件，如地

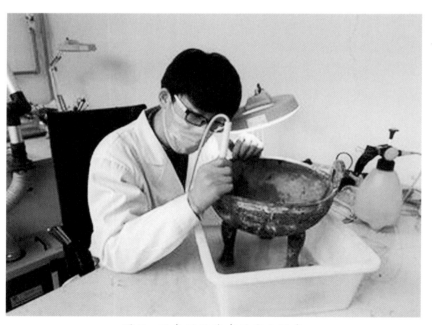

图5　设备设施存在的安全隐患

震、洪水、泥石流、雷击、飓风等自然灾害增加危及博物馆安全，对博物馆安全构成新的威胁。2008年汶川大地震损毁馆藏文物288件，共有607件馆藏文物受损。另有16座博物馆馆舍受损。2016年6月，南方遭受暴雨与洪涝灾害，一些博物馆受到不同程度的损坏。同时也暴露出一些博物馆在建立之初只想到要大、要气派的面子工程，而不考虑地势、排水系统、建筑工程质量等因素，对博物馆建设中的防震抗震、防洪防火等配套工程不到位这需要我们引起一定的反思，博物馆应该将可能发生的安全事件，如重大灾害性、设备设施故障引发的危机、节假日参观安全、服务纠纷、恐怖犯罪等，按分类制定各类突发案（事）件的应急预案，并每半年组织一次应急演练，提高各博物馆自身应对突发事件的能力。

文物作为优秀传统文化的物质载体，是不可再生、无可替代的公共文化资源和精神财富。博物馆的安全问题一直是广为关注的问题，博物馆内的藏品都是历史的产物，其具有较大的经济价值和历史价值，损坏之后无法复原，因此文物安全工作任务艰巨，使命光荣，任重道远。我们所有的博物馆人都要以高度的责任心和使命感，做到居安思危，警钟长鸣，杜绝事故，确保安全，为我国博物馆事业可持续发展做出应有的贡献。

2016年12月21日在南京博物院消防安全专题培训班上的演讲，文章有删减。本文相关案例、数据均来源官方媒体

追寻历史足迹　弘扬李庄精神

——中央博物院坚持文化抗战的实践及其影响

南京博物院自1933年中央博物院筹备处成立至今，已整整走过了82个春秋。这座由国家兴建的首个综合性国家博物馆，经过二期改扩建工程后以"一院六馆"的整体风貌，在其建院80周年之际正式对外开放。展陈文物由改造前的5000件扩大到4万余件，年均接待观众300多万人次。现在南京博物院正以新馆开放为契机，不断开拓创新，努力按照具有鲜明特色、国内领先、国际一流博物馆为目标，为人类社会及其进步做好服务。

抚今追昔，我们忘记不了曾经创建中央博物院的仁人志士，忘记不了在艰苦卓绝的抗战时期的专家学者，为保护文化传承的爱国壮举、坚定抗战的信念和矢志求真的毅力，忘记不了李庄父老乡亲热情、开放、包容的民族情怀。

西迁路上——敌机狂轰滥炸如影随形

1933年4月，国立中央博物院筹备处在南京成立。1933年10月，国民政府决定将内政部所属北平古物陈列所的5450箱文物，划归中央博物院作为基本藏品。1936年7月，原北平历史博物馆改属中央博物院，又增添了21万件文物。中央研究院历史语言研究所把它收藏的文物也交给了中央博物院。中央博物院还花重金收购了许多国宝级的文物。如此数量众多、档次极高的文物收藏，奠定了中央博物院在中国文物界和史学界的地位。

中央博物院的筹备正是在日寇入侵中国的烽火年代，从"九·一八事变"，到日军进攻热河、山海关，从"七七事变"到北平沦陷，日本军要么进行文化遗产的掠夺，要么把中国的文化包括最珍贵的文物毁灭，妄图从根上彻底消除中国传统文化对中国人的影响，以达到真正占领中国，灭亡中国的目的，其狼子野心昭然若揭。身为中央博物院筹备处主任的李济先生早已嗅到战争的硝烟，未雨绸缪，提前做好了文物迁移的准备。1937年8月13日，淞沪会战打响，第二天中央博物院首批文物便从南京中山码头启航西迁。为了文物的安全，国民政府临时决定，中央博物院的文物随同故宫博物院文物进行迁移，分南路、中路、北路三条线路向大后方疏散。这样做是为了防止日本人的轰炸和追踪，最大限度地保证文物安全，即便其中一路遭遇不测，另外两路还可保证安全。首批文物从中山码头运走的第二天，即8月15日日军飞机轰炸了南京，形势越发险恶，中央博物院的在建工程被迫停工。中央博物院的学者们立下了"文物在人在、文物亡人亡"的铮铮誓言，不惜以生命保护文物。西迁文物在日本飞机炸弹的追赶下，命运多舛，险象环生（图1）。

南路80箱文物先到武汉，然后转运长沙，存放在岳麓山下湖南大学的图书馆里。长沙的战略地位十分重要，守住了长沙就保住了中国稳固的战略大后方。至1939年9月日军为撕开中国军队的防线，在这里与中国军队展开会战，敌我双方集中了五十多万兵力。文物只好迁往战火还没有烧到的贵阳。这批文物离开长沙不到一个星期，湖南大学就遭受了日本飞机的狂轰滥炸，曾存放文物的图书馆被夷为平地。1938年农历除夕夜，南路文物到了贵阳，存放在六广门的毛公馆内。原以为远离战火硝烟的西南腹地相对安全，谁料到1939年1月，日军进攻贵阳，妄图从背后给中国军队插上凶狠的一刀。南路文物又迅速转移到安顺郊外大山深处的华严洞内。1944年底日军发起湘桂战役，战火再次烧到贵州。这时除了四川，再也找不到更安全的地方了。南路文物最后转运到四川巴县，存放在飞仙岩，一直到抗战胜利。

中路文物共9331箱，以瓷器居多，装运文物的轮船先到汉口，在汉口停留了40多天。不久，日军进攻武汉，汉口危急，文物运抵国民政府的战时首都重庆，存放在沙坪坝重庆大学的临时仓库里。后来临时仓库房顶垮塌，为确保安全，文物分别转移到川康银行、安达生洋行和吉时洋行。1938年2月18日起，日本对中华民国战时首都重庆实施战略轰炸。北京大学存放在重庆北碚的几十万册珍贵书籍，被日军飞机炸为灰烬。中央博物院文物再次溯江而上，文物运出后不久，国民政府战时首都重庆屡遭日军飞机空中大轰炸。山城重庆一片火海，原文物存放处几乎无一幸免。1939年5月底，这批文物从重庆运抵宜宾，但由于乐山地处岷江中游，运送国宝的轮船到了宜宾就开不上去了。后通过雇用木船，星夜不停，经岷江

图1　午门前大量的故宫文物等待装运南迁，1933年2月第一批文物南迁

运往乐山，转运到安谷乡朱罗祠存放，一直到抗战胜利后才离开。

北路文物共有7286箱，包括中央图书馆一千多箱皇家殿本书籍在内，分三批在南京浦口火车站装车出发。此时徐州会战即将打响，日军开始对徐州一带铁路进行轰炸，装载文物的火车冒险狂奔到了郑州。当火车到达郑州时，空袭警报拉响了，日军的轰炸机群对火车站进行了地毯式的轰炸。这时候车站的工作人员冒死把火车调度到车站比较安全的地带，空袭结束以后，车站只剩下一个孤零零的雨篷以及几间休息室，别的全部炸成一片废墟。险恶的形势让随行押运负责人赶忙将文物运往宝鸡，经汉中、成都，进入四川运抵峨眉山下，存放在大山深处的大佛寺里（图2）。

图2　1937年故宫第三批文物南迁途经川陕公路时的运输状况

不惧创伤——学人救亡图存浴火重生

重庆大轰炸后，中央博物院及随行文物迁到昆明，1940年底，中央博物院以及中央研究院史语所、同济大学、北大文科研究所、中国营造学社等十多个高等学术机构，以及一大批最杰出的学者汇聚李庄。其中有中国考古学开创人李济，建筑学家梁思成、林徽因，民族学创始人马长寿，东巴文学者李霖灿还有夏鼐、向达、王世镶等一批学者。张家祠是李庄最大的宗族祠堂，这里成了中央博物院的院部和文物库房。终于结束了三年多颠沛流离的动荡生活，学者们开始投入科学研究活动。李庄的6年，他们在考古学、民族民俗学、中国传统建筑、民间手工艺调查等多方面开展了卓有成效的研究，均取得了开创性的成果。

艺术史家谭旦冏"图说"民间工艺。用图记录传统手工艺，是中央博物院在李庄的又一项新学科。中国的手工业极为发达，民间能工巧匠灿若星河，但在古代文献里鲜有记载，有效开展传统手工业调查和研究，不仅可以填补历史文献上的空白，也能够反映出当时的社会、经济、发展状况，反映当时人们最真实的生活状态。谭旦冏先生是学美术的，在李庄六年的时间里负责手工业调查。自贡制盐的历史非常悠久，东汉时期就开始了凿井制盐，清朝时期达到高峰。抗战时期，沿海地区盐场被日军占领，自贡盐业承担了保障西南地区食盐供应的重任，产量占到全国的七分之一。谭旦冏选择水彩画表现方法，记录自流井的土法制盐，盐场规模很大，绘画可以不受表现空间的限制。他还收集不少民间手工技艺。夏布，也叫麻布，是四川当地百姓手工做的土布。它的制作工艺比较复杂，其中踩布最难。所谓踩布，就是将织好的毛坯布用大石块碾压，使它均匀变薄。如今这种绝技即将失传。"撑花"这种手工制品，就是当时的桐油雨伞，能遮阳防雨。伞面是桐油浸制过的纸，绘有民族特色的吉祥图案，古色古香。谭旦冏对民间手工业的调查一直到抗战胜利，此后整理出版了《中华民间工艺图说》一书，完整反映了关于盐业、皮革业、造纸业、陶瓷业等手工业调查的成果。

马长寿等学者的川康调查，为我国民族学、人类学奠定了坚实的基础。在1936年底至1942年初5年多的时间里，中央博物院筹备处曾与中央研究院合作多次开展对川康少数民族地区的田野调查与标本收集工作。这是1949年前中国学术界对川康地区少数民族调查范围最广、延续时间最长、成果最为丰硕的学术实践。主要开展的调查和民族文物征集工作：1.1937年至1942年，先后以马长寿、凌纯声为领队组成川康调查团，开展川康地区彝族、羌族等少数民族的调查，收集文物12箱；2.1939年至1940年，庞薰琹、芮逸夫等对贵州、安顺、龙里等六十多个苗族村寨调查，收集衣服佩饰等文物标本402件；3.1941年至1943年，李霖灿负责滇边民族调查，收集到纳西族经卷、服饰和用品等一千多件；4.1941年至1946年，由谭旦炯带领的手工业调查团，对四川的手工业作了较为全面的调查，收集民间工艺品和民族文物标本1936件。中央博物院的先贤们在特定历史时期，始终保持着中华民族文化的历史使命感，他们通过人类学、民族学、语言学理论探讨和实际调查，使西南少数民族研究进入高潮。这些文物的征集、收藏也成为日后博物馆事业发展的重要基础。

一代宗师梁思成开拓古建研究新天地。1941年，中央博物院成立建筑史料编纂委员会，主要任务是对古代中国建筑史进行多角度、多层面的研究。营造学社是我国第一个研究中国古代建筑的民间机构。北平沦陷后，不愿当汉奸的梁思成携家带小，趁着黑夜偷偷地逃出北平。营造学社到了李庄后，条件极为艰苦。中央博物院及时伸出援助之手接纳了营造学社，列入建筑史料编纂委员会编制，梁思成担任主任。在李庄的几年，中央博物院建筑史料编纂委员会重点对建筑测绘整理研究。梁思成对古代中国的建筑史进行系统的归纳总结，1943年底完成了论著《中国建筑史》，这是一部在中国建筑史上具有划时代意义的作品。在他的带领下，各主要成员均取得突出的学术成果（图3）。

奇才王振铎，让古代发明生辉。在中国科学技术史上，指南车、记里鼓车、司南，还有宋代的水钟都是中国科学技术史上灿烂的光辉，是世界上最有影响力、最振奋人心的发明创造。中央博物院助理设计员王振铎用他的手把这些重大的发现和发明复制出来。王振铎是一个集学者和工匠于一身的奇才。东汉王充《论衡》中"司南之杓，投之于地，其柢指南"这十二个字是古代文献对司南最详细的记载。王振铎经过研究确认："杓"是像喝汤用的调羹，"柢"就是"把儿"，"投之于地"的"地"，应该是地盘的"盘"，"地"后来发展演变为罗盘。王振铎亲自动手，他用云南出产的磁石做了一个勺子并通过多次实验，证明它可以指南。

记里鼓车最迟在东汉时期就出现了，它是天子出行的仪仗车。车每行走一里，车上的小木人就敲鼓一次，是现代车辆上计程器的先驱。指南车据传说西周时就已发明，车上立着的木人一只手臂平伸向前，只要开始行车的时候，木人的手臂是指南的，此后无论车子怎样改变方向，木人的手臂始终指向南方。记里鼓车和指南车是王振铎在李庄研究复制出来的。在李庄王振铎不仅复制出汉代十三种车制，还潜心研究复制了汉代的地动仪及北宋的水运仪象台，它们代表着中国古代最高的科技水平。

图 3　梁思成林徽因在李庄住所

此外，中央博物院还通过各种展览陈列开启民智。除了汉代车制展览，中央博物院在李庄期间还举办了史前石器、周代铜器、贵州苗族衣饰、丽江纳西族文化、中国古代建筑图像、古代铜镜等展览。内容丰富的展览，让李庄百姓大开眼界，一个全新的世界展现在他们面前。展览不仅有效传播中华优秀传统文化，也融洽了中央博物院和李庄百姓的关系。

图4　羊街——李济旧居

考古发掘
——证明中华文明永不可灭

李济先生是中国第一位考古学家，被称之为中国考古学之父，在烽火弥漫的抗日战争时期，物资严重匮乏，生活十分艰苦，在他领导下中央博物院的前辈们仍不忘自己的职责，进行着卓有成效的工作（图4）。

云南沧洱考古调研和发掘。1938年底，李济的学生、考古学博士吴金鼎听从老师的召唤从英国归来，加入到文化抗战的行列并主持西南考古。1939年，中国第一代女考古学者曾昭燏、王介忱也在回到祖国，进入考古队，发掘了云南大理马龙遗址。马龙遗址属于新石器时代，规模很大，城墙长达数百米。东西南北都有城门，已经具有原始城市的雏形。马龙发掘现场曾被日军疑为是军事目标，多次遭受轰炸。每当敌机轰炸，考古人员就躲进森林里。大理考古结束后，曾昭燏整理编写了《云南苍洱考古报告》把它定名为"沧洱文化"，大理"苍洱文化"可与黄河流域的仰韶文化和龙山文化相提并论，也是中华文化的组成部分。她在考古之余还与李济合作撰写出中国第一部博物馆学专著《博物馆》（图5）。

规模最大的四川彭山崖墓考古发掘。中央博物院迁到了李庄后，成立了川康古迹考察团，继续进行西南考古计划。吴金鼎在四川的考古，先在李庄周边进行。他在李庄宋家嘴发掘了36座崖墓，在离李庄不远的南溪县发掘了20座古墓，还在宜宾岷江边勘察了4座崖墓。中央博物院还对珙县僰人悬棺进行了考察。考虑到崖墓在考古学上所占地位极为重要。吴金鼎选定了崖墓最多的彭山作为考古

图5　曾昭燏在李庄期间坚持考古发掘和博物馆学研究

发掘区域。1941年6月，抗战时期规模最大，中国第一次多学科学者参加的彭山汉墓考古开始了。考古发掘刚开始，师从国际著名考古大师的夏鼐也从英国回来，加入了川康古迹考察团。中央博物院在总结彭山考古时记载到，"崖墓与所含明器，皆汉代文明之代表。凡关于当时之建筑、丧葬、人物风俗、神话迷信、衣服用具、工业、兵器钱币种种问题之资料，无不应有尽有。"

西北史地考察团破解千年难题。西北史地考察团分为三组，在甘肃、新疆两地进行考察。中央博物院聘请北大教授向达担任西北史地考察团历史组组长，参加者夏鼐、石璋如、劳干。调查发掘项目主要有：临洮寺洼山、广河阳洼湾的史前遗址和墓葬，汉代的玉门关和长城遗址，敦煌附近的六朝和唐代墓葬，武威附近的唐代吐谷浑墓葬群。向达是中国最早、最杰出的敦煌学研究者。20世纪30年代，他就在英国、法国研究流失国外的敦煌经卷。石璋如、劳干先期到达敦煌，对莫高窟进行了详尽的测绘和编号，同时进行考古调查。考察收获颇丰，向达除对敦煌地区诸石窟留下了重要记述外，后来写成多篇有关敦煌和西域考古方面的论文。尤其是面对敦煌管理混乱，导致大量珍贵文物流失海外的状况，向达忧心忡忡，1942年底，他的《论敦煌千佛洞的管理研究以及其他连带的几个问题》一文，在重庆《大公报》以"方回"的笔名发表。文中提议敦煌应该由国家来管理，不能让和尚或军人来管理。在向达的奔走呼吁下，敦煌终于收归国家管理，成立了敦煌艺术研究所。

1944年2月，夏鼐抵达敦煌。西北考古充分展现了夏鼐横溢的才华，也奠定了他日后在新中国考古界的领军地位。夏鼐在小方盘城发掘出土的汉简，这些汉简都是屯戍边关的一些戍边官兵收到的信件。简上面提到的"玉门都尉"从考古学上找到了小方盘城就古代玉门关的确切证据，破译了古代玉门关在哪里的千年难题。随后夏鼐又进行了甘肃齐家文化古墓的发掘，遗址出土了大量的素面土陶。齐家文化考古，是夏鼐西北考古最为辉煌的篇章。夏鼐在发掘齐家文化古墓的回填土里，又发现了属于仰韶文化的两块彩陶片，他从考古地层学上证实了仰韶文化早于齐家文化，也证实了中国产生彩陶的年代要早于西方，从而纠正了瑞典人安特生所谓"中国文化西来说"观念，这在新石器时代的陶器研究中，具有非常重要的历史意义。

李庄精神——彰显民族大义影响深远

抗日战争时期中央博物院的前辈们，胸怀天下，关心大局，以特有的方式坚持文化抗战。李庄在国家处于最危险的时刻，为民族文化传承做出伟大贡献，其意义重大影响深远，永远值得我们追思和怀念（图6）。

第一，中央博物院的文物西迁是中国文化史上一次伟大的壮举。中国文物精品经历的这场空前的劫难，先后南运、西迁、东归，历时15年，行程10余万里。文物的守护者们在途中辗转迁移，多次在敌机夷平储存地之前及时将文物运出脱离险境，创造了人间奇迹。

第二，一大批卓越的文化学者，在民族生死存亡的关头，投身祖国的文物事业，以实际行动进行着"文化抗战"，体现了前辈们勇于牺牲、不畏艰险的大无畏精神。吴金鼎、曾昭燏、王介忱、夏鼐等有识之士，凭着对祖国的热爱、对中华民族五千年文明历史的捍卫，毅然放弃国外的安定生活，回国效力，他们把自己的智慧和才华献给了中国的文物事业。

第三，川康地区少数民族的调查研究，开创了我国民族民间文化遗产保护之

图6　李庄古镇

先河。在抗战最艰苦的环境中，前辈们依然坚持进行学术研究的科学态度，坚持一丝不苟的学术风范，对我国西南地区民族文化遗产，包括建筑、服饰、民族民间工艺美术、民族民间风俗礼仪、民族民间语言、节庆等方面，进行有组织系统性的深入调查研究，为后人留下了第一手珍贵资料。

第四，中央博物院在西南、西北地区进行的一系列具有明确学术目的的勘查和发掘，有力地证明了中华文明多元交融，生生不息。李庄的6年，一批学者在考古学、民族民俗学、中国传统建筑、民间手工艺调查等多方面取得的开创性的成果，燃起了中华民族文化不灭的熊熊薪火，极大地激发和增强民众的自信心。

第五，在艰难清苦的生活条件下李庄接纳大批的专家学者，涵养了中国文化精英，为保卫和发展中华文脉做出了不可磨灭的功绩。人文荟萃的千年古镇，百姓知书达理内外兼修的传统美德，既铸就了李庄深厚的文化内涵和独特的文化底蕴，也留下了"抗战文化中心"的美名。重温这段短暂的历史，让后人油生敬意，这是我们汲取伟大精神力量的源泉。

文物是历史文化的遗存，是不可再生的宝贵资源。南京博物院作为中央博物院的继承者，将深怀敬畏之心、自豪之情、历史之责，珍惜来之不易的和平发展环境，继承和发扬蔡元培为中央博物院拟定"提倡科学研究，辅助公众教育，以适当之陈列展览，图智识之增进"的宗旨，切实保护好祖先留下来的珍贵财富，为增强中华优秀传统文化的国际影响力，实现中华民族的伟大复兴作出应有的贡献。

2015年9月23日，在四川省宜宾市参加"海峡两岸李庄文化抗战论坛"并作题为"追寻历史足迹 弘扬李庄精神——中央博物院坚持文化抗战的实践及其影响"的主旨发言

公民文化权利与公共文化服务

——对构建江苏公共文化服务体系的分析与思考

党的十六大以来，各级党委政府把尊重和保障人民的文化权利作为全面建设小康社会的重要目标之一，这是国家建设、社会文明、民族进步的迫切需要，是全国人民进一步提高物质文化和政治生活水平的愿望和要求。人是社会活动的主体，文化是人的全面发展的内在本质要求，切实保障公民的经济、社会和文化权利，让发展成果惠及全体人民，这正是贯彻以人为本的科学发展观和加强我们党执政能力的具体体现。

一 文化权利：关乎政府的文化责任

联合国于1966年12月16日通过了《经济、社会、文化权利国际公约》，其文化方面的主要内容为："人人有权参加文化生活，享受科学进步及其应用所产生的利益，对其本人的任何科学、文学或艺术作品所产生的精神上和物质上的利益；享受被保护之利""公约缔约国为充分实现这一权利而采取的步骤应包括为保存、发展和传播科学和文化所必需的步骤"等等。中国政府于1997年正式签署了《经济、社会、文化权利国际公约》，并于2001年获得全国人大常委会的批准，这一重大决策表明了中国政府对公民权利国际标准的认定，表明了党和政府不仅注重保障公民的生存权、发展权、政治权，而且开始把公民的文化权列为保护的范畴。

（一）公民究竟有多少文化权利

1.享受公共文化服务权

政府兴办的图书馆、文化馆站、博物馆、纪念馆、体育场馆等公共文化设施，公民可以享受其提供的各种文化艺术服务。这些公共文化场所不仅肩负着保护人类遗产、普及社会教育的责任，而且是公民及时准确了解党和国家方针政策、法律法规的窗口，是汲取爱国主义精神和提高公民思想道德水平的第二教育课堂。

图 1　南京图书馆

2.享受文化科技进步权

经济发展和社会进步一个最为重要的衡量标准，往往是以人民群众的物质和精神生活中享用到现代文化科技含量和需求的满意程度为参照。电子信息、数字通信技术的快速发展，对文化权利产生了相当积极的影响，不仅使艺术产品高档次、品牌化，而且给人视觉冲击和美的享受；不仅使广泛的人群能够轻松接触到世界文化遗产、各国艺术经典、各门类图书期刊，为人类创造终身教育的机会，而且能够迅速让大家获得和使用最先进的研究成果（图1）。

3.参与文化生活权

政府部门、社会团体以及文化市场所提供的丰富多彩的文化服务，给人民群众参加社会文化生活、欣赏艺术以及受益于智力发展的权利。这种参与完全遵照公民本身意愿，符合自己审美需求、能够抒发自己感情，是一种自由的人性化选择。

4.接受教育和培训权

公民有目的地更新自己的知识结构，提高自己的劳动技能，以适应现代科技更新换代、不断发展的需要。这种利用闲暇时间把娱乐活动与接受教育、培训技能和锻炼结合起来的做法，不仅自身受益匪浅，而且有力地促进了社会发展。一个人自发学习的愿望越强，意志就越坚，成效越显著，对改善公民的生活条件和生存环境有非常大的帮助。这种权力有着更多自由空间，既可以从国家提供的公共文化服务中获得，也可以从社会其他渠道中获得，或在家庭内根据个性化的要求安排学习和训练。

5. 文化创意权

文化创意权具体表现在两个方面，其一，在继承发展传统文化艺术过程中，产生的新的创新和突变，并达到新的境界；其二，是随着社会的进步、科学的发展，公民自身激发出的新的精神和能力，以及物化出的新的文化产品创意。创造出这些文化产品或方式，在满足自己需要的同时，整个创造活动也把自己塑造成一个"文化人"。文化创意权能让公民的创新热情和潜能得到极大的发挥，充分体现公民文化主体意识，这是推动社会进步、发展，积淀和成就文化事业发展的强大推动力量。当然公民有保护自己文学、科学或艺术作品的精神和物质利益的权利。

（二）政府如何保障公民文化权利的实现

公民享有充分的文化权利是现代社会文明的重要标志，是建设有中国特色社会主义文化的重要目标和内容。而政府必须保障这种权利的充分实现，并要积极创造条件，提供优质、公平的文化服务。这就要求各级人民政府在其所辖范围内，建立面向广大人民群众，以政府提供服务为主导方式，以公共文化服务机制、服务设施、服务机构和队伍建设为核心，结构合理、发展平衡、网络健全、运营高效、服务优质的覆盖全社会公共文化服务体系。构建这一体系是政府保障公民文化权利极为重要的关键因素。

1. 公共文化服务体制

各类公益性文化事业以政府投入为主体，以社会团体和个人协同提供，以开展文化艺术活动为服务内容，以满足公民精神文化生活需求为目的，具有公共社会福利性质的公益性文化事业机构。其服务的对象是本辖区内的全体公民。

2. 公共文化基础设施

基础设施建设是为公民提供文化活动的物质载体，是公民享有平等发展机会的先决条件。其公共文化设施建设、维修、管理资金，列入本级政府基本建设资金计划和财政预算。这是贯彻公民参与促进文化认同的政策措施，使文化认同成为个人、团体、国家和地区间相互了解的基础平台。公共文化基础设施建设需要统筹规划、布局合理，体现公平化、人性化、科学化。

3. 公共文化服务产品

提供优质的公共文化产品是公共文化服务体系中的具体内容。这种精神产品的供给是源源不断的，既有传统的经典艺术，又有充满时代气息的新的文化形态，是精英文化与大众文化相融相兼的统一体，能够满足不同人群、不同文化层次的需求。

4. 公共文化服务者

至少包含四个方面的基本队伍：为提供文化服务产品的专业文艺工作者队伍和业余群众文艺骨干队伍，为公共文化服务机构提供服务的管理者队伍和社会力量兴办公益文化事业的有识之士队伍。

5. 公共文化政策法规

这是公共文化服务健康有序发展的基本保障。从设施规划、资金投入、服务内容、队伍建设、管理利用等方面，通过法律、法规的形式规定下来，为公民文化权利提供最基本的平衡与保障，从而能够自由、平等地分享文化成果。

此外，公共文化服务体系还包括服务的技术设备、艺术包装以及内部管理机制、运行方式等内容。

（三）"两个率先"与公民文化权益

"两个率先"是党中央、国务院对江苏发展的总定位，是江苏21世纪头二十年奋斗前进的总目标。随着"两个率先"进程进一步加快，人民群众的文化需求随之变得更加突出，公民文化权利的实现问题也就非常明显地摆在各级政府面前。小康也好、现代化也罢，说到底其核心内容是人的全面发展，是人的小康和人的现代化。而人的小康和人的现代化，首先是以人的幸福为宗旨。只有当广大公民的文化权利得到应有的尊重，心中充满喜悦和快乐，经济、社会、文化建设的创造力才能得到最大限度的发挥，我省"两个率先"的实现才能协调和全面。毋庸讳言，我省现阶段文化建设还有不少"洼地"，尤其是经济欠发达地区，公民素质与小康社会、现代化发展的要求，还存在相当的差距，不仅知识文化水平需要极大提高，在思想道德素养方面也存在着普遍的欠缺。

"两个率先"理所当然包含着文化的率先，政府必须通过强有力的措施，不断加大文化建设，满足广大人民群众的文化需求，为公民文化素养的提高创造必要的保障条件，充分实现公民应有的文化权利。一方面，"两个率先"为公共文化设施建设、公民文化权利的充分实现奠定坚实的基础；另一方面，公民在分享文化成果的过程中，激发出参与"两个率先"的热情和更多自觉投入的行动。"两个率先"与公民文化权利之间是一种相辅相成、相互促进的关系，和谐共进尤其重要。政府要满足和保障公民正当的、积极向上的、健康的文化需求和权利；公民也应当在文化权利的实现过程中，不断提高自身的鉴赏能力和创造水平。公民文化权益实现的水平高不高，不仅是对党和政府执政能力的考量，也是检验小康社会和现代化水平高低的重要尺度。

二 公共文化：顺乎民心的文化工程初现端倪

自1996年江苏省委、省政府提出了"把江苏建设成为与经济发展相适应的文化大省"的战略目标以来，全省文化事业无论是在"量"上，还是在"质"上都得到长足发展。特别是在改善公共文化服务设施、繁荣文化艺术创作、培育特色文化品牌产品、创新基层文化服务手段等方面，取得较大成就。一个覆盖全省惠及全民的公共文化服务体系基本形成，为满足公民日益增长的文化需求，提供了较为快捷和多样的选择。

1.公共文化设施进一步优化

到目前为止，全省有文化馆116个，其中国家一级馆31个，居全国第一；公共图书馆100个，其中国家一级馆47个，列全国首位；博物馆97个；乡镇街道文化站1395个。全省上下初步形成便民利民的四级公共文化服务网。公共文化基础设施大幅度改善，得益于省委、省政府建设文化大省的战略决策。1997到2000年省政府拨出3750万元用于全省375个文化站进行了改造和建设。2000年江苏以举办第六届中国艺术节为契机，共投入场馆建设资金5亿元，全省建设改造了31个场馆，其中有的场馆当时达到了国内一流水平。进入"十五"期间重大文化建设取得新的突破。2002年至2005年省财政又安排5000万元专项资金用于扶持苏北经济欠发达地区文化设施建设；安排2732万元专项资金，用于扶持全省30个无房和不达标文化馆、图书馆的新建和扩建。南京图书馆新馆、江苏省科技宫、江苏省美术馆新馆等，都是投资数亿元以上的重大建设项目。苏州、扬州、镇江等市博物馆新馆，无锡市文化馆、宿迁市文化艺术中心，徐州市图书馆新馆、南京市金陵图书馆新馆等一大批公共文化设施建设项目均被当地政府列为城市建设的重点和民心工程（图2）。

图2　扬州中国雕版印刷博物馆、扬州博物馆

2.优秀文艺作品供给量显著增加

近几年来江苏以国家舞台艺术精品工程为龙头，努力打造贴近时代、贴近生活、贴近实际的文化产品。1998年以来，江苏在全国"文华奖"评比中，夺得3个文华大奖、9个文华新剧目奖。中宣部已举办的九届"五个一工程奖"，江苏有近70部作品入选。在国家舞台艺术精品工程评选中，苏州的儿童滑稽戏《一二三，起步走》、无锡的舞剧《红河谷》荣登国家十大精品剧目。全省艺术表演团体127个，每年滚动生产100台左右新剧目，演出场次3.87万场，观众1697.3万人次。在第十届全国美展中，我省获得金奖1件、银奖9件、铜奖24件、优秀奖12件，入选获奖总数居全国前列，取得了历史最好成绩（图3）。

图3　歌舞剧《红河谷》

3.文化建设工程强势推进

民族民间文化保护工程全面实施。到目前为止，全省已有56个县（市、区）乡镇被省文化厅命名为江苏民间艺术之乡，33个县（市、区）乡镇被文化部命名为中国民间艺术之乡和中国民间特色艺术之乡。去年南京白局、常州手绘梳篦、无锡手捏泥人、宜兴手工紫砂陶艺、以《白蛇传》为代表的镇江口述文学、扬州清曲、溱潼会船、南通板鹞风筝、金湖秧歌、云渡桃雕、海州五大宫调、睢宁落子舞、东台发绣被列为首批省级民族民间文化保护工程试点项目。苏州市被列为全国民族民间文化保护工程综合试点城市。文化信息资源共享工程建设取得阶段性成果。全国"共享工程"江苏省分中心初具规模，现已完成300个基层点的签约计划，有246个基层点已为城乡群众开展服务。精心打造沪宁高速沿线音像管理示范区。按照建立统一、开放、竞争、有序的文化市场体系目标，示范区建设由城市向沪宁沿线五市延伸，由沪宁沿线向宁连、宁通、宁宿徐沿线地区推进。

4. 群众性文化活动丰富多彩

仅2004年，全省公共文化馆（群艺馆）、文化站组织的各种群众文艺活动达21459次，举办展览8906个、培训班7107班次；各级公共图书馆文献总藏量达到2974.17万册（件），公共图书馆年内总流通人次达1604.78万人次，举办各种读者活动2038次；博物馆举办文物陈列等展览499个，参观人次599.5万人次。全省各地公共文化部门在开展文化艺术活动的组织上，既注重精心策划代表江苏水平、体现时代特征的有亮点、有特色的品牌文化活动，又力求扩大广大人民群众参与的机会和空间。如"2004·中国南京世界历史文化名城博览会"盛况空前，58场内容丰富、形式新颖的活动，展现了古都南京独特的风姿，进一步提高了南京的知名度。苏州在举办第28届世界遗产大会期间，组织开展大型文化活动30多场，近10万市民观看了精彩的表演、展览。无锡市举办了该市历史上规模影响大、活动项目多、参与人数广、社会反响好的第七届中国国际合唱节、太湖艺术节和"激情周末"三大艺术盛会，凸显了无锡都市文化的开放性和融合性。扬州与央视国际频道合作的"烟花三月下扬州"大型文艺晚会和中国古筝艺术第五次学术交流会，取得圆满成功。徐州市努力拓展演出市场，积极开展"文化大篷车"系列活动，等等。这些品牌性活动不仅唱响本省，乃至在全国以及国际上都产生了重大影响。

5. 公共文化服务方式不断创新

全省各地为保障公民文化权利，积极探索提高公共文化服务能力。在文化工作的内容和形式、体制和机制、方式和方法上不断创新，促进了全省基层文化事业的持续发展和繁荣。盐城在全市范围内组织100场广场文艺演出、100场文化活动进社区、100场文化活动到农村，吸引了全市百万群众参与的先进文化下基层"三百工程"活动，受到城乡群众的普遍欢迎。南通市积极开展群众文化"百千万"工程，即市区开展较高水准的文化活动100场、县（市区）组织有一定影响的文化活动1000场、乡镇（社区）组织各类文化活动10000场，以充分满足人民群众的精神需求。淮安市组织实施宁连路沿线文化示范带工程，农村百里文明示范带创建活动，由点到面逐步推进基层文化工作。连云港市精心组织"先进文化进万家"及一年一度的"在海一方"广场文化系列活动。常州的"春之戏""夏之歌""秋之舞""冬之画"系列群文活动，带动全市群文工作蓬勃发展（图4）。

图 4　2012 年第十届江苏省"五星工程奖"开幕式在南京举行

三　文化公平：一个待解的难题

江苏借助经济持续增长和文化深厚的积淀，公共文化事业发展不断向新的高度攀升，一定程度上满足了公民日益增长的精神文化需求。但由于江苏区域之间的发展差异，在苏南与苏北、城市和农村仍然有一支庞大的弱势群体，他们渴求文化公平的呼声越来越强烈，公民的文化权利尚不能得到应有的保障。

1.基层公共文化服务功能萎缩

在农村基层文化一直唱主角的乡镇文化站，出现了前所未有的新危机。近年来由于乡镇机构改革，部分地区特别是苏北经济欠发达地区基层公共文化阵地萎缩现象严重。尽管在乡镇机构撤并过程中强调文化站阵地确保不流失，仍然用于开展文化活动，事实上根本没有做到。苏中和苏北一些地区乡镇文化站流失面积占原有面积的30％之多，一些本来已经消灭无房、危房文化站，目前又出现了新的无房、危房文化站。再比如图书馆，全省平均每74万人才拥有一座，而持有借书证的还不到全省人口的百分之一，且藏书量也仅达人均0.3册水平，与国际平均水平2万人拥有一个公共图书馆和国际图联人均2册的国际标准还有很大差距。

2.财政对公共文化事业投入不足

省政府在《关于加快文化大省建设若干经济政策的意见》（苏政发〔2001〕74号）明确规定，"十五"期间，各级政府每年对文化事业拨款的增长幅度要高于当年财政预算增长幅度的1～2个百分点。从近年来《江苏省文化统计年鉴》和《江苏统计年鉴》分析来看："十五"前四年，全省文化（文物）事业费财政拨款占全省财政收入的比重分别是：2001年0.90％、2002年0.79％、2003年0.71％、

2004年0.60％，不仅未达到1％的最低标准，而且呈逐年下降之势。全省地方财政收入年均增长为31.13％，对文化（文物）事业费财政拨款年均增长为14.32％，文化事业费增长比财政收入增长低了16.81个百分点。文化事业拨款区域分布呈阶梯式且差距在扩大。按2004年户籍人口计算，苏南五市文化事业费人均25.91元。同口径统计，苏中三市人均6.77元，是苏南的26.1％；苏北五市人均4.20元，是苏南的16.2％，均低于全省人均11.58元的水平。

就全省而言，现有国家和省政府制定的文化经济政策在县市级大多未能落实到位。一些地方文化事业建设费的征收因种种原因无法执行，需要设立的专项资金尚未设立。经济欠发达地区多数乡镇宣传文化机构财政拨款连在编人员的工资都发放不全，基本上无办公经费、无业务活动经费、无购书经费。

3. 弱势群体的文化权利被"忽视"

目前全省已经转移的农村劳动力达到1478万人，占整个农村劳动力的55％以上，且86％为本省内转移；加上下岗失业人员和大量外省市来我省务工人员，这是一支颇为庞大的队伍。此外，我省共有327万残疾人，而在特困人口中有三分之二是残疾人，农村年人均纯收入在1500元以下的低收入农户约有310万人。就是这样一个处于社会底层的弱势群体，其基本权利容易被忽视，或得不到应有的保护。近年来，为了改善就业环境维护其基本的合法权益，我省大力推进户籍制度、用工制度、农村土地使用制度、义务教育体制等改革，并颁布实施了一批地方性法规和政府行政规章，但就如何重视城市弱势群体和农村失地农民、贫困户的文化生活，至今还没有条文规定，他们成为被"文化遗忘的角落"。我们对部分来宁打工人员做了一份问卷调查，在收到的问卷中回答业余时间从事什么文化活动时，打牌、打麻将占53％，看电视占43％。他们最希望政府多组织文化活动下社区，能发放一些免费的书刊、报纸、图书，多组织露天电影和文艺演出，让民工有人在异乡如在家的感觉。

4. 文化成果共享"千年等一回"

一年一度的送文化下乡让农民品尝文化大餐，过一把精神娱乐隐，实在是难得的大好事。尽管这一惠及百姓的好事件，政府部门年年都在做，但农村是广阔天地，文化下乡仅为年节之时的应景之作，缺乏长效机制，解决不了普遍存在的文化饥渴。政府投入巨资生产的精品艺术下农村、进社区演出难是现实，加上以农民为主体的弱势群体对花钱买戏看的消费观念尚未形成，只能对精品艺术望洋兴叹。本来农民比较青睐的电影放映，却又处于无组织、无片源、无人管的境地，农民看电影的愿望陷入困境。

5. 公共文化资源分散利用效率低

在"科教兴国""科教兴省"的战略决策面前，建设"文化大省"的战略显然还未到达应有的高度。文化事业发展滞后，欠账过多，这是不争的事实。但是单靠政府的文化资源、力量来满足社会需求，确实勉为其难、力不从心。政府缺乏社会公益文化事业发展的总体规划、刚性的政策法规，全省普遍存在公共文化事业总量不足、质量不高、服务简单的矛盾。由于众多的公共文化资源分属不同行业和部门，条块分割、多头管理现象严重，如何在保障公民文化权利的前提下，合理调节、配置和利用好现有的公共文化资源尚无良策。在鼓励、吸引外资、民资进入公益性文化事业还没有制定出切实有效的政策和具体措施。

四　完善体系：探索保障公民文化权利的新路径

公平靠政府，效率靠社会。加大投入力度，改善和扩大公益性文化的供给，是繁荣文化事业保障文化公平最有效的手段。文化权利是人权的重要内容，也是公民根本利益的体现，必须得到应有的重视。笔者认为，维护好、发展好、实现好公民文化权利，首要的问题是要建立相对完善的公共文化服务体系。一是满足广大人民群众的精神文化需求，让人民群众从中得到实际利益，身心愉悦，激发活力；二是能够建立和谐共进的社会文化环境，有利于造就文化素质高、道德风尚好的新一代公民。人的文化追求是无限的，总是随着经济条件生活质量的提高不断由低向高发展。同样，公民对文化权利认识和诉求也会越来越全面和强劲。这就要求我们的政府能够围绕公民的文化权利保障作出具有预见性、前瞻性和科学性的安排，不仅满足人民群众自身更高层次、更高水准、更高指标要求，同时又对城市或地区文化发展创造出新的高品位和高内涵。

1. 公共文化服务体系的法制化建设

公共文化服务体系建设要在各项政策措施上，形成鲜明导向，以保证文化事业发展的可持续性。避免因领导人员变动和经办人的好恶而随心所欲，政策法规的刚性规定可使政府投入有据可依。第一，要制定全省公共文化基础设施建设总体规划。既要考虑到空间布局，也要兼顾原有公共文化网络的结构。深圳福田区用3年时间投入资金13亿元建设的"一公里文化圈"已经形成，并科学有效地运转。上海市提出社区公共文化活动中心的空间布局，以构建15分钟文化圈为原则。两地分别在空间维度和时间维度上对建立公共文化设施和组织文化活动提出了规定性要求，充分体现"以人为本"的理念，这些经验值得我们借鉴。第二，要尽快出台公共文化服务场所管理条例。图书馆、文化馆、博物馆等都要对各自的社会功能、事业发展目标和责任、服务对象和内容进行明确规定。文化服务的功能特色设置要相对完备，且具有现代化程度。要创新管理模式，尽快建立高效、专业、连锁的运行和管理机制。第三，要出台文化扶持政策。保护弱势群体和贫困地区文化权利，缩小地区间的文化差距，是实现文化公平的重点和难点。对地处弱势地区的苏北、苏中要在文化投入总量和结构、文化资源配置的重点、文化经济政策等方面进一步倾斜，加大扶持力度。

2. 整合公共文化资源

江苏经济发达、文化资源丰富，各具特色的区域性文化为公共文化服务体系可持续发展奠定了良好基础。政府、企业、民间组织对文化方面的基础性、公益性投资要相互配合，打破文化资源为部门所有的状况，实现文化资源的优化配置。首先在全省文化系统内应相互协作，充分发挥不同的优势，在人才、设备、技术、信息等方面形成资源互补；再逐步与文化系统外其他行业之间资源的优化组合，有必要打破所有制、地域和行业界限，形成一个优势互补具有很大包容性和多层次的综合性公共服务网。资源共享不仅是在于设施设备资源、文化信息资源，还可以拓展到艺术产品资源、专业人才资源、优质服务资源等各个方面。要把原有文化馆站、图书馆、青少年宫、工人文化宫、科技馆、老年活动中心、体育健身场馆等资源整合起来，消除部门、辖区鸿沟，使社区居民共同享受文化服务。在加强基层文化设施建设的同时，不断巩固和完善基层文化工作网络，城镇和新区、住宅区文化设施和文化服务网点要合理布局，拓展项目，丰富内容，规模发展，逐步连点成片，建成若干文化广场、文化街、文化带，方便城乡居民群众就近参加文化活动，享受文化服务。

3. 制定为公民免费开放时间表

免费开放是实现文化公平的终极目标。九年义务教育，是国家实现公平教育的底线保障，政府对贫困地区和城市流动人口和农民工子女开始实施免费义务教育。公共文化相对教育而言，就不是那么幸运。江苏全省财政对文化事业的投入尚不到对教育投入的百分之二，各级文化馆、图书馆、博物馆、美术馆、纪念馆等公共文化服务机构无论是数量还是质量，离"文化大省"目标和公民的实际需求尚有较大距离。据了解我省公共图书馆至今尚没有一家完全不向读者收费的，而联合国早在1949年发布的《公共图书馆宣言》称："公共图书馆是知识之门，应不分年龄、种族、性别、宗教、国籍或社会地位，向所有的人免费提供服务"。作为公益性文化事业机构，我省的图书馆应该尝试向社会提供无偿、优质服务。2004年5月1日起，全省各地的博物馆、纪念馆等单位，对未成年人实行免票，为公民免费打开了一个缺口，其社会效益是难以估量的。在目前的背景下，保障公民最基本的文化享受权，就是把政府主办的公益性图书馆、博物馆、文化馆等公共文化体育设施无偿向百姓开放。即使一时还难以做到，政府也要创造条件，有计划、有步骤地走上免费之路（图5）。

图 5 "徐悲鸿与他的时代"巡展首站在江苏省美术馆举行

4.鼓励社会力量共建公共文化服务体系

在现有国情、省情下，要满足公民的文化需求，促进公民文化权利的充分实现，就必须改变公共文化服务供给方式的单一性。最好是由政府、企业、非营利性组织等来共同提供，如此才能提高服务水平，使公众更多地受益。在政府继续加大对文化投入的同时，要积极鼓励、扶持社会各界、民间团体和公民个人举办公益性文化事业，不断探索新时期基层文化活动的形式，促进我省民办文化快速健康发展。2005年5月，省委宣传部、省文化厅选择了18个农村乡镇文化站开展标准化建设工程试点工作。大胆运用市场的手段，引入投入和竞争机制，实行委托专业管理和风险抵押的运行模式，在公益性领域推行公有民营、股份合作制，打破了几十年来无人敢于突破的禁地。我们尚不能猜测最终的效果究竟能够达到什么程度，但有一点可以肯定，这是一次"创业创新创优"的文化实践，必将对今后农村文化的发展起到促进和推动作用。

5.建立科学的公共文化服务体系考核机制

为了保证公共文化服务机构提供优质服务，发挥最大的社会效益功能，必须建立一套完备的考核考评机制。一是推行行政责任制度，明确各级党委政府的文化责任，把公民文化权利的实现作为基本的施政方针，把能否最大限度地创造环境、机遇、条件，使公民能拥有文化享受、参与和创造的权利，作为政府文化绩效考核的根本指标，以体现现代公共文化行政的追求。二是对公共文化部门提供的服务项目和内容、服务的方法和措施、服务数量和质量、公民的满意度等定期进行考核，以促进服务单位在内容和形式上积极创新，不断拓展文化服务的空间，增强文化活动的吸引力和感召力。三是要建立正常的审计监督机制。公共文化事业用的是纳税人的钱，必须取之于民，用之于民。政府资金的投入项目、数额、使用途径，要能够做到公开透明；文化设施的对外开放和综合利用，是否符合规定要求，都要进行跟踪监督，千方百计使全省城乡公共文化事业能够得到均衡发展，有效保障公民文化权利的实现。

　　该文获文化部主办的"2005中国公共文化发展论坛"一等奖；原载中共江苏省委宣传部、江苏省社会科学院主编的《江苏文化蓝皮书》，江苏人民出版社，2005年；入选中共江苏省委宣传部《2005年全省思想宣传工作调研报告汇编》；收入《思想的维度》，吉林人民出版社，2006年；《艺术百家》2006年第7期

江苏公共文化服务体系多元供给研究

　　加快建立覆盖全社会的公共文化服务体系，是维护好、实现好、发展好人民群众基本文化权益的主要途径。从党的十六大提出"国家支持和保障文化公益事业"到十七大的"覆盖全社会的公共文化服务体系基本建立"，我国公共文化服务体系建设正按照"公益性、基本性、均等性、便利性"的要求不断推进，日益完善。公共文化服务不仅成为人民群众进一步提高物质文化和政治生活水平的最大愿望，而且成为社会文明、民族进步的时代特征。政府作为公共文化建设的核心主体，切实保障和维护好人民群众的基本文化权益，按照"政府主导，社会参与，机制灵活，政策激励"的原则，引入市场机制，创新公共文化服务产品的生产和供给模式，提高服务效率，形成政府与社会团体、民间个人平等参与、紧密合作、良性互动的多元供给格局，推进公共文化服务供给方式的多元化，优质高效地满足人民群众的文化需求。改革开放以来，江苏各级财政不断增加投入，目的就是让更多的文化设施、文化产品、文化服务能够快捷、方便、优质地惠及全体人民。但有限的公共财力，与人民群众不断增长的文化需求总是有较大的差距。其实，代表公共利益提供公共产品和公共服务的机构，政府并不是唯一的提供者，它是一个由政府、非政府组织以及私人共同参与的多元体制，且按照各自定位和服务的不同群体对象有序进行的，只有这样才能在公共文化服务体系建设上走出一条繁荣之路。

　　本文试从国内外特别是江苏公共文化服务体系多元供给模式、特点入手，通过典型案例，理性客观地进行分析，同时积极探索如何在发挥政府主导作用的前提下，引导和扶持社会力量（即非政府组织和私人）创办公共文化服务机构，以激活公共文化产品生产、服务供给机制的多种途径，实现公共文化服务主体的多元化。

一　建立公共文化服务体系多元供给的必要性

　　公共文化服务体系的完善程度，是衡量一个国家社会文明进步的重要标志之一，也是人民群众幸福指数的"晴雨表"。建立政府与社会力量共同参与的公共文化服务体系，是实现和保障人民群众基本文化权益的积极行动。从国际经验来看，建立公共服务型文化行政管理体制，应确立以实现公民文化权利为核心的公共文化政策理念，形成政府与社会联合进行的"共同治理"结构，制定完整的公共文化制度，保证必要的公共财政投入，合理分配各类公共资源，充分调动社会力量投入公共文化事业。从中国国情来看，公民享有充分的文化权利是现代社会文明进步的基本体现，是建设有中国特色社会主义文化的重要目标和内容。中国经济总量不断增加和中国经济总量位次的不断提高，为中华民族的文化复兴奠定了牢固的物质基础。政府必须保障这种权利的充分实现，并要积极创造条件，提供优质、公平的文化服务。改革开放30年来，特别是党的十六大以来，党中央出台了一系列政策，坚持以人为本，充分尊重人权，满足百姓个性化、多样化的需求。从公民文化需求来看，人民群众在改善、提高了物质生活的同时，日渐将文化权利、民主政治的诉求与精神需求的增长，作为自身建设的主要内容，对公共文化产品的多样性有了更高的要求。这就要求各级政府在其所辖范围内，建立面向广大人民群众，以政府提供服务为主导方式，以公共文化服务机制、服务设施、服务机构和队伍建设为核心，结构合理、发展平衡、网络健全、运营高效、服务优质的覆盖全社会的公共文化服务体系。因此，建立一个以政府为主导，社会团体、个人共同参与的公共文化服务体系多元供给体制，是逐步实现基本公共服务均等化的重要途径，不仅必要，而且紧迫。

（一）传播中华文明弘扬民族精神

由多元供给体制提供的公共文化产品和公共文化服务，内容更加丰富多彩，形式多种多样，对丰富和提高人们的思想觉悟、道德素养、审美水平和才智能力，传承优秀传统文化，提高民族精神、爱国情怀、纯化社会风气、团结宽容等社会主义核心价值观，起到积极的推动作用。多年的实践反映，社会力量创办的文化机构，往往有着强烈的集体荣誉感和民族自豪感，不仅增强其内部凝聚力，精益求精强化自身专业水平和能力，而且在其对外交流和文化传播上总是不遗余力。当他们能够走出国门参与到国际文化交流时，同样体现出代表国家和民族的自豪感。由于他们来自于民间，服务于民间，在时间安排、内容和形式上往往与当地人民群众的生产生活相适应和相融合，容易培养共同的兴趣爱好，也特别有利于优秀传统文化的传承。比如那些分布在各地的民间表演艺术团体、文化艺术活动中心，之所以能够长期生存并发展下去，正是这种共同的文化基因和审美情趣孕育的结果。

（二）促进和提升文化生产力

文化能使人聪明、增长知识、净化灵魂，开启智慧，文化的积累让人思想更加活跃，创新能力进一步增强。在社会快速发展的今天，人们对提高科技水平、掌握生产经营能力的要求更加迫切。目前分布在全省各地的民办图书馆、博物馆、文化活动室、农民电影放映队等，直接或间接传授知识、科学和技艺，不仅能够帮助提高公民克服和解决在生产生活中遇到的知识、观念、经验和技巧的问题，而且承担起教化和激励人不断创新与进取，促进社会风气淳化和文明的功能。徐州市马庄农民铜管乐团，由于财产明晰，分工明确，因而在潜移默化中形成了最底层的老百姓既独立又合作的理性精神、责任意识和对外交往的真挚、质朴的情感。他们先后在全国各地演出4000多场，吸引国际上众多艺术团体纷纷前来考察交流，并应邀走出国门，因此马庄成了"中国民俗文化村"，成为徐州市政府首批命名的"小康示范村"（图1）。

图1　徐州马庄中国民俗文化村

（三）推进社会和谐发展

在社会利益关系日益多样、价值观念日益多元的情况下，凝聚人民群众的意志、智慧和力量，实现社会各界、各团体、各民族的团结和谐，必须形成共同的思想道德基础。由于社会力量创办的文化服务项目普遍具有生动性、实践性和大众性，其内容比较健康、吸引力比较强，参与者身心满足感强，人与人之间加强了联系和交往，互动、交流和沟通的机会进一步增多，这对当地老百姓良好的道德观、价值观起到导向作用，有助于人们用宽容理性的态度看待和处理问题，对促进邻里和美、家庭和睦、干群和谐，有效地化解社会矛盾，保障社会稳定有着莫大的帮助。

（四）拓展艺术人才成长空间

社会力量办文化有着灵活的体制机制，公平竞争的游戏规则，职适其能的管理方法，显示出比较旺盛的生命力。2008年3月，"周庄画家村"在江苏诞生，成为中国美术界又一个艺术家集聚地，首批125位中外画家以及画廊、美术杂志社等签约入驻。在此之前，中国美术界有两个艺术集聚区，分别为北京的798艺术园区和深圳布吉的大芬村，云集了中外2000多名画家和画师，每年为世界出产当今市场最流行的名画。在这里，艺术家获得了更多的自由空间，每个艺术家都有独立职业身份定位，大大增强了文化艺术的发展空间。河南小皇后豫剧团创作演出的现代豫剧《铡刀下的红梅》，入选2006～2007年度国家舞台艺术十大精品剧目，团长兼主演王红丽两度夺得中国戏剧梅花奖，作为一个民营剧团，摘取明星和品牌的桂冠，这在全国并不多见。他们出戏、出人才的秘诀，靠的就是良好的运行机制，靠的是立足基层为民服务的平民风范，靠的是找准市场拓展生存空间的拼搏精神。

社会力量参与公共文化服务，在其功能与价值体现上，与国办公共文化有着异曲同工的效果，两者互为补充，相得益彰。作为社会与公众切不可用对待国办公益文化事业的标准苛求他们，甚至也要求一律免费开放。对民办文化机构适当利用经济手段，谋求为自身发展补充资金来源，社会应当给予足够的理解和宽容。

二 国内外公共文化服务多元供给的模式、特点和启示

当前，我国公共文化服务体系的总体状况是供给严重不足，其原因是我国公共文化服务的供给者仍然是各级政府，而社会力量和市场在公共文化服务供给中的作用还没有得到有效发挥。在研究公共文化服务体系多元供给机制时，我们不妨从现代管理的视角，分析、了解当今一些发达国家公共文化服务管理的模式，以便我们有所收益和启示。

（一）政府主导的"中央集权制"模式

主要以法国、日本等国家为代表。这种模式对公益性文化设施的管理强调政府管理和国家扶持，而不太信赖市场作用。国家设有中央政府文化主管行政机构，通过向地方驻派代表的办法，统一对全国的文化事业实行直接管理，奉行

"集权化管理"原则。这种模式特点为：

1.政府对文化发展高度重视并提供资金保障

法国政府始终认为，如果不能保证文化部门的财政预算，那么把文化权利写入宪法，也只是一纸空文。因此，法国历届政府坚持为文化发展提供充足的资金保障。政府对一些国家文化机构、团队以及与国家有合同关系的文化团队，每年给予固定补贴，金额逐年增长。即使在法国经济发展较为缓慢的时期，政府对文化领域的投入也并没有减少。文化投资的绝对数额在逐年增加，在国家经费预算中所占比例也在逐年提高，并已稳定在1%左右。

2.政府对文化的投入采取直接拨款方式

法国政府对文化的投入不通过社会中介组织，而是由文化和通讯部对重要文化机构、地方政府有关部门直接拨款，同时也对一些重要文化活动直接提供资助。重要文化机构包括国家重点文化设施、重点文艺院团和一些艺术院校等。法国对公益性文化单位所需经费完全由政府负担，人员享受公务员待遇（如图书馆）。政府对艺术表演团队的资助数额巨大，巴黎国家歌剧院等主要国家剧院，财政拨款占剧院总收入的66%～80%。

（二）民间主导的"市场分散化"模式

主要以美国、加拿大、瑞士等国家为代表，这种模式反对政府对公益性文化设施的过度干涉，注重民间力量和市场作用，奉行"小政府、大社会"的原则。与法国模式刚好相反，这种模式在中央和地方政府都没有文化行政主管部门。

美国对文化事业实行间接管理，在行政体制上，没有全国统一的文化政策，也没有设立统管全国文化事业的行政部门，目前只有四个经议会立法设立的政府代理机构，分别代表政府行使部分职能。政府财政对文化的投入主要通过各类被称为"国家艺术理事会"的准行政机构进行分配。美国税收政策规定：几个人或企业向文化教育事业捐赠，即可将其税基减少同样的数额，同时纳税部分的税率也可以有一定幅度的降低，这对于税率很高的美国个人与企业来说，自然是有极大的鼓励与导向作用。其中美国钢铁大王安德鲁·卡内基的行动最引人注目。在1880～1920年间，他共捐资建设了1688座图书馆。用他的话说："我之所以选择图书馆作为推动大众进步的媒介，是因为它们不图任何回报，而只帮助那些自助的人们。它们永远不会使人贫穷，它们向那些胸怀大志的人们敞开大门，向他们展示浸透在书本中的宝贵财富。爱好读书可以赶走低级趣味。"这种模式特点为：

1.文化中介组织拨款

政府不直接对文化机构拨款，而是通过国家艺术基金会、国家人文基金会和国家博物馆图书馆学会等社会中介组织对文化实施赞助。这些文化中介组织只有拨款权，无行政管理权，没有在文化领域进行立法、政策制定和行政管理的职能，它们对文化团队和个人提供贷款的方式，体现了政府对文化事业的支持。

2.政府拨款对象为非营利文化艺术团体

美国联邦政府所支持的是那些不通过市场运作方式经营的非营利性文化团体，申请资助的团体必须是非营利性质的民间机构，而且是从联邦政府取得免税资格者，其赢利部分不得归个人所有。

3.政府采用资金匹配的方式实行有限拨款

联邦政府机构提供的资金支持是有限的，一般要求对任何项目的资助总额不超过所需经费的50％，这样能避免文化团体过分依赖联邦政府，鼓励文化团体积极进取。

（三）政府与民间共建的"分权化"模式

主要以英国、澳大利亚等国家为代表，强调政府管理与民间力量共同协作。在政府管理机构设置上，它建立有统管全国文化事业的中央政府主管部门，并拥有比较完整的中央和地方三级文化管理体制。这种模式在文化管理政策上采取"一臂之距"的管理原则。"一臂之距"既指国家对文化拨款的间接管理模式，也指国家对文化采取从集中管理到分权管理的行政管理体制。通过设立相对完整的从中央到地方三级文化管理机制，在中央政府部门与其接受管理的文化艺术团队和机构之间，设置一级作为中介的非政府的公共机构，借用这种准自治管理机构自主行使权力，并负责向政府提供政策咨询。这种模式特点为：

1.政府通过非政府公共文化机构实现对文化事业的财政支持

文化、新闻和体育部作为中央政府行政主管部门，只负责制定政策和财政拨款，不直接管辖文化艺术团体和文化事业机构。国家所有的大型文化单位，如大英博物馆、大英图书馆等都是独立运作，不直接隶属于文化、新闻和体育部。具体事务交给非政府公共文化机构，如英格兰艺术委员会、博物馆和美术馆委员会等由专家组成的机构，他们负责对各文化单位进行评估和拨款。

2.非政府公共文化机构设立起全国文化事业管理的网络体系

各类中介非政府公共文化机构通过具体分配拨款的形式，负责资助和联系全国各个文化领域的文化艺术团体、机构和个人，形成全社会文化事业管理的网络体系。这既不同于美国无中央政府文化主管部门，也不同于法国拥有直属艺术团体和在各地方派驻官员的中央文化部。

3.政府对文化事业的财政资助是有条件的

政府对文化事业支持不是大包大揽，而是鼓励他们自创收入、争取社会赞助。即使享受政府长期资助的团体或机构，一般也只能占其收入的30％左右，其余部分仍需自筹解决。

（四）公共文化管理模式对我们的启示

如何在日益"市场化"的社会环境中，保证"公益性"文化事业积极健康发展；在社会公共文化服务"公益性"的属性定义下，如何"有效率"地保障公民基本文化权利的实现，是目前在深化文化体制改革的关口需要深入思考，形成清晰认识的问题。

启示一："独立经营"与"公益性"并行

澳大利亚博物馆等公共文化服务单位的门槛很低，不仅票价便宜，而且有鼓励全家或学校组织参观的种种优惠措施，甚至免票参观。其实公共文化服务单位的"独立经营"与履行"公益性"的社会服务功能并行不悖。比如著名的悉尼歌剧院就是以新南威尔士州1961年专门通过的悉尼歌剧院信托基金法案为依据进行经营管理的，该法案确认了悉尼歌剧院的法律地位与管理运作模式。尽管悉尼歌剧院10年来的场馆使用率高达76%～83%，经营状况良好，但政府公共财政的支持也仍占其经费的60%。在澳大利亚，主要依靠财政拨款支持的公共文化服务单位数量是有限的，而且具体到哪几家都需要通过法律的形式进行确认。过去我们常常把经营性文化产业混同于公益性文化事业。一方面，本应由政府主导的公益性文化事业长期投入不足，公共文化服务体系不健全，公民基本文化权利得不到保障；另一方面，应由市场主导的经营性文化产业长期依赖政府，这不仅分薄了原有的财政资源，而且造成一些经营性国有文化单位长期游离于市场经济之外，市场竞争力薄弱。

启示二：文化体制改革要区别对待

深化文化体制改革，加快文化事业和文化产业发展，必须区分情况，对不同类型的文化单位，对同一单位的不同文化服务内容都要进行区分，应该由政府扮演的角色要扮演到位，应该由财政出的钱要足额到账。公共博物馆、美术馆、图书馆、文化馆等公共文化服务单位保障着公民的基本文化权利，涵养着民族的智慧和精神，积累着社会发展的人文基础，攸关民族文化的传承。公共文化服务单位需要不断提高服务水平，切实保障所有公民都平等地享有优质的公共文化服务。

启示三：社会参与是力量之源

我国在公益捐赠立法方面也有积极的探索，1999年就已出台《公益事业捐赠法》。根据2007年2月发布的《财政部国家税务总局关于宣传文化所得税优惠政策的通知》，纳税人缴纳个人所得税时，捐赠额未超过纳税人申报的应纳税所得额30%的部分，可从其应纳税所得额中扣除；企业所得税的10%以内的部分，可在计算应纳税所得额时予以扣除。但由于宣传不够，操作程序复杂等原因，社会捐赠还不普遍，社会捐助、赞助文化事业规范、畅通、经常性的渠道需要加快建立。

启示四：微观管理体制是优质服务的关键

政府管理不直接介入具体的文化单位，而是通过派员参加理事会或董事会这样的机构来宏观指导，由理事会或董事会挑选专业的经营管理人员，以达到一定的经营服务目标作为考核标准。如澳大利亚各博物馆、美术馆、科技馆等提供的公益性文化服务灵活务实，管理专业高效，没有我们通常想象的公共事业单位人浮于事、僵化敷衍的弊病。以悉尼歌剧院为例，政府并不派人直接管理歌剧院，根据悉尼歌剧院信托基金法案，歌剧院由专门的信托基金理事会具体负责管理。理事会成员共有10位，成员由新南威尔士州艺术厅厅长提名，州长任命。法案还特别规定理事会至少包括两名有表演艺术知识或经验的专业人士，以保证歌剧院艺术选择上的专业性。悉尼歌剧院实行首席执行官负责制。在理事会管理下，歌剧院为非营利组织，作为公益性团体接受政府重点扶持，并享受有关税收优惠和接受社会捐赠。在为公众提供专业高效优质服务的同时，歌剧院还需要不断养护和维修，庞大的运营费用中约有40%左右一直来自歌剧院自身的创收以及社会捐赠等。

启示五：立法保障公益性文化事业发展

在法律的规范下，政府部门的职能更多地着眼于依法进行宏观管理和资金扶持。政府任何一项具体的扶持行为都是法律确定的政府责任的履行，任何一笔预算的拨付都依法有据，政府的角色在法律的框架内不缺位也不越位。

三 江苏公共文化服务体系多元供给的优势、问题和难点

江苏是全国经济科技文化比较发达的省份，公共文化事业紧随时代脚步向前迈进。"十一五"期间，江苏财政对文化事业的投入年均增长25%以上，文化产业的增加值年均达到25%，最高达30%，处于全国前列。其中，省级文化文物事业费财政拨款"十一五"累计数为171.26亿元，年均增长率为18.4%。以"十一五"期末常住人口计算，全省文化文物事业的财政拨款人均值为29.14元，与"十五"期末同比增长67%。2006～2008年三年中，省财政仅落实农村文化建设工程这一项，就投入专项补助资金1.7亿。其中：乡镇文化站建设资金7710万元，乡镇文化站以奖代补资金1470万元，三送工程7779万元。至"十一五"末，江苏基本形成"省有四馆、市有三馆、县有两馆、乡有一站、村有一室"五级文化设施网络体系。与此同时，大量社会资本进入公共文化服务领域。非政府组织

及公民个人提供各自带有竞争性的公共文化产品和公共文化服务的热情也越来越高，这为人民群众共享改革成果，更多更好更为便捷的选择提供了方便。

（一）江苏公共文化服务体系多元供给典型案例及优势分析

改革开放30多年来，江苏的经济建设发展始终处于全国前列，乡镇企业、民营企业发展起步早，成长快，撑起了江苏经济发展的半壁江山，也为江苏公共文化服务多元供给的实践打下了坚实的基础。特别是"十五""十一五"期间，社会资本参与公共文化服务供给，呈现出新的生机和活力。据不完全统计，至2009年底江苏境内有一定影响、成规模的民办文化机构2000多个，其中民间剧团463个、图书馆25个、博物馆86个、美术馆（书画院）81个、文化馆（活动中心）26个、电影放映队608个、老年大学及其他民办公益性文化单位597个。

区域文化联动，实现文化资源效率利用的最大化。2003年起，江苏吴江市委宣传部和吴江市文化广播电视管理局根据本地实际，提出并实施了"区域文化联动"项目。该项目从"三镇联动"起步，发展为"十镇联动""长三角"区域联动，一直到2010年的京杭大运河（江苏段）区域联动，该项目以广场文艺联演为主要载体，同时开展电影联映、书画联展、优秀社团联评、文艺创作联动和理论研究联动，建立了区域内文化交流、互动、共建、共享、共荣的机制和格局，充分发挥区域文化资源优势，提升区域内公共文化服务的水平和能力，产生了品牌效应，为推进公共文化服务体系建设，保障人民群众的基本文化权益，促进社会的和谐稳定做了有益的探索和实践。该项目的实施，首先争取了政府财政支持，同时，吸引了企业和社会的资金投入，缓解了农村公共文化服务经费严重不足问题，突破了制约群众文化活动开展的瓶颈，同时也吸引了众多部门、众多行业、众多企业和全社会的广泛参与，激发了文化馆（站）开展公益性文化活动的活力。2009年，"区域文化联动"荣获第三届"文化部创新奖"，同时也被国家文化部列入"2009年国家文化创新工程项目"。

民办公共图书馆的出现，打破一统天下的"国办"格局。2007年5月，徐州博纳科教图书馆成立，总面积600多平方米，藏有古今中外名著、文教科技、少儿精品读物等精品图书20000余册；时尚期刊、报纸杂志1000多种。据了解，这所民办图书馆是北京市科教图书馆的第25家加盟馆。号称中国首家民办图书馆创办人潘跃勇，于2002年在北京市石景山区创办1000平方米北京科教图书馆，此后在10个省市建立加盟馆，累计接纳各类读者1500万人次，举办公益讲座45场。科教图书馆以"传播科学文明，营造书香社会"的办馆理念，为广大市民、青少年朋友、喜爱读书的人群，提供一个全新的学习、休闲、娱乐场所，使青少年远离网吧、游戏厅，为他们的茁壮成长创造了一个良好的外部环境。民资进入公共图书馆，为中国图书馆的改革与发展提供了积极有益的探索。

民营表演团体赢得观众，力量源于"草根"情结。就在许多国有艺术表演团体，尤其是传统戏曲面临经费不足、人才断档、演出萎靡的状况下，那些靠闯市场的民办剧团却别开生面，甚至成了构建农村文化市场的重要劲旅。2010年底，江苏如皋市登记在册的民营表演团体有118个，覆盖全市所有乡镇，全年演出27500多场次，观众825万多人次，演出和相关产业收入超过1.87亿元。20多年前，苏北建湖县钟庄镇农民徐志猛创办了一个远近闻名的"泥腿子"淮剧团。他结合"淮剧之乡"几乎人人都会唱淮剧的优势，自费组建了全县第一个民间艺术团体——钟庄淮剧团。他们走乡串村，把散发着泥土气息的农家小戏送到田头院场，足迹遍布盐城、泰州、淮安等周边县市近千个镇村。像这样的民营表演团队，在江苏大地有数百支之多，他们成为服务农村、服务基层，深受百姓欢迎的"乌兰牧骑"。

民办美术馆书画院，开启了百姓通往艺术"殿堂"之门。"曲高和寡"是20世纪人们对美术馆远离普通百姓的基本评价。然而这一现象在进入21世纪后有了改变，不仅国办的美术馆、书画院得到长足发展，而且民营美术馆也出现了如火如荼的态势。2007年底，南京青和当代美术馆开馆，这是江苏当时场馆最大、设施最为完备的私立美术馆。展厅面积3200平方米，层高13米，展线长达300多米、内设三座影像厅。由该馆主办的"自转——南京青和当代美术馆开馆展"同时开展，展览的形式和内容充满时代气息，并力求与国际当代艺术接轨。如今江苏各地都有民办美术馆的身影，为普通百姓与高雅艺术亲密接触打开了方便之门。

私人博物馆的涌现，见证了国人从藏宝到"晒宝"的历史。私人开办博物馆，实际上是个人资源社会化的具体体现，这在江苏苏南地区尤为突出。苏州锦溪镇积极打造"中国民间博物馆"之乡，鼓励私人陆续成立了陶都紫砂博物馆、历代古钱币珍藏馆、古砖瓦博物馆、华夏奇石馆等14家民间博物馆，成为政府与民间联手办博物馆的典型代表。在苏州，由私人创办的苏州砖雕博物馆、古丰阁家具民艺博物馆、苏州历史货币博物馆等多种门类、各具特色的民办博物馆，在全国颇具影响。私人博物馆的建立，大多依靠私人收藏，依靠自己的渠道，其专业化特点非常明显。他们发挥孜孜不倦的精神在民间淘宝，藏品往往独具价值，这对公立博物馆是一种非常有益的补充（图2）。

不惜巨资建造的私家园林，成为公众"享用"的4A级景区。江苏吴江的静思园闻名遐迩，为民营企业家陈金根先生所筑之私家园林。该园占地60余亩，景色如画，宁静清幽，赏心悦目。书斋曲廊，石桥画舫，厅堂楼阁，错落有致；奇峰异石，四时花木，柳色烟波，相映成趣。静思园的建成，被誉为吴江市经济开发区的一方绿洲，是为公众怡情益智、休闲娱乐的文化公园。历史上的园林，往

图2　苏州砖雕博物馆明清砖雕藏品

往是商贾巨子、文人学士、名家隐士们营造起来的，主要供自己和家人享用。而陈金根先生开建私人园林，则是为了传承文明，造福社会，续写苏州造园历史。静思园的社会意义，远远超过"私人园林"这样狭隘的定义，正如陈金根先生自己认为的那样，"我的钱来自社会，造园也靠社会各界尤其是政府的支持，所以就应回报社会""我要把园林打造成吴江开发区的公众休闲场所和青少年教育基地，让人们在这里得到进取的动力"（图3）。

图3　静思园

从以上典型案例分析来看，江苏社会力量创办公益文化服务机构，来自基层，来自社会，往往贴近民众，贴近生活，市场适应性强，运作方式灵活，有较强的生命力。这是社会转型时期的特定现象，其形成的动因主要有以下四点：

1.改革开放奠定的经济社会基础

江苏经济持续稳定地增长，极大地改变了人民群众的生活环境和对生活的态度，也成就了社会力量热衷于公益文化事业的经济和社会基础。2010年江苏地区生产总值突破4.09万亿元，年均增长13.5%；人均地区生产总值从3046美元提高到7700美元。财政总收入11743亿元，其中地方一般预算收入4080亿元。社会消费品零售总额13482亿元，年均增长18.6%，消费成为经济增长的最大拉动力。服务业增加值占地区生产总值比重超过40%，比"十五"末提高5.1个百分点。物流、金融、旅游等服务业快速发展，苏南地区出现服务业投资超过制造业投资的新态势。近年来，江苏始终坚持以人为本、富民优先，着力解决人民群众最现实的利益问题，城乡居民收入较快增长，文化事业和文化产业蓬勃发展，公共文化服务设施免费开放范围不断扩大，改善民生取得显著成效。2010年城镇居民人均可支配收入22944元，农村居民人均纯收入9118元，年均增长10.2%和8.2%。江苏在"十五""十一五"期间综合实力提升快，人民群众受益多，已成为人们广泛认可的全国最安全地区，为私人投资公益文化营造了最佳的环境。

2. 文化成为公民生活中的普遍需求

众所周知，收入低下、物质匮乏当然难以谈文化消费，更不用说出资办文化了。只有当社会生产能力已可满足绝大部分社会成员的基本生活需求时，人们的精神文化需求才会出现新的欲望。多年来，法治江苏、平安江苏、文化江苏、诚信江苏、绿色江苏建设，已经惠泽城乡千家万户。但由于江苏人口密集，南北经济和社会发展差异较大，以政府为主导的公共文化机构不足、基层服务水平不高的问题仍然比较突出，这就为社会力量参与公共文化建设提供了广阔的发展空间。由文化大省向文化强省迈进的战略决策，为江苏文化大发展大繁荣，营造了非常好的环境和气氛，让一些身怀绝技、热心公益的"文化人"心动起来。他们大都以"自我投资、自愿组合、自负盈亏、自我发展"的方式，自办文化机构，因而具有框框少、包袱轻、成本低、渠道广的特点，既为了满足个人的自娱自乐，也为满足周边群众的精神文化需求。

3. 缘于社会责任和自身价值的追求

社会力量办文化的动力来自于公民对文化的需求，来自于创办者对文化的热爱和追求，来自于文化的魅力和传播文化的责任与使命，其行为往往是能动的且心甘情愿的，已经把个人得失、预期状况了然于胸。他们所办文化主要是为满足人们娱乐、休闲、健身、求知、审美、交际等精神需要，往往表现在不收费或低收费上，服务的内容是公众所喜闻乐见，健康有益。民办公益文化最为显著的特点是以社会效益为目标，兼顾经济效益，它的发展需要借助于良好的发展环境和行业者自身的社会责任意识。这与以营利为目的的经营性文化活动是有区别的。以我省民办博物馆为例，过去民间收藏就是藏而不露，凭由自己把玩与欣赏，很少愿意拿出来"摆阔"，更不会拿出来长期展出。而今，经济发展到新的历史阶段，民间资本迅速膨胀，人民的物质生活更加殷实，社会更趋和谐，不少民间收藏家有了展示成果的欲望，这才使得江苏境内的博物馆业显示出勃勃生机。

4. 服务社会，回报社会

人人都想拥有财富，能够富甲天下，但对待如何花钱的问题上却有不同的观念。古罗马哲学家西塞罗说过一句名言："追求财富的增长，不是为了满足一己的贪欲，而是为了要得到一种行善的工具"。美国钢铁大王卡内基认为个人财富的积聚常常有赖于社会的帮助，社会所赋予的财富应由个人回归给社会。我国改革开放以来，成功地造就了成千上万的企业家。企业发展也使一大批企业家在能力水平、眼界观念、自身修养、社会责任等方面得到增强，得到社会和人民群众的高度赞誉。江苏黄浦再生资源利用有限公司董事长陈光标，2007年为社会公益事业、扶贫捐赠总数达2.33亿元，其中捐赠现金1.31亿元，成为江苏"首善"。民营企业家陈金根先生，精心打造的静思园，已经成为吴江市对外开放、公众休闲场所和青少年教育基地。企业发展壮大，用所获得的利润回报社会、回报人民，使金钱的使用更高尚、更纯洁、更具有社会意义，已经成为不少企业家的共同心愿。

（二）江苏公共文化服务体系多元供给存在的问题和难点

在分析江苏公共文化服务体系多元供给优势的同时，也应冷静地看到现实中存在的问题和不足。概括地讲，目前江苏公共文化多元供给存在着这样几个方面的问题，即：国办强民营弱、硬件强软件弱、城市强农村弱、苏南强苏北弱。

1. 国办强民营弱

"十一五"期间，江苏各地投资亿元以上的大型文化设施项目16个，在全国率先完成乡镇文化站和村文化室达标建设任务，全省国家一级图书馆、文化馆、博物馆总数居全国第一。实施"三送"工程，累计送图书440万册，送戏1.7万场，送电影76万场。基本完成文化信息资源共享工程，建成县级支中心90个，基层服务点1098个。但民营文化机构由于未能纳入公共文化建设的整体发展规划之中，既得不到政策的保障和扶持，也得不到社会的认同和支持。民营文化机构的发展完全依靠社会团体和个人的能力，大多缺乏长远发展规划，缺少科学管理，缺少后续资金支持。

2. 硬件强软件弱

一些地方政府十分重视重点文化设施建设，近年来相继建成了文化中心，涵盖图书馆、博物馆、文化馆、大剧院等设施，但有的城市把这些文化中心建在了远离居民区的开发地段，不符合公共文化设施的便民要求，公共文化设施在公共文化服务中难以发挥有效作用；有的城市建设了剧场、大剧院，但艺术创作生产跟不上，一年中难得有几回公益性演出活动，剧院利用率较低，往往成了形象工程。一些地方的博物馆外表很气派，但藏品匮乏，难以吸引普通百姓的兴趣，博物馆自身也缺乏有效的手段组织观众前来参观。硬件强软件弱除了反映在服务内容和方法上，还体现在人才的缺乏上。无论是国营还是民营，专业人才严重缺乏。一些文化馆（站）设施建设无可挑剔，但缺少专业人才为群众提供丰富多样的文化服务。村级文化室建设在江苏许多地方实现了全覆盖，但文化室没有配备专门人才为群众提供服务，只是由村干部代为管理。一些民营的博物馆只是将自己的藏品对外展示，基本没有讲解员，没有专门的研究人员，往往由馆长一人身兼数职，担当多重角色。

3. 城市强农村弱

虽然不能一概而论，但从文化设施、文化产品、文化服务等方面的综合因素来看，总体上是这样一种格局，特别是苏北经济欠发达地区，这种状况尤其明显。

4. 苏南强苏北弱

由于经济发展的差异，苏南与苏北的差异可谓是全方位的。苏南乡镇文化站建设普遍优于苏北，在资金投入、活动开展、团队建设等方面，差别较为明显。苏南许多乡镇，每年用于文化事业的经费达数百万，众多民营博物馆、收藏馆就跻身于苏南许多文化古镇，而在苏北乡镇很少有民营博物馆等机构。

公共文化服务体系多元供给存在的难点主要在三点：其一，政策执行软弱。进入21世纪以来，中国政府特别重视加强公共文化服务体系建设，出台了不少政策法规，如《公共文化体育设施条例》《关于加强公共文化服务体系建设的若干意见》《关于加强地方县级和城乡基层宣传文化队伍建设的若干意见》以及一系列有利于公共文化事业发展的文化经济政策，但就是执行不到位，尤其是国家鼓励社会团体和个人参与公共文化服务，现实运行更是困难重重。比如，《博物馆管理办法》第一章第三条、第四条明确规定："国家扶持和发展博物馆事业，鼓励个人、法人和其他组织设立博物馆""国家鼓励博物馆发展相关文化产业，多渠道筹措资金，促进自身发展。博物馆依法享受税收减免优惠。"但在实际操作中没有细化的实施办法和具体政策。涉及民营文化机构在规划建设、税收优惠等方面就更难得到政策支持，财政补助渠道不畅通，社会资助系统不完善。其二，管理体制障碍。目前民营文化机构有的归文化部门管理，有的归民政部门管理，有的归工商部门管理，还有的归教育、科协等部门管理……多头管理难以形成合力，影响和阻碍了民营文化机构的发展。另一方面，对于一些没有在任何部门登记、无照经营的民营文化机构，缺乏相应的管理措施和办法。其三，专业人才奇缺。不论是国家事业单位的文化馆（站），还是民营的博物馆、美术馆，绝大多数都存在着专业人才断档、青黄不接或严重匮乏的状况。随着我国社会经济的迅猛发展，人民群众对精神文化生活的需求越来越高，但由于受体制等因素的影响，许多文化馆（站）多年来专业人才得不到充实，现有的人员往往年龄结构、知识结构老化，为群众提供的文化服务不仅产品单一，而且数量少、质量不高。民营文化机构的人才状况则更加不容乐观，一是很少有大学毕业的专业人才到民营的博物馆、美术馆工作，从事科研的人才就更是寥寥无几；二是民营文化机构从业人员的管理，包括从业资格认证、职称评定等未纳入相关管理范畴，使得民营文化机构从业人员的素质良莠不齐，水平高低悬殊较大（图4）。

图4　周庄画家村

四　江苏公共文化服务体系多元供给的对策和建议

作为处于社会主义初级阶段的发展中国家，公共文化服务完全由政府提供的单一性模式，肯定是行不通的。只有由政府、非政府组织以及个人共同参与的多元体制，才能在公共文化服务体系建设上走出一条良性发展之路。我们可以借鉴欧美等国家的经验，通过非营利组织直接或间接向社会提供公共文化服务。因为非营利组织介于政府和市场主体之间，既具有政府的公益性质又具有市场主体的灵活性质，避免了政府的滞后性和市场的逐利性。当前，要解决好公共文化服务体系建设的关键，一方面，各级政府应当把属于自身建设主体的职能承担起来，进一步发展和完善公共文化设施建设；另一方面，要通过法规和政策的制定，鼓励社会各界及更大范围的公众参与公共文化建设，从而弥补公益性文化产品、文化服务供给不足的问题。

1.政府加强引导

进入"十二五"新的发展阶段，中央对公共文化服务提出了新的更高的要求。各级政府要在大力推进公共文化场所免费开放的基础上，积极支持民办公益性文化机构的发展，鼓励和引导社会资金兴办国家允许的各类公共文化设施，积极引导社会力量提供公共文化服务。一是要以法律形式确定国家发展公共文化的基本政策，如出台"公益性文化事业保障法"作为文化领域的基础性法律，支持社会发展公益性文化事业，明确公益性文化单位的法律地位、权利和责任。二是要积极扩大利用社会民间资本办公益文化的渠道和领域，主动向社会推介公益文化项目，明确扶持的政策规定和准入范围，让民资、外资办文化的门槛更低、积极性更高。三是对民办公共文化在规划建设、土地征用、信贷服务、从业人员职称评定等方面，要能够做到与国有事业单位一视同仁。四是允许民办公益性文化单位根据不同服务内容和服务对象，按照有偿服务、成本收费和减免收费等不同标准，建立多层次的收费标准，使民办公益性文化单位在保障其福利性、公益性的同时，形成良性的自我发展机制。五是对那些创办公益性文化机构取得显著成效的典型，政府及文化主管部门应通过调演、表彰、命名等形式，进行广泛宣传推广、积极奖励。

2.财税有效扶持

财税等部门要根据民办公益性文化单位规模、运行状况，适时研究制定税收优惠政策，鼓励、支持民办非企业单位加快发展。建立促进民办公益性文化单位发展专项资金，各级政府可在本级财政预算中设立相应的专项资金。建立低息或免息的信用贷款制度，为社会力量进入公共文化服务领域提供信用贷款支持。不断推进和完善政府采购制度，对各类民办性质的文化设施经营文化活动项目、精品文化创作等，均应列入到政府购买和公开招标的范围内，真正让社会资本兴办的公益文化，享受与国有文化事业单位同等待遇。同时还要规范收费标准，进一步清理现有行政机关和事业单位收费，任何部门无权向民办非企业单位收取除法律法规和国务院财政、价格主管部门规定收费项目之外的任何费用。

3.资源共建共享

加强国有公共文化单位与民办公益文化单位的相互合作。国有公共文化事业单位在深化改革、盘活资产、立足惠民的指导思想下，有责任和义务帮助非政府组织把能量释放出来、潜力挖掘出来，使民办文化成为社会主义文化建设的一支重要力量，成为江苏公共文化服务体系建设的一个亮点。各级政府主办的公共图书馆、博物馆、文化馆、美术馆等事业单位，要本着开阔的胸怀、平等的心态、开放的精神、竞争的勇气，利用人才、技术、设施、管理等方面的优势，加强与民办文化单位进行多形式、广渠道、全方位的密切合作，努力做到特色鲜明、优势互补、互惠互利、共建共享。民办公益文化单位也要以社会主义文化建设者的姿态，加入到公共文化服务体系建设的行列，积极参与改革和合作，通过诚实劳动和合法经营，为推进社会主义文化的大发展大繁荣做出应有贡献。

4. 运行模式多元

当前，在江苏农村和一些经济欠发达地区，小康社会建设进程加快与公共文化设施建设相对滞后的矛盾比较突出。一方面由政府主办的公共文化设施设备陈旧落后、人才队伍匮乏、经费严重短缺，导致设施闲置资产浪费；另一方面，人民群众迫切需要享有公共文化产品和服务得不到满足，公共文化权益保护不力。事实上，政府应当在不断加大财力投入的同时，利用社会力量改变供求关系，引入公平竞争机制，确立多元化、多渠道、多机制建设和运行的新思路，以提高公共文化服务的质量和数量。通过打破部门和所有制的界限，按照确保公益性的基本属性，对闲置空关的文化设施，采用公有民营制、股份合作制、目标责任制等适应市场经济要求的新型管理体制与运行机制，切实提高公共文化设施的使用效率。

5. 人才加快培养

人才关系到社会力量办文化的实际效果和质量，甚至关系其自身的生存与发展。对民办公益文化单位业务人员，要加强业务培训，实行资格认证制度，帮助提高整体素质。政府部门要对有突出贡献的民办文化经营管理、艺术创作和工程技术人才设立奖励基金，采取文化技术、创作成果等要素参与分配的办法，调动民办各类文化人才的积极性。在强化社会文化人才建设的同时，民办公益文化单位也要建立、完善信息公开制度和承诺服务制度，规范自身行为，提高服务质量，以增强社会责任和社会公益意识，提高社会公信力。

在构建覆盖城乡的公共文化服务体系进程中，政府承担主要责任。不仅要在公共文化服务体制、公共文化基础设施、公共文化服务产品、公共文化服务者、公共文化政策法规等方面建立科学周到的法律法规，还应建立完善的公共文化产品多元供给机制，鼓励和吸引社会力量积极参与到公共文化服务中来，实现社会资源多元化整合。只有各级政府能够自觉地将所辖区域内的公共文化服务机构，且无论是政府主办或社会、私人创办，均纳入自己的视野按章管理，并提供根本保障，全省城乡公共文化服务体系建设才会得到健康有序可持续发展。

该课题列入2009年江苏省文化科研项目，2010年被评为优秀课题；2009年获中国文化报、中国群众文化学会一等奖，2013年获中共江苏省委宣传部一等奖

调研考察与思考

享受博物馆从人性化服务开始

——从博物馆、美术馆看美国、加拿大公共文化

应美国华美协进社和加拿大中国商会的邀请，我们一行6人于2013年7月15日至21日出访美国和加拿大，我们几个人的组成的队伍很有代表性，分别来自江苏省文化厅、文物局、图书馆、文化馆等单位，自誉为江苏省公共文化交流访问团。

1. 不可小看的华美协进社"中国美术馆"

华美协进社是一个以美国社会为对象，旨在通过文化教学、艺术展览等活动来传播中国文化和艺术的非营利机构，由美国哲学家约翰·杜威、中国知名学者胡适和郭秉文等教育家共同创办于1926年，已有87年历史。郭秉文先生是南京江浦人，1908年赴美留学，1914年获哥伦比亚大学教育学博士学位。回国后曾任"国立东南大学"（南京大学的前身）校长，是中国现代大学的开创人。

7月16日，华美协进社社长萨拉·J.麦卡尔平（Sara Judge McCalpin；中文名：江芷若）女士、项目主任李宁豫女士分别介绍了华美协进社的发展和活动情况。双方重点就博物馆、图书馆、美术馆等文化场馆开展社会服务进行了交流和探讨，对今后加强文化交流项目上的合作达成了意向，对江苏非物质文化遗产保护项目的交流与合作进行了沟通。

我们参观了正在华美协进社中国美术馆举办的"敦煌·丝路佛光"展，主要介绍了敦煌在北朝（420～589年）和唐朝（618～907年）时期的佛教艺术和文化变迁。这个"中国美术馆"实际规模很小，看上去不足百个平方米，但在美国它是传递中华文化的一扇窗口。华美协进社中国美术馆馆长海蔚蓝女士介绍说，华美协进社中国美术馆成立于1966年，是全美首家常年不断地、专门介绍中国艺术的美术馆，展示和介绍自新石器时代到当代的各类中国杰出的艺术作品，包括书法绘画、陶瓷、青铜器、装饰艺术、民间艺术、建筑、摄影及丝织品等。中国美术馆每年都甄选并举办具有中华文化代表性的展览及活动，受到美国大众的欢迎。中国美术馆除节假日闭馆外其余每天开馆（图1）。

2. "原生态"的美国自然历史博物馆让你身临其境

始建于1869年的美国自然历史博物馆是一座综合罗马与文艺复兴样式的雄伟

图 1 　参观在华美协进社中国美术馆举办的"敦煌·丝路佛光"展

大厦，占地总面积70000平方多米，也是世界上规模最大的自然历史博物馆之一，是全世界知名的科学、教育、文化机构。该馆有45个固定展馆，不定期举办其他主题的展览，包括动物展、古文物展等。博物馆内陈列内容极为丰富，包括天文、矿物、人类、古生物和现代生物5个方面，有大量的化石、恐龙、禽鸟、印第安人和爱斯基摩人的复制模型。馆里永久收藏了3600多万标本和史前古器物。所藏宝石、软体动物和海洋生物标本尤为名贵。该馆每年观众达400万人次。

博物馆非常大，有地面4层和地下1层，每一层的展品和布置都是"原生态"。处于一层的海洋馆仅鱼类厅就有400多种鱼类，有来自世界各地的稀有种类。在人类学展厅展示了印第安人、因纽特人、以及中美洲、非洲和大洋洲等地居民的立体模型，连同他们的生活习惯、民俗风情一起呈现在观众面前。

纽约的美国自然历史博物馆采用"生态还原"标本化石和立体化人类学馆藏的方法，这正是它最大的特色。2、3层是各种哺乳动物馆、世界鸟类展览馆和人种展览馆、爬行类动物和两栖类动物馆。不是我们传统看到的将动植物标本置于玻璃柜内，再配以简单的文字说明，而是以自然栖地及动植物实景模型，夺取你的视野，让你置身于当时社会和生活环境，这就是人们常说的"生态造境"，使观众兴趣大增流连忘返。

位于4层的恐龙馆给人印象尤为深刻。这里巨大的恐龙骨架顶天立地。虽然电影中只呈现了一具模型，但据说这里可以看到高达20多米的雷龙以及食草性的小恐龙，刚从蛋壳中孵化出来的极为难得的小原角龙标本。此外还有密尔斯坦高级哺乳类动物展览厅、蜥蜴类恐龙厅、脊椎动物起源厅等（图2）。

展览运用了许多现代科技手段，许多场景都配以现代音响效果及屏幕影像显示，给参观者以身临其境的感觉，让参观者既增加了知识，又受到历史、生态、文明等多方面教育。

3．"世界一流"的美国大都会艺术博物馆可谓货真价实

位于纽约曼哈顿岛的大都会艺术博物馆是美国最著名的博物馆，占地13万平方米，于1866年筹建，1870年1月31日正式建立，1880年迁至现址，是与英国大

英博物馆、法国卢浮宫、俄罗斯艾尔米塔什博物馆齐名的世界四大博物馆之一。大都会呈现给人们的艺术品并非美国或某个地区的藏品，而是展示了世界各地区的文化和文明（图3）。

大都会艺术博物馆收藏有古埃及、古巴比伦、亚述、地中海东部和东亚、希腊和罗马、欧洲、非洲、美洲前哥伦布时期和新几内亚等各地艺术珍品330余万件。藏品包括古今各个历史时期的建筑、雕塑、绘画、素描、版画、照片、玻璃器皿、陶瓷器、纺织品、金属制品、家具、古代房屋、武器、盔甲和乐器。大都会艺术博物馆全面而丰富的藏品，通过独特而生动的语文为你讲述世界各地文明的演进与历史的变迁的历史画卷。

图2　美国自然历史博物馆

图3　大都会艺术博物馆

作为中国观众我们最关注的还是亚洲馆，尤其是中国馆藏。大都会艺术博物馆是世界上收藏亚洲艺术品最全面的博物馆，它囊括了亚洲各国和地区的3.5万多件艺术品。中国馆藏有青铜器、玉器、瓷器和书画等弥足珍贵的各类艺术品。在早期佛教艺术展厅，有一幅绘于元代的《药师经变》壁画（长约15.2米），表现药师佛的净土世界。当时我的第一感觉就是如此珍贵的文物被外国列强盗掘心中充满愤恨。后来通过查阅资料，得知这幅壁画最早由美国著名的中国艺术品收藏家赛克勒收藏。牙医出身的他非常喜欢中国艺术品，购买了大量的中国文物。20世纪30、40年代，山西省洪洞县广胜下寺僧人为换取食物将其寺院壁画卖出。到了50年代之后，赛克勒开始捐献中国艺术品给各个博物馆。1964年，赛克勒以他母亲的名义将这幅大壁画捐献给了大都会博物馆（图4）。同时，他还捐款建造了许多博物馆并以他的名字命名，用以展出中国艺术品。1993年5月建成的北京大学赛克勒考古与艺术博物馆就是由北京大学和美国友人阿瑟·赛克勒博士合作建成的，是全国高校中唯一的一所考古与艺术博物馆。

纵观大都会艺术博物馆主楼的17个展馆，汇集了来自全球五大洲、上下五千年的各种文化和文明的艺术品。这里不仅有西方的油画和雕塑，也有东方书画和

图4　《药师经变》壁画

瓷器；既有非洲和大洋洲土著民族的木雕和石刻，也有伊斯兰世界精美的器皿和地毯。展品珍贵、精美，蕴含着独一无二的艺术价值和历史价值，令人目不暇接，叹为观止。大都会艺术博物馆每年接待来自世界各地的观众超过500万人次。参观中，有一小时的义工免费导览、一小时的画廊免费讲座，这些都深受观众的欢迎。

4. 充满神秘感的加拿大文明博物馆

加拿大文明博物馆位于首都渥太华河东畔，与国会山隔岸相望，由著名建筑设计师卡迪耐尔设计，1989年落成开馆，被誉为世界博物馆建设中的杰作。这座歌颂文明、融合了智慧与想象力的博物馆，其外型为通过层层叠叠、错落有致的曲线表现出来，富于神秘感和怀古气氛。为了整个博物馆建筑风格协调统一，其广场草地、道路等，均以优美的曲线来布局（图5）。

博物馆于1989年开放。博物馆展出着在加拿大这块土地上最早居住的印第安

图 5   加拿大文明博物馆外景

人和16世纪法国、英国移民的生活状况和文化发展过程。进入一楼展厅，那一排高耸的木雕图腾映入你的眼帘，让你有一种敬畏和神秘感。紧接着可以参观到原住民印第安人100多年前的生活状况。三楼主要展出加拿大移民的历史，以大量的历史资料，配以实物的摆放和陈设，展示了加拿大移民几百年的奋斗史，还有影音介绍。在蓝色天空下，再现了加拿大几百年来的历史变迁和发展，通过实物展品、街景模拟等，让参观者仿佛置身于历史的长河之中。展览中有1584年欧洲人在第一次来到加拿大时捕捉鲸鱼的情况，以及当时炼鲸油和加式马哈鱼肉的制作过程。还复制了19世纪时的街景，有学校、医院、酒馆、洗衣房、教堂、印刷厂、书店等情景。加拿大从最早的第一批法国移民算起，至今不到400年，是世界上年轻的国家之一，但它吸收了欧洲文明，一直跻身世界文明之列。二楼展厅由两个部分组成，一个是加拿大邮政博物馆，展出加拿大邮政历史的发展和各时期的邮票，另一个是加拿大儿童博物馆，展出不同国家民族的传统玩具。儿童博物馆堪称儿童们的乐园，孩子们在工作人员引导和保护下参与动手实践活动，与展品零距离接触，充分享受着内心的放松与快乐（图6）。

5. 加拿大国家美术馆：现代时尚，优雅浪漫

加拿大国家美术馆位于市区中心，整个建筑就是一件艺术品。入口和大厅的外观皆为亭子的造型，整个设计采用晶体构造，仿佛即将坠落的水滴。进入美术馆大门，迎面是一条长长的走廊，长85米、高19米、宽5米左右，斜度5.5度，

图 6　加拿大文明博物馆内部大厅

沿着这样倾斜向上的长廊，给人以走向无限远方之感并可以产生一种强烈的期待感。走廊尽头是高大的玻璃大厅，是美术馆举行隆重仪式的主要场所。加拿大国家美术馆的藏品涵盖加拿大艺术、本土原著艺术、欧洲和美国艺术、亚洲艺术等方面。收藏从中世纪到现在近4万件艺术作品及摄影博物馆的12.5万张摄影作品。其中有加拿大著名画家汤姆·汤普森和七人社的画展，也不乏举世闻名的画家或艺术家，例如塞尚、高更、莫奈、毕加索、梵高等的作品。加拿大国家美术馆除了收藏展示精致的艺术品和静态绘画作品，歌剧院和戏剧院还向观众提供小提琴演奏、手风琴演奏，管弦乐器表演等动态艺术表演，这使得博物馆更富有浪漫的艺术气息。加拿大国家美术馆需要购票参观，不免费。

我对美术馆门前广场上的青铜大蜘蛛雕像印象尤为深刻，在参观结束后，我还是不由自主地走到这尊艺术作品前，仰望着硕大的蜘蛛，思考着艺术家创作的意图。这件艺术品取名《妈妈》，亦有人称之《蜘蛛女》，作者是美国女雕塑家路易斯·布尔乔亚，她是20世纪最著名的雕塑家之一。该作者1999年创作的这件作品高30米，宽33米，总重量6000千克。2005年加拿大美术馆花230万美金的高价买下，成为加拿大国家美术馆的标志性展品。艺术家塑造的蜘蛛形象，充分体现了母亲"宽容、从容不迫、聪明、耐心、镇定、理性、优雅、敏感、灵巧"的性格，小而圆的身体蕴藏女性特有的纤细，而沉重结实的青铜质感却表现出母性的刚强，夸张的造型具有威胁性和保护性。2001～2008年，这只蜘蛛曾在圣彼得堡的冬宫博物馆、西班牙毕尔巴鄂古根海姆博物馆、巴黎杜伊勒里公园、伦敦泰特美术馆展出，2011年游走瑞士苏黎街头和巴塞尔公园（图7）。

在短短一周时间的参观学习中，不仅让我们了解到国外公共文化机构建设、运行、服务的理念及其现状，同时也给我们更多的借鉴和启示。

一是人性化服务渗透在设计、布展、参观、体验等各个细节。老人、残疾人可乘轮椅无障碍到达展览馆的任何地方，展品的说明大多也有盲文。展览中还设有互动区，设置许多体验性展品，可让参观者亲身感受。

二是为学生提供优质服务。美国和加拿大的博物馆是学生的第二课堂，每年都有数十万中小学生通过学校组团参观，成为学校课外教育的重要组成部分。有的博物馆还向中学生免费开设几十种课外课程，每年从参加博物馆教育活动的学生中选出代表与博物馆的科研人员一起开展长期研究项目。

三是注重加强历史知识的普及和研究。除了馆内活动，博物馆还组织了专题性移动博物馆，把科普知识直接带到学校、社区中心、公园或街道集市。博物馆与当地的公立学校广泛合作，并给这些学校的教师提供培训。有的博物馆还设有供业余爱好者进行各种科学活动的实验室、自然科学中心和市民中心。这些教育项目大大增进了公众对科学及与人类息息相关的话题的了解。博物馆的部分图书馆对公众开放，是艺术研究者和爱好者的好去处。

四是运用最先进的技术提升服务能力。在我们所访问的博物馆中发现的移动导航系统，让博物馆能随时随地和参观者对接，让他们全方位地了解博物馆丰富的资源。美国自然历史博物馆导航系统可以免费下载到手机和多种无线终端接收设备上，直接帮助游客明确

图7　加拿大美术馆广场上的标志性雕塑——青铜大蜘蛛

图8　大都会艺术博物馆

所处位置，对博物馆全部展厅、剧院、卫生间和餐厅进行导航，让游客在博物馆内行走自如。这个导航系统还通过手机的演示平台，提供图文并茂的馆藏信息和藏品介绍。甚至为游客需要定制参观路线。

五是充分利用民间力量壮大博物馆的实力。大都会属私立非营利性机构，藏品主要来自民间捐赠，体现着"美国特色"。90%以上的馆藏来自个人捐赠。美国社会许多成功人士向博物馆捐赠自己收藏的艺术品，将此举视为回馈社会的一种机会。大都会的运营资金主要来自赠款，门票收入只够贴补其中很小一部分。政府主要提供占地、水电和部分安保等方面的服务。对于文物赠品的接受、文物的购买等方面管理制度的规定都非常严格和透明。收藏的文物不仅应具有文化代表性，而且必须符合国际和美国国内的法律，来路不明的艺术品将会被拒之门外（图8）。

在对美国、加拿大的交流访问中，我们感受到了国外公共文化机构在注重彰显公共文化设施、文化品位和文化内涵，注重彰显国家的文化特色、文化魅力，注重文化传承，注重服务的参与性和人性化，注重运用现代技术手段提供服务等方面好的做法。同时我们也向对方介绍了中国公共文化服务体系建设的经验和做法，双方表达了开展文化交流与合作的意向。

《精彩江苏》2013年11月

法兰西：一个文明浪漫的国度

让我期待已久的出国培训学习终于成行了。我们一行17人从欧亚大陆长江之滨，来到一个被称之为西欧文明前卫的国家法兰西。无论是在过去还是现在，法兰西文化对世界文化都有深刻的影响，世界文化因为有了法兰西而更为精彩。在20天的培训、拜访和考察的过程中，我们不仅感受到法国文化管理上的创新理念和法国人民的友好与热情，还饱览了法国时尚、艺术、怀旧与优雅的异国风情。我想法兰西文化之所以如此吸引世人的目光，大概缘于文化的特殊魅力吧。

一　始终让历史文化灿烂

塞纳河蜿蜒曲折，如诗似画，是巴黎的母亲河，是她给这座城市带来包容世界的大文化。塞纳河的右岸雍容华贵，有至高无上的权力，有世界上最美丽的香榭丽舍大街，精品荟萃的旺多姆广场和王者气概的协和广场等。左岸文人云集、名校林立，有索尔邦大学、法兰西学院等。只有气势恢弘，神秘而肃穆的巴黎圣母院位于塞纳河中的西岱岛上。初来巴黎的人是难以区分左岸和右岸的，我们采取最笨拙的办法就是记住埃菲尔铁塔所在的一边就是塞纳河的左岸。

在巴黎无论是左岸还是右岸，进入你视野的都是一片黄墙青瓦的古典建筑和文化遗产。哪怕是街心的一座雕塑、路边的一座小教堂、民居的一扇窗都放射出历史光辉。法国人对文化遗产保护成为一种自觉的行为。他们把城市当艺术来保护、把每一条街道和住所当作博物馆来经营，这是法国人民重视和保护历史的结果，是法国人170多年来养成的习惯。法国早在1840年就颁布了世界上最早的关于文物保护方面的法典——《历史性建筑法案》。此后，1887年又颁布了《纪念物保护法》，1913年颁布了《保护历史古迹法》，1962年颁布了《历史街区保护法》。根据法律规定对文物建筑和历史建筑不得随意拆除，即使维修改建也要经过国家建筑师的指导，符合规划要求的修缮可以得到政府的资助，并享受减免税赋的优惠（图1）。

法国人认为对古老建筑最好的保护，就是要充分利用或有人居住，这样可以让附注在文化遗产上的饮食、习俗、艺术、文化等自然环境得到很好的继承。

图1　巴黎圣母院

奥赛博物馆是1898年为了迎接万国博览会在巴黎举办，巴黎奥尔良铁路公司向国家购买了这块地皮修建的火车站。火车站于1900年万国博览会开展前通车，此后由于科学技术的不断进步，原站台已经不能满足当时的需求，不得已改为郊区火车线路，直至最后被废弃。1972年，有人建议把废弃的火车站改造成博物馆，这个提议得到政府的积极支持。改造工程采用了意大利女设计师奥朗蒂的设计，奇特的构思和布局，使这个具有古典主义艺术风格的老式车站成为"欧洲最美的博物馆"，为法国增添了崭新的、富有时代气息的旅游资源。

图2　巴黎蒙马特高地画家聚集小丘广场

法国的文化遗产、古迹和自然景点众多，国家用于维修和保护的开销更是巨大。为了减轻负担，法国政府是允许出售文化遗产或自然景点的。但购买者不能改变古迹原来的面貌，内外即使维修也必须经过批准且按照要求进行。如果实在需求改造或维修也要得到社区的意见，并在法律条件许可的前提下进行。巴黎历史建筑由文化部来统一管理，对每一栋古老建筑，定期进行修缮和洗刷美容，使之永远保持历史建筑的人文精神和原始风貌（图2）。

二　炫目多彩的世界艺术之都

巴黎之所以成为世界名城，不单是因为随处可见的历史建筑和街区，更是因为珍藏在古老城市里的无数稀世珍宝。对于爱好绘画和雕塑的性情中人来说，这里足以让他们神魂颠倒，因为随时都能与写在世界美术史上流派大家的作品对话。卢浮宫始建于12世纪末，从16世纪起，弗朗索瓦一世开始大规模的收藏各种艺术品，以后各代皇帝延续了这个传统，充实了卢浮宫的收藏。法国大革命后卢浮宫收归国有并向公众开放，成为世界上最大的博物馆。这里收藏着世界上三分之一的艺术珍品，如达·芬奇的《蒙娜丽莎》、大卫的《拿破仑一世加冕大典》、德拉克罗瓦的《自由引导人民》、提香的《田园合奏》、戈雅的《索拉纳侯爵夫人像》、维梅尔的《织花边的少女》，以及阿历山德罗斯的《米洛斯的纳斯》《萨莫色雷斯的胜利女神》……每天前来参观的人群就像朝圣一样不断往里涌进，为的就是能够近距离地观赏到世界名流的作品（图3）。

与卢浮宫隔河相望的是奥赛博物馆，收藏近代艺术品4700多件，是世界上收藏印象派画作最多的地方。各种艺术展品按艺术家的年代和流派分设在大厅的不同层面。底层展出的有安格尔、莫奈以及罗丹等的艺术作品，中层包括象征主义、学院派绘画以及新艺术时期的装饰艺术作品，顶层集中展示的是印象派以及后印象派画家的作品。这里向世人展示着19世纪的艺术潮流，你可以欣赏到现代绘画之父塞尚、原始性狂人高更、激情近于疯狂的梵高，以及"野兽派"大师马蒂斯和"立体主义"画派毕加索等大家的作品，使得来自世界各地的造访者流连忘返。

巴黎浓厚的艺术氛围以及特有的热情和慷慨，吸引着众多作家、画家、音乐家、造型艺术家、雕塑家等来此寻找自己的创作灵感，实现其伟大的艺术梦想。当你置身巴黎蒙马特高地时，不仅可以领略到具有罗马式与拜占庭式建筑风格的圣心教堂，你还可以感受到画家村那种强烈的艺术氛围。每天，来自世界各地的画家云集在此，很多艺术家在这里写生作画摆摊卖艺，过着自由的艺术生活。由于毕加索在此生活十几年而留下了迷人光彩，艺术家们总想沐浴大师的灵气，实现自己的追求和梦想。尽管这些画家生活在底层，努力地为过往游客画肖像、剪侧影，但不乏天赋好、格调高，受到世人尊敬的画家。他们今天的生活状况，也许就是明天打入主流

图3　作者参观卢浮宫博物馆

社会获得认同的坚实基础。正因为他们的存在，使得巴黎这座城市的艺术氛围更贴近民众和市场。

三 文化亲民至善至美

法国人对文化艺术的尊重和喜爱，是从上而下、从古至今的渗透。早在17世纪路易十四时期，法国王室就积极鼓励和帮助艺术家与作家开展创作活动，到了法国大革命时期，卢浮宫被造成博物馆，直接向民众开放。正因为法国政府把文化发展作为基本国策数百年来始终不渝，并建立一系列的法律保障体系，才使人类保留了如此之多的历史文化遗产。

法国历届总统非常重视文化事业的发展，他们认为让每个公民参与并享受文化是政府必须做的事。原法国教育和文化部长顾问莫拉尔先生向我们介绍说，当时总统乔治·蓬皮杜明确要求建造一个具有现代巴黎象征，与当代民众生活紧密联系的博物馆以及文化活动场所和艺术创作空间相结合的艺术中心，真正实现文化和艺术的民主化、大众化，让所有人群都能得到文化享受，这就是闻名世界的蓬皮杜艺术中心。当我们驱车来到它的面前时，映入你眼帘的是四周布满不同颜色的钢管建筑，如果你步入走廊电梯，机器轰鸣和金属撞击声不绝于耳，这种前卫艺术设计给我强烈的视觉和听觉冲击，让人难以忘怀。

蓬皮杜艺术中心作为世界上最大的现代艺术博物馆，收藏的藏品起始于1907年的立体绘画至以后100多年的艺术品，计有5000多位艺术家的54500件作品。此外，还有30万册现代图书、24000种现代期刊、20万张幻灯片、15000个微缩胶卷，1万张唱片。法国政府每年投入400万欧元预算用于购置当代艺术品，同时接受个人捐赠。中心对购置和捐赠的艺术家及作品条件非常苛刻，并有严格的操作程序，以确保购买和接收捐赠的作品拥有世界顶级艺术水平。

为了给民众更多的文化关怀，除了一楼的书店、工艺品商店及餐厅收费外，这里所有服务都是免费开放的，而且处处体现了人性化、细致化、优质化的服务。在这里查阅图书与资料不需要任何证件和手续，只要座位和电脑有空，你就可以坐下来安心看书和上网，随意选看介绍各国文学艺术、科技、民俗等情况的电影、录像，音乐爱好者可以戴上耳机自由欣赏自己挑选的唱片。在蓬皮杜中心还设有语言学习室、儿童图书馆以及供孩子们学习绘画、舞蹈、演戏创作的儿童工作室。

当然法国的公共文化并非全部免费，即使是国家图书馆也会针对普通读者与专业读者的不同性质而收取一定的费用。公共博物馆每月的第一个星期六是法定免费开放日，平时只对部分人员免费。由于法国财政赤字和公共债务不断攀升，虽说用于文化投入的总量没有下降，但投入的比重相对减少，像卢浮宫这样的博物馆不仅门票不免，目前还将地下通道开辟为经营场所，以增加收入补充财政供给不足。

四　追求人与自然的和谐

法国三面临海，被英吉利海峡、北海、大西洋和地中海多面环抱着。除了本土5500公里的海岸线，海外省和海外领土还有1500公里的海岸线。漫长的海岸线，悠久的滨海文明，为法兰西民族的形成与发展做出了重要贡献。法国的沿海地区是人民繁衍子孙、积累财富和发展文化的重要地方。

海岸往往是风水宝地，但却是非常脆弱地带。为了让海岸沿线保持原生自然状态，不受工业时代、城市化建设和休闲文化的破坏，再现人类回归自然的和谐关系。法国人早在20世纪70年代就在巴黎建立法国海岸线保护观察站，同时在本土各地以及外省建有10个分站。主要任务就是购买海岸线、岛屿、湖泊、湿地，购买之后对其范围内遭到破坏的环境进行整治，使之恢复到原始状态。对原有的古老建筑在进行维修和保护后，用于特殊用途，如作为研究机构、博物馆或是酒店。1986年法国颁布了《海岸法》，各地政府和公众舆论对此已逐步有了更为深刻的理解。法国经过30年来的不懈努力，已经购买了法国海滨20%左右的土地，到2050年有望达到30%。这些被购买的海岸线，不得再次被卖出，更不受城市发展规划的限制，也不受工业化的制约，处于绝对保护之中。这一点，接待我们的法国海岸线保护观察站副主任科莱蒙先生非常自豪，他说与其近邻的西班牙由于缺乏对海岸线的保护，使得沿海周边全被城市化了，法国被保护的原始海边，却成了巨大的财富，每年吸引了大量的西班牙人来此享受大自然美好风光。我们在问及购买经费来源时，科莱蒙先生说，国家每年确保预算为5000万欧元，此外还通过各种形式进行募捐争取经费。

我们由衷地感叹法国人对人类遗产和大自然保护的高度自觉，而且从历史文化遗存延伸到海港城市、古代渔港、工业荒地、灯塔，以及大自然与历史交汇在一起的各类考古遗存。

五　法国的文化政策给我们的启示

启示一："公益性"与"自主经营"并行

法国公共博物馆、图书馆、美术馆大都有门票或收费项目，这与法国高收入和高福利有关，即使是收费，其价格也是比较低的，确保普通百姓能够承受。这

图 4　与法国国家博物馆馆长一起交流

与公共文化服务单位发挥社会服务功能并不相悖。

启示二：社会组织和私人是参与文化建设的力量之源

法国的各种民间组织、社团的基金会很多，在包括文化事业在内的各种公益事业建设中发挥了比较大的作用。我国在公益捐赠立法方面也有积极的探索，1999年出台《公益事业捐赠法》，2007年发布了《财政部国家税务总局关于宣传文化所得税优惠政策的通知》等，但由于宣传不够，操作程序复杂等原因，社会捐赠还不普遍，社会捐助、赞助文化事业规范、畅通、经常性的渠道需要加快建立（图4）。

启示三：微观管理体制是优质服务的关键

政府管理不直接介入具体的文化单位，而是通过特派员参加理事会或董事会这样的机构来宏观指导，由理事会或董事会挑选专业的经营人员管理，以达到一定的经营服务目标作为考核标准。每年经费的使用都要接受绩效考核评估，预算支出不仅要接受理事会的监督，同时还要经过国家财政、审计部门的审计。

启示四：法律是文化健康发展的护身符

公益性文化事业发展在法律的规范下，政府部门的职能更多地着眼于依法进行宏观管理和资金扶持。政府任何一项具体的扶持行为都是对法律确定的政府责任的履行，任何一笔预算的拨付都依法有据，政府的角色在法律的框架内不缺位也不越位。

原载《江苏文化周讯》2011年11月

感叹于意大利的文物保护

国际博物馆协会第24届全体大会，于2016年7月3日至9日在意大利米兰举行，这是继2010年上海大会和2013年里约热内卢大会之后，中国博物馆协会第三次参加国际博协大会。本次大会讨论21世纪的博物馆面临的重大课题：博物馆与文化景观之间的关系，以及博物馆面对所谓的露天博物馆的趋势如何保护好自身藏品并积极保护自身所在的地域等议题。

国际博协成立于1946年，是一个通过法国立法（1901年的社团法）的非营利性、非政府组织。该组织与联合国教育、科学及文化组织保持着官方联系，并在联合国经济与社会委员会上占有咨询地位。国际博物馆协会的主要任务是致力于社会自然遗产和文化遗产，包括现在的和将来的、有形的和无形的遗产之保存、延续及传播；致力于在博物馆领域追求卓越，打击文物非法交易，并对自然、人为灾害做出紧急应对；国际博协还为博物馆活动设立专业和道德标准，通过全球网络及合作项目为博物馆活动提出意见、推广培训制度、推进知识进步、提升公众文化意识。国际博协全体大会每三年召开一次（图1）。

图 1 意大利古罗马角斗场

2016年7月4日，来自世界五大洲近130个国家的3000余名博物馆专家和管理者参与本次大会。会议期间，我们参加了区域博物馆、博物馆安全、展览交流、博物馆学、博物馆数字化等国际博协不同专业委员会的会议，与国际同行分享来自中国博物馆的研究成果和实践经验。我院巢臻代表中国博物馆协会建筑空间与新技术专委会（CCAMT），受邀参加ICAMT（国际博协建筑空间与新技术专委会）会议。于会上以"汇聚、连接、协作"为题，介绍了南京博物院历时4年的建设项目——"中国博物馆建筑影像数据库"的成果及建设思路。并与ICAMT就日后关于博物馆建筑空间应用领域的研究，达成了合作交流共识。张晓婉受中国博协数字化专委会委托，受邀参加AVICAM（国际博协视听与新技术委员会）会议，并以"新技术条件下的中国博物馆发展"为题发言。故宫博物院、上海博物馆、南京博物院、湖北省博物馆、湖南省博物馆等代表的发言引起国际该领域专家们高度关注。

大会还通过了国际博协新的章程，2016～2022年国际博协发展计划等4项决议，发布了国际博协新的标志。新一届国际博协执委会也在激烈的竞争中选举产生。来自土耳其的苏埃·阿克索伊当选国际博协主席，中国代表安来顺（时任中国博物馆协会副理事长、秘书长，北京鲁迅博物馆副馆长）及意大利代表阿尔贝托·加兰迪当选国际博协副主席，来自世界五大洲的其他11名代表当选执行委员（图2）。

图2　2016年参加国际博协区域博物馆会议

　　为了珍惜难得的机会，我们参访了圣伯多禄宝库历史艺术博物馆、梵蒂冈博物馆、佛罗伦萨乌菲齐博物馆。16～17世纪重建的圣彼得大教堂是意大利文艺复兴时期规模最宏大的建筑。达·芬奇、米开朗琪罗、拉斐尔、伯拉孟特、安东尼奥·达·桑加罗等意大利文艺复兴名人都参与了这些建筑的设计、建造、装饰工作。这座被称为世界第一的大教堂，不仅是一座富丽堂皇值得参观的建筑圣殿，更是世界的艺术瑰宝，是一颗镶嵌在罗马城上的皇冠。而乌菲齐博物馆是欧洲第一家以现代艺术风格展现在世人面前的博物馆，它独具匠心的设计和构思，为广大观众提供了一个全面系统的艺术平台。最为显著的是博物馆中的藏品不时变换其展示面和摆放方式，以适应艺术潮流的起落和不断成长的审美需求。佛罗伦萨博物馆藏品浩繁，且公共收藏品一直在增长和改变，因此重新组织和作品分类，如同其他学科一样博物馆学和艺术史也一直在进步和改变（图3）。

　　博物馆独特的魅力不应该仅仅停留在馆墙之内，也应浸润到现代城市文明当中，与城市文化生活产生交流并高度契合，既能彰显博物馆自身悠远的韵味，又为城市文化景观注入高雅的品味，最终为人们带来一种独特的文明情怀和享受。意大利拥有极为丰厚的文化遗产和不计其数的珍贵文物，有3847家博物馆、240处考古遗址、501处名胜古迹，以及无数相关文化景观，这些能够完好的保存至今，与意大利政府高度重视文物保护工作和博物馆建设密不可分。

　　博物馆收藏的历史文化遗产包括建筑文化遗产，特别是一些遗址博物馆，是历史遗留的具有较高价值的文化和建筑文化。它是历史价值的守护者，又是

图3　圣伯多禄宝库历史艺术博物馆

城市规划和可持续景观的参与者，这方面意大利为我们提供了许多有益的经验（图4）。

完善的法律制度。意大利政府认为，文化遗产关系到民族特色，是国家魅力和竞争力的重要体现。《宪法》第9条明确规定："意大利共和国负责对国家的艺术、文化遗产和自然遗产进行保护。"在意大利《文化和自然遗产法》也规定："在意大利境内发现的所有出土文物都归国家所有。对于发现和报告文物的个人和团体，国家给予一定的奖励，奖励金额一般是所报文物价值的10％。"意大利政府每年用于文物古迹的保护经费高达20多亿欧元，而且逐年增加。同时为了解决文物保护经费不足的问题，政府通过多渠道、多形式筹集资金，以确保文物保护工作顺利进行。1996年意大利通过法律，将全国彩票收入的千分之八，每年约1.5亿欧元作为文物保护的资金。

图4　梵蒂冈博物馆

严格的古城保护。为了保护古城的历史风貌不被现代化建设所破坏，政府专门划出"历史中心区"，中心区内的所有建筑物的外部结构管理权属于国家。房产开发商、居民和商店经营者，只拥有房屋的所有权和内部使用权，而不能对建筑物进行整体改造。如若需要进行维修，必须获得批准方可进行。具有100年以上历史的建筑物，未经有关主管机关批准不得拆毁与改建，装修内部也须经文物部门派人检查、鉴定和批准（图5）。

可控的预防性考古。如要在考古密集区进行公共项目建设，通常在经过现场勘测、查阅资料、卫星图片数

图5　意大利古罗马遗址

据分析、地磁仪和地质雷达扫描等一系列严密的评估和论证程序后，工程才能够启动。建设过程中一旦有文物出土，会立即停工，交由文保部门组织发掘和抢救。如果是墓穴、地基、残墙等小规模的古迹，则改动工程图纸就地予以保留，使其成为新建筑中一个独特的组成部分。既保证了文物古迹不被破坏，又为新建筑增添了一份不可多得的历史神韵。

深入内心的保护意识。"意大利艺术品自愿保护者联合会""意大利古宅协会""意大利古环境协会""我们的意大利"等民间社团组织是对历史建筑和历史街区的拆迁、重建、修缮等事宜起着决定性作用的专业咨询机构。从1997年开始，意大利政府在每年5月份的最后一周都会举办"文化遗产周"活动，所有的博物馆、美术馆、文物古迹及国家级文化和自然遗产，全部免费向公众开放，增强普通市民的文化自豪感和文物保护意识，为文物保护打下民众基础；经常组织中小学生到文物景点或博物馆进行现场教学，让相关意识潜移默化地渗入他们的内心。

当然，在学习借鉴意大利政府及民众对于文化遗产保护好的经验时，也需要更多地了解他们曾经面对的、无法克服的一些困难。我们作为当代的文物工作者，必须本着对历史负责、对人民负责精神，用时代的眼光审时度势，激活文化遗产的时代之"芯"，努力探索出一条符合国情的文物保护利用之路，使之焕发出新的活力。

2016年出席第24届国际博物馆协会全体大会，期间参访了意大利部分博物馆和古遗址，该文为作者回国后撰写的体会文章

南非给我的文化印象

　　2007年8月19日至22日，我有幸随江苏文化代表团参加在南非沿海城市德班举行的第73届国际图联（IFLA）大会。来自全世界116个国家和地区的3000余名代表出席了这届凸显多元文化魅力的盛会。南非地处南半球，蓝色无垠的大海环绕三面，将南非122万平方公里的国土装扮得分外妖娆。南非种族繁多主要由黑人、白人、黄种人和其他有色人种组成。这里拥有丰富的文化遗产、美丽的自然景色和大量的野生动物资源，被誉为现代文明与原始世界完美结合的彩虹国度，成为令人神往的胜地。

　　8月19日，会议开幕典礼在德班ICC的新舞台举行，由南非著名儿童作家与诗人基西纳·姆洛斐女士主持。她不拘泥于传统的主持方式，用诗歌般的语言追溯了图书与阅读在南非的发展进程，激昂的语调、诙谐的谈吐，加上精彩的文艺节目和名人演讲的穿插，使得南非风情得到充分的展示，给我们与会者留下深刻的印象。当然最大的收获和启示，莫过于对公共图书馆未来发展走向的认识（图1）。

图 1　出席第 73 届国际图联（IFLA）大会与部分外国代表合影

"面向未来的图书馆：进步、发展与合作"是本次大会重点讨论的主题。如何有效实现其社会功能、图书馆对于人类进步具有什么样的特殊意义、在现代社会将扮演什么样的角色、以及如何应对信息技术革新带来的冲击等问题。对此大会主席爱伦·泰丝呼吁："一个有效的图书馆应当为全社会所有人搭建起平等获得占有信息的平台。"当今信息技术的发展尤其是网络文化的异军突起，导致图书馆"资讯中心"的优势地位正日渐为网络所代替。网络的发展打破了个体获取信息的地理障碍，每个人都可以在电脑终端轻点鼠标来获取自己想要的信息，人们去图书馆的需求就会明显减少。图书馆如何应对这样的变革，找准切入点加速转型应对。

首先，要融合科技多方合作。当今信息量与日俱增，远远超出了任何一所图书情报机构所能拥有或处理的范围，单个图书情报机构已显得无能为力。在这种情形下，"全方位的合作"就显得更加重要。数字时代图书馆开展形式多样的广泛合作可以是多渠道、跨行业、超地域的。例如，资源合作除去传统资源上的合作（联合采购和编目、馆际互借等），还在数字化环境中被赋予新的内容：可以是馆际资源合作，图书馆与出版社之间的资源合作，也可以是图书馆及其联盟与数据库运营商之间的资源合作。针对图书馆业务和管理活动也可以开展合作项目，包括图书馆之间及图书馆与外部相关机构在馆藏资源、人力资源、业务技术、组织文化和经费等方面的全面合作。

其次，要有吸引读者进图书馆的"魔法"。信息服务是图书馆的主体服务，不仅要在信息服务的内容上进行"深度"加工，更要通过对信息挖掘、综合、分流、过滤，给用户提供便捷精确的信息服务，而且在服务方式上要勇于拓展。信息服务的深化表现为图书馆的服务必须是积极的，要强调文献的主动传送而不能局限于静态的文献储存。这就要针对教学、科研、政府工作者、学生、商人、市民等不同身份的读者群体，量身定制他们需要的信息，有选择地把信息传送给特定的用户。图书馆除去提供阅读资料和场所，还要提供文化娱乐、展览、讲座、餐饮休闲等延伸服务，为市民营造出文化色彩浓厚的休闲环境。再就是扩展图书馆的虚拟空间，通过电脑终端将触角延伸到世界的每一个角落。

再次，呼唤更高层次的从业人员。服务上的创新与调整无疑对从业人员提出了更高的要求。合格的从业人员不仅要有较高的综合素质，还要具备特定门类的专业知识，能够独立完成某一领域的课题研究。能否形成高素质的从业群体，一方面取决于个体是否能够勤奋学习、自我完善，另一方面也取决于相关机构是否能为员工的全面发展创造良好的条件。在其业务人员的管理上，需要讲求方法，注重实效，要能够构建公平、公开、公正的竞争机制，能够提高本机构的核心竞争力，能够充分激发员工发挥工作热情，自觉完成知识升级与更新，以实现从文献资料的保管者、文献的传播者向信息资源的管理者、信息知识的教育者和领航者转变。

此次出访南非包括来去行程仅有一周时间，为了珍惜这次机会，我们专程赶往比勒陀利亚。这里是南非的行政首都，各国使馆都集中于此城。比勒陀利亚还是一座花园式的城市，市内种满多姿多彩的乔木和灌木，郁郁葱葱。曾经同事多年的沈鸣先生就在中国驻南非使馆工作，在他的陪同下，我们参观考察了比勒陀利亚艺术博物馆、比勒陀利亚大学艺术博物馆、南非国家文化历史博物馆、南非先民博物馆等公共文化设施（图2）。

图2　南非先民博物馆

图3　在南非比勒陀利亚艺术博物馆参访，与该馆策展部主任德奇·奥戈马先生合影

比勒陀利亚艺术博物馆始于19世纪早期，馆内不但藏有荷兰和英国殖民者的古典艺术作品，现代艺术作品也有充分的收藏和展示。比勒陀利亚艺术博物馆的策展部主任德奇·奥戈马先生特意带领我们参观了该馆专门展示南非本土艺术家、南非海外移民艺术家以及南非移民海外艺术家的常规展厅。在与南非同行的交谈中我们发现，在培养艺术新人方面，南非的艺术博物馆也是想方设法、不遗余力。比勒陀利亚艺术博物馆经常为通过审核的青年艺术家无偿提供场地进行作品展出。访问当日，我们正好遇见了该馆正在举办的旨在挖掘青年艺术家的"新印记·青年艺术创作比赛"艺术展（图3）。

南非国家文化历史博物馆是南非国家博物馆中收藏展示历史、人类学、考古和自然史的主要博物馆之一。

它曾经从属于南非国家自然历史博物馆，于1964年从自然历史博物馆分离独立，1997年将一家造币厂改造为新馆。馆长尼奥·玛拉奥女士对中国文化颇有研究，侃侃而谈十分友好。她亲自带领我们参观了博物馆的主要展厅，从原始文化、近现代土著文化、殖民文化，一直到外国文化和当代文化，一直绘声绘色不停地给我们介绍。高兴之余，她又带领我们到戒备森严的地下仓库观赏其馆藏珍品。在南非历史文化博物馆里，原始文化、近现代土著文化、殖民文化、外国文化和当代文化异彩纷呈、交相辉映，我们甚至还看到来自中国、埃及等文明古国的精美收藏（图4）。

　　南非博物馆充分为观众设想，在很多细节处理上更具人性化。博物馆的各种指示标识非常明确而且醒目，即使是残疾人也可以非常容易地发现和到达想去的地方；展厅入口的幼儿托管处为带有幼儿的观众解除了后顾之忧；展厅内外的座椅，不但让观众得以短暂的休息，在展厅内也可以静坐观摩；餐厅和商店满足了观众餐饮和购买工艺品的需求。南非是一个艾滋病高发的国家，国家文化历史博物馆每年12月都要举行防治艾滋病的宣传活动，以唤起民众对艾滋病的关注。为了解决民众受教育水平普遍不高的问题，有的博物馆专门设置教育部，配合展览定期举办针对文化、历史的公益课程，为知识水平偏低的民众跨越知识门槛提供帮助。比如国家文化历史博物馆现在正针对一个考古发掘的铁器时代陶塑展开设了考古学方法论、理解和重建过去、器物描述、遗产保护和口述传统的角色等专题讲座。

图4　南非国家文化历史博物馆馆长尼奥·玛拉奥女士为我们现场参观讲解

图5　与南非国家文化历史博物馆馆长尼奥·玛拉奥一起交流

　　南非博物馆在展品的陈设上亦有创新之处，不仅仅"供人看"，还可以"给人收益或乐趣"。他们拆掉展柜玻璃，设立多个体验展馆，很多展品是裸露展出的，观众可以"零距离"地观察；甚至专门布置模型道具，供学生触摸体验，有些还可以亲手操作，比如古代的乐器、粮食加工工具、纺织工具等，使观众得到更为生动直观的体验。南非的公立博物馆保持了"非营利""公益"的原则，门票价格相当低，甚至有的免费。国家文化历史博物馆门票面值是30兰特（Rand），低收入家庭则为10兰特，儿童、残疾人参观免费，国家节日则全部免费开放，博物馆的问讯处皆有大量介绍展览、藏品以及其他服务内容的宣传册页，观众可免费索取（图5）。

　　尽管南非的公共图书馆、艺术馆、博物馆等文化设施与我国相比规模较小，实力较弱，但其公益性文化设施强调对社会的回报和责任，在功能布局上的人性化、便利性，还是值得我们学习和借鉴的。南非是发展中国家，在当今世界的影响越来越大。由于其特殊的历史背景，南非犯罪的频发，就在国际图联大会召开的前后，就有几起针对华人的抢窃枪击案。出于对安全的担心，加上大使馆沈鸣先生的反复叮嘱，原本对一些演出场所和其他考察活动的安排只好取消了，留下不小的遗憾。

原载《江苏文化周讯》2007年9月4日（略有删减）

江苏民间艺术之乡建设研究

在新的世纪，文化在综合国力竞争中的地位和作用越来越突出，而民族文化又是凝聚民族力量的核心，因此，文化成为与国家利益密切相关的大事。有迹象表明，随着经济全球化进程不断深入，文化流动的速度在加快，而这种流动往往是强国向弱势国家渗透，这一现象引起了包括中国在内的发展中国家的高度重视和警惕。中国民间艺术是中华民族文化艺术宝库的重要组成部分，是人类共同享有的精神财富。保护和拯救有着上下几千年文明史的中华民族民间传统文化，这在全面建设小康社会，应对西方文化严峻挑战的今天，显得比什么都重要。江苏作为经济和文化大省，从20世纪90年起，抓住以继承发展民间艺术、弘扬民族精神为主体的民间艺术之乡建设，取得了令人瞩目的成绩（图1）。在全省范围内，基本形成了一批集集藏、研究、展示、开发于一体的特色化、网络化的民间艺术之乡。

图1　由文化部主办2011～2013年度"中国民间文化艺术之乡"、第三次全国文化馆评估定级命名颁牌仪式在江苏省常熟市举行

一　江苏民间艺术之乡基本构成

江苏于1996年首次进行民间艺术之乡命名工作，此项活动结合文化先进县（市、区）、文化先进乡镇的争创同时展开。到2003年为止，全省已建成73家民间艺术之乡，其中56个县（市、区）乡镇被省文化厅命名为江苏民间艺术之乡，33个县（市、区）乡镇被文化部命名为中国民间艺术之乡和中国民间特色艺术之乡，16个县（市、区）乡镇被两级政府文化部门同时命名。从被命名的民间艺术类型来看，属于物质文化形态的民间艺术之乡为40家，占命名总数的55%；属于口头及非物质文化形态的民间艺术之乡为33家，占命名总数的45%。此外，13个省辖市也就所辖地区的民间艺术之乡进行命名。现就江苏境内已经建成的民间艺术之乡进行综合分析来看，其形成因素可归纳为五类：

1.源于历史遗存

属于该民间艺术项目产生的源头，是当地历代劳动人民共同创造的，被世人所公认的优秀民间艺术之乡。昆曲之乡昆山市，早在元代后期，南戏流经昆山一带，与当地语言和音乐相结合，经过一代代民间音乐艺人长期的演唱和改革，这种流行于当地的民间曲调演变成了委婉细腻、流利悠远的昆腔歌唱体系。到明代万历年间，昆曲的影响便以苏州为中心扩展到大江南北。建湖县庆丰镇，是著名的杂技之乡，与河北吴桥和山东聊城并称为我国杂技艺术三大发源地。早在唐代，"十八团"（指庆丰镇18个自然村庄）艺人就在江淮一带表演百戏。时至今日，该镇还有4个民间杂技团队，活跃在全国各地，并先后为全国20多个杂技团输送了120多名演员。无锡惠山泥人相传始于春秋战国时期，盛行明清年间。惠山地区的居民几乎家家善泥塑，能工巧匠层出不穷，代代相传（图2）。

2.源于自然优势

优越的自然资

图2　《李慧娘》　喻湘莲塑　王南仙彩绘　无锡博物院藏

源为江苏传统手工艺的发展提供了有利条件，也为民间艺术之乡和特色民间艺术之乡的建立打下了坚实的基础。陶艺之乡宜兴市丁蜀镇，盛产澄泥陶，其颜色发红，故称紫砂。因宜兴丁山、蜀山一带有紫泥、朱砂泥和团山泥，是一种天然优质黏土，将其混合炼熟，制成各种茶壶。"家家做坯，处处皆窑"，即为丁蜀地区的真实写照。明清至今，宜兴陶艺生产规模不断扩大，成为中国著名的陶都，产品远销国内外。蚕桑生产在江南太湖流域有着悠久的历史，晚唐诗人陆龟蒙描写太湖农村景物的诗中，有"桑柘含疏烟""处处倚蚕箔"之句，反映了蚕桑事业蓬勃发展的动人景象。此后吴地蚕桑事业已经成为全国蚕桑业的中心，有力地推动了江南丝织业的发展。刺绣作为吴地蚕桑文化的结晶，同样得到很快的发展。到了清代苏州已有"绣市"之称且名扬四海。时下苏州镇湖镇仍有"八千绣娘"壮观情景。地处苏北大地的铜山县汉王乡，全境共有大小山头136座，储藏着大理石、花岗岩、竹叶石、汉白玉等10多种优质石料。当地百姓祖祖辈辈以石刻谋生，造就了一代代心灵手巧的石刻艺人。

3. 源于民俗民风

江苏文化繁茂，资源丰富，金陵文化、吴文化、楚汉文化、维扬文化等区域文化自成一色，充满个性和生机。各地区人民的风俗习惯世代袭传，使许多民间艺术之乡仍带有浓厚的民俗民风。里下河地区的姜堰市溱潼镇，每年逢清明节该镇百姓自发举行会船活动，这一习俗已有几百年历史。相传，南宋绍兴元年，山东义民张荣等人率众接应岳飞官兵，与金兵转战溱潼，金兵大败，义民伤亡惨重。当地百姓义葬阵亡将士，并在每年清明节撑船祭奠，后逐渐演变为今日的会船习俗。从1991年起，泰县（现姜堰市）人民政府正式把这一民俗活动定为一年一度的"溱潼会船节"。南京市秦淮灯彩是民俗文化一大特色，素有"秦淮灯彩甲天下"的美称。每年春节至元宵节期间，有数百名本区业余扎灯艺人在展销自己的彩灯。通州市李港乡每年农历新春到清明节前的三个月内，男女老少欢聚旷野放风筝。这里的风筝是南通哨口风筝（又称板鹞）的代表，满天的风筝，高低不同的哨音如万马齐鸣，被誉为"空中交响乐"。新沂市合沟镇的剪纸（门笺），海安县、太仓市新湖镇、锡山市玉祁镇的龙舞、龙狮舞，以年复一年的春节、元宵、中秋等时令佳节或重大庆典都有活动。

4. 源于文化交融

江苏民间艺术在其形成与发展的历史长河中，注重融合与吸收周边地区文化精髓，来丰富自身的内容与形式。在相互交流与互补中，既保持了本地文化的特色，又孕育出新的文化形态。发绣是民间艺术中的珍稀品种，最早的发绣作品是南宋时期的"东方朔"绣像（现藏英国伦敦博物馆），至晚清时发绣已濒于失传。20世纪50年代以后，先是苏州的技师和女工们，挖掘传统技法，使发绣

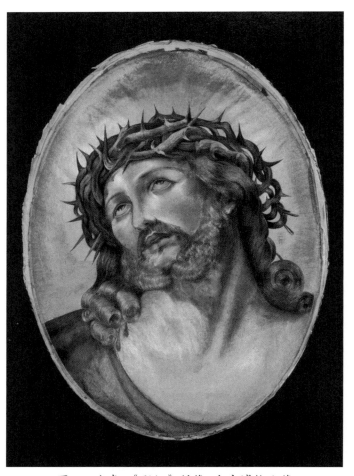

图3　沈寿《耶稣》绣像　南京博物院藏

艺术重绽新姿。20世纪70年代苏州的几位艺人，把这珍稀的技艺带到了东台，从此，发绣很快在这一地区得到发扬。同时，艺人们又不断创新和发展，巧妙地把中国刺绣的双面技艺移植到发绣中来。短短几十年成功地造就了"发绣之乡"。挑花，这种传统的民间艺术，在全国不少地区都有。丹徒县上党镇的挑花，吸收借鉴浙江、湖北等地的挑花手法，融合了刺绣、花边、编结等艺术特长，改变了几百年来单一的拼接法。花色品种也由过去的衣物领口、裤边、肚兜、鞋帽、枕套，发展到餐套、披肩、沙发套、被套、坐垫等。现有命名的剪纸、绘画、雕刻、灯谜、小戏等众多民间艺术之乡，也都直接或间接地吸收了其他地区优秀民间艺术的成果（图3）。

5. 源于推陈出新

民间艺术之乡并非是保守传统艺术，它提倡对民间艺术的发展和创新。因为人类生活、生产方式在变，审美观念、娱乐形式在变，传承的自然环境、人文环境在变，旧形式逐步走向衰落，新样式不断被学习借鉴，并且努力与现代人的审美需求结合起来，这是社会发展的规律，也是民间艺术发展的规律。书法之乡昆山市正仪镇，从20世纪80年代以来，地方政府就把书法作为本地特色文化加以培植，在培养人才、开展活动、对外交流、兴办学校等方面，采取了切实有效的措施，现在全镇有12000多名书法爱好者。该镇每年举办三次千人书法讲座，每两年举行一次千人书法大赛，就连村、企业都建有书法协会。最早被文化部命名为农民画乡的邳州市、淮安市博里乡、六合县四合乡，都是农民们在闲暇日子里，按照自己的审美习尚，把他们最熟悉的事物、最深切的感受、最美好的愿望挥洒在画纸上，洋溢着浓郁的乡土味和时代感。这些农民画乡既能够各树一帜，又能表现出一种力求融通、力求综合的共同倾向。句容市少儿故事之乡，东海县、睢宁县的儿童画之乡，扬州广陵区的古筝之乡、武进市的摄影之乡等，都是在我国进入改革开放以来，广大人民群众新推出的民间艺术。

二 江苏民间艺术之乡之特点

江苏民间艺术之乡在创建过程中，突出了它的资源特色、历史背景、群众参与、活动规模、风格特点、社会作用和成果影响等自身的文化特质。纵观民间艺术之乡之间，可以看出相互之间的共同性和差异性。所谓共同性，是从整个中华民族文化发展的历史背景和江苏全省这个大区域范围来看的；所谓差异性，是从各民间艺术之乡自身小的区域范围来看的。具体说来江苏民间艺术之乡总的特点，大致有这样五个方面：

1. 鲜明的地缘性

江苏地理位置优越，辽阔的平原，纵横的水网，肥沃的土地，广阔的海涂资源，是全国少有的水乡地区。生活在苏南、苏中、苏北以及苏东沿海等不同区域的百姓，由于各自的生态环境、经济发展状况、文化教育、生活习俗等因素，对某种文化容易产生共鸣，形成共同的爱好，正所谓乡音、乡情、土风、土俗养育一方人，同时也孕育一方文化。大凡民间艺术的发源地或民间艺术的中心形成区，它的这种自然（指河流、气候、地理等条件）区域性表现非常强烈。

2. 广泛的群众性

这是评判民间艺术之乡的重要因素之一。由于民间艺术的创作者和欣赏者是广大人民群众，艺术形式和思想内容符合群众的要求，因而容易得到广泛流行。如若没有群众的广泛参与，就谈不上群众的认同，也就没有了民间性。这种群众性是人们自觉的、主动的行为，绝不是某种行政干预或外力强加上去的。在命名的民间艺术之乡中，都拥有一批以当地群众为主体的骨干队伍，而且是民间艺术特色越强，参与的群众往往越多。

3. 风格的独特性

江苏民间艺术种类繁多，各自风格独特，这就决定了民间艺术之乡和特色民间艺术之乡命名的多样性。就江苏民间艺术风格而言，南北差异十分明显。苏南的山歌、舞蹈、民乐、彩灯、剪纸、刺绣，体现出江南水乡的细腻、柔美、纤巧和灵秀；苏北的鼓舞、杂技、曲艺、石刻、风筝、农民画，则表现了黄淮文化的挺拔、刚劲、粗犷和淳朴的特质。即使是同样的民间艺术品种，相互之间有不少兼容的成分，但仍保持着南北地区不同的风格特点。如邳州剪纸与金坛剪纸，南通板鹞与徐淮风筝，赣榆殷庄锣鼓、泗洪天岗湖乡锣鼓与南京东山镇的方山大鼓，海安的龙舞与锡山市玉祁镇、盐都县义丰镇的龙舞，这些民间艺术都以各自传统技艺为主，尽显自己独特的风采。

4.较强的传承性

民间艺术的传承性在民间艺术之乡中，表现尤为突出。故事、山歌、狮舞、龙舞、高跷、鼓舞等，这些民间艺术以集体创作集体流传的方式进行，经过一代又一代人口传心授发展起来的。雕刻、刺绣、曲艺、杂技、民乐演奏等，多为家庭祖传、师父带徒弟等方法继承下来的。这些民间艺术传统与人民生活密切相连，在传承的过程中，无数群众和艺人不断加以改造，代表了广大劳动人民审美心理和价值取向。

5.广阔的市场性

民间艺术之乡是政府文化部门对某一地区民间艺术发展规模特质等方面的综合评价和肯定，代表某种民间艺术的品牌，含有知识产权，是一种无形资产。民间艺术之乡只要把它的民艺产品与市场紧密结合起来，其经济力、影响力和辐射力就会表现得非常充分。许多古老的民间艺术之乡，其艺术产品很早就投入作坊生产并进入市场销售，成为当地人们维持生计的主要来源。当今，由于经济的快速发展，科学技术日益发达，不少民间工艺品，已经进入了产业化、规模化生产。尽管如此，但其手法、技法、材料上的大部分，仍然保留传统的精华。苏州刺绣、无锡泥人、宜兴陶艺、吴中石雕、秦淮彩灯等民间艺术之乡的工艺产品，不仅得到了有效的开发，而且成为出口创汇的大户。

三　江苏民间艺术之乡发展之路

党的十六大明确提出，要"弘扬和培育民族精神""扶持对重要文化遗产和优秀民间艺术的保护工作"。这是党中央向全党和全国人民发出的号召，是时代发展的必然需求。可以肯定，今后民间艺术的挖掘保护工作，将会得到进一步加强，我国民间艺术之乡建设也将会深入向前发展。实践证明，现行国家和省两级民间艺术之乡的创建，既有利于优秀的民族民间艺术瑰宝的传承和保护，又有利于迅速提升民间艺术之乡的知名度，打通走向世界的品牌效应。同时，民间艺术之乡又有着综合利用和开发的价值，引导人们树立正确的民间艺术保护观，维护和营造良好的文化生态环境。当然，在民间艺术之乡建设中也有值得总结和应当引起关注的问题：如无序开发，良莠混杂，影响信誉；靠少数艺人或个别工艺厂苦撑，基本队伍力量薄弱；重建轻管，忽视创新和发展等。因此，深入持久地把创建民间艺术之乡活动开展起来，就必须在培育特色、提高内质、合理利用、创新发展等方面加大力度，认真经营好已建设起来的民间艺术之乡，这是时代赋予的新的历史使命。

1. "特色" 是民间艺术之乡立身之基

民间艺术之乡是指在一定区域范围内，形成的具有地方色彩、历史传统、独特风格、较高品位，受当地民众喜爱并广为参与的特色文化形态，并且得到社会的普遍认同。江苏是中华民族最早进入文明开化的地区之一，劳动人民世代相传的民间传统文化更是流派纷呈，丰富多彩。因而，民间艺术之乡的建设也应呈现出多样性。由于经济全球化加快了文化的相互渗透，人们的思维方式、价值观念、审美要求发生了巨大变化，一些历史悠久的民间艺术流传范围缩小并逐渐消亡。如蜚声海内外的苏州桃花坞年画、无锡纸马、南通扎染、常州挑花、南京白局、扬州清曲等都已经消亡或即将消失。此情此景建设富有特色的民间艺术之乡，似乎难以成就，寻找特色就更难了。唯一的出路就是俯身向下，因为特色就散落在山坳田野，深藏城池街坊。只要我们把目光和注意力集中到社会底层、集中到民间百姓，就会挖掘出蕴藏在民间中的艺术珍宝来。选定怎样的特色艺术作为民间艺术之乡来培育，需要睿智和慧眼。通过甄别、筛选，把那些具有个性特征的民间艺术，加以培育和发展，不断彰显其能、褒以其用，为民间艺术之乡建设奠定坚实的基础。

当然，这种特色必须是当地所特有的、个性非常鲜明的、有历史渊源的优秀传统民间艺术，或者是在现代文明熏陶下，本地文化与外来文化融合而孕育出的，能够体现当代文化风采，又不失地方个性特征的新的文化形态。如果不是这样，即使名义上建起了民间艺术之乡，也没有其生存的土壤和空间。民间艺术之乡的特色，包含了当地劳动人民强烈的民族感情，老百姓特别喜爱，难以割舍，而非长官意志所能左右。因而，建立民间艺术之乡本身就杜绝带有 "政绩" 色彩的狭隘行为。现在有一些艺术之乡，有趋同化倾向，缺少个性，不仅特色不够鲜明，而且影响力、辐射力微弱，这种 "特色" 容易枯萎凋谢。

2. "内质" 是民间艺术之乡品位之魂

建设民间艺术之乡，不仅要考虑到它的普及程度、从业艺人的人数，而且对这种艺术形式的特点、风格、功能以及民间艺术大师对外的影响力，特别是当地民间艺术品本身的内质如何，要进行客观公正的评判。在全球化、信息化的背景下，民间艺术之乡的建立，是抢救和保护我国传统的、优秀的民间艺术采取的有力措施。现在，关键的问题是对已建的民间艺术之乡要着力提高艺术产品内在的质量。有了质量保证的艺术产品，才有走出国门参与国际文化交流的可能。不容忽视的是当前少数地区出现的无序竞争、粗制滥造、互相诋毁的现象。宜兴市丁蜀镇是中国民间陶艺之乡，该镇街道两侧紫砂壶品种繁多，目不暇接，价格低廉。而标价在几千元的 "大师名壶"，只要你会还价，几十元就可以拿走，因为这是些冒牌的仿制品。再如，东台发绣作为有其鲜明特色的珍稀工艺品而成为中

图4　"江苏周"　宜兴紫砂陶艺展演

国民间发绣之乡。当你走进台城众多发绣店时，会发现不少款色、画种差不多，呈现的是低水平重复抄袭。倘若艺术之乡的乡民们靠吃品牌过日子，而不注重提高产品的艺术质量和技术含量，最终将是砸牌毁誉，使本来可以增值的工艺品，逐渐丧失其应有的价值（图4）。

3. "利用"是民间艺术之乡建设之本

充分利用民间艺术之乡自身的价值，使其作用于社会、效力于人民，渐而让世界了解悠久灿烂的民间艺术，让伟大的民族民间艺术融进世界文化大潮，这是建设民间艺术之乡的根本目的。因此，我们的利用必须建立在对民间艺术之乡自身本质及其价值的认识上，而不是肤浅的、表面的、情绪化的冲动，更不是人为作秀。民间艺术之乡各自艺术形式不同、风格特点不同、功能不同，需要科学合理地开发：有的可以作为新的经济增长点进行产业开发；有的可以作为民众审美娱乐活动样式加以推广；有的可以作为民间文化遗产保护起来；有的可以作为文化生态环境进行开发利用；有的也可以作为一种民俗民风加以倡导和弘扬。铜山县汉王乡石刻已经从传统单一的刻碑打石，发展到生产各种大中型石刻艺术产品，其石刻艺术品不仅走向大江南北，而且漂洋过海冲出国门。苏州镇湖镇是饮誉世界的刺绣之乡，刺绣成为本地文化产业发展的高平台。当地的刺绣一条街拥有280余户刺绣专业经营户，去年全镇仅此项收入就达1.8亿元。海门市麒麟镇从事红木雕刻的艺人有3000多人，产品上千个，年销售额逾亿元。不少书画之乡从业者甚多，产销两旺，经济效益十分可观；一些鼓乐、龙狮表演为主的民间艺术之乡，甚至组建公司走出村户、走向市场。昆山市正仪镇的书法、江阴市的民乐、姜堰市的溱潼会船、南京江宁区东山镇的方山大鼓等民间艺术之乡，虽然不能直接产生经济效益，但对丰富当地群众的精神文化生活，扩大对外文化交流，提高地方知名度，改善投资环境，为经济建设服务却起到了积极的影响。对历史悠久濒临消亡或逐渐衰落的传统老牌民间艺术之乡，要采取果断措施进行抢救性保护。苏州市政府为了保护有着350多年历史的桃花坞木刻年画，于去年将桃花坞木刻年画社并入苏州工艺美术职业学院作为下属研究所，既增添了丰富的教育资源，又避免了这种民间传统工艺的失传（图5）。

4．"创新"是民间艺术之乡发展之路

打造出来的民间艺术之乡，需要社会各界、全体民众齐心协力共同爱惜它、保护它、创新和发展它。高举民间艺术之乡建设的创新旗帜，这是历史的选择，是中华民族民间文化振兴之路。创新，离不开孕育她的民族特性和民族习惯，这是继承民族文化的血脉基础。把民间艺术融入社会发展的大环境，有针对性的进行调整和改造，包括其价值立足点的转移，是我们的一项长期任务，也是我们继承和发扬优秀传统文化，繁荣先进文化的重要实践。

图5　南京云锦织造技艺

有创新才有发展，而创新靠的是人才，这是硬道理。没有精兵强将，"牌子"再硬也叫不响。要打破普遍存在的家庭、师徒等单一的传承方式，采取多渠道、多层次培育措施，让新一代民间艺术家脱颖而出。金坛市水北镇一位61岁的面塑艺人彭国生，求学无门，于去年自费跑到南京仙林大学城拜师学艺。老人14岁起跟母亲学艺，技艺娴熟。可老人家自我感到祖传的手艺活有点跟不上时代。用他的话说，自己生活在农村，眼界不宽，向大学老师学习，是想提高自己的面塑水平。"艺人"求学难，反映了当前社会对民间艺术教育问题的严重失误。文化馆、文化站、少年宫等社会公益性文化单位，首先要承担起责任，定期举办各种民间艺术培训班，满足人们学习优秀传统艺术的需要；大、中、小学的课程中也要增加民族民间艺术课的内容，让年轻一代了解和接受民族民间传统艺术。事实上，在现有命名的民间艺术之乡中，最为紧迫的问题是民间艺人总量不足，艺术水平层次偏低，各艺术门类大师级名人缺失。因此，要求得民间艺术之乡的健康发展，就必须重视民间艺术人才的培养，建立鼓励民间艺人脱颖而出的人才培养机制（图6）。

开展创建民间艺术之乡活动是政府行为，具有一定的权威性、导向性、辐射性，社会公认度比较强。但面对瞬息万变的现代社会，需要保留更多的民族民间艺术精华，就必须与时俱进，不断创新。对申报命名的地区要从民间艺术的成因、规模、队伍、成果、影响等方面作比较科学的评估，门槛不宜太低。对已命

图 6　昆曲被联合国教科文组织宣布为第一批人类非物质文化遗产代表作

名的地区，应当进行跟踪管理，定期检查，并实行淘汰制。对少数出现萎缩或已经名存实亡的，责令整改或剔除出民间艺术之乡之列，以保持民间艺术之乡命名的严肃性和规范性。据悉，民间艺术之乡建设，已被正在启动的《中国民族民间文化保护工程》列入其中；《中国民族民间文化保护法》亦已形成草案，列入了全国人大常委会的立法日程；《中国民间艺术之乡和民间特色艺术之乡命名管理办法》也正在研究制定之中。相信这一系列法规性、政策性、指导性文件出台后，对全国各地民间艺术之乡的健康发展，将会起到极大的推动作用。

原载《中国文化报》2003年8月13日，2003年获全国公共文化论文大奖，2005年获江苏省文化厅全省文化理论创新工程一等奖，入选《文化与时代同行》，南京出版社，2005年

文化惠民永远在路上

多年来江苏始终坚持把文化惠民作为改善民生的重要内容，设计精美、功能齐全的图书馆、博物馆、文化馆、美术馆等公共文化活动场所星罗棋布。站在新的起点上，江苏文化建设如何"再上新台阶"，让老百姓感受到文化的温暖和力量，我认为落脚点还应在"文化惠民"这个关键环节。

配置文化设施要更加"人性化"。江苏公共文化设施覆盖率已达95％以上，人均拥有公共文化设施面积达0.14平方米。在全国"两馆一站"的评估定级中，一级馆总数居全国之首。尽管江苏文化设施越来越高档，但基层文化设施建设仍有上升空间，需在整体布局上进一步均衡，设备配制上更加实用和先进，管理机制上进一步完善和优化，彻底改变少数地区文化设施功能单一、设备陈旧，甚至将文化设施用于出租、挪作它用和长期空置的现象。要适应推进城市化和建设社会主义新农村的要求，既重视城市"大剧院"建设，也不忽视乡村"小戏台"建设。要特别关注新的文化形态的出现与发展，加快流动文化设施和数字文化建设，实现全省基层文化服务点"中国文化网络电视"互动播出终端全覆盖。对人民群众特别喜爱的文化广场，应当从规划引导、检查确认、活动组织、信息发布等系列规章制度入手，建立良性运行机制，做到乐民不扰民、开心不闹心（图1）。

开展文化活动要"接地气"。开展群众便于参与、乐于参与的文化活动，是实施文化惠民的重要载体。要杜绝脱离实际充满奢靡之风的"大制作""大投入"，把重点放在亲民接地气的群众性文化活动的组织和引导上来。基层图书馆、文化

图1　江苏大剧院

馆、博物馆、美术馆等单位要丰富并提升免费开放内涵和能级，努力打造基层特色文化活动品牌，以富有时代感的内容形式，吸引群众广泛参与。继续提升"区域文化联动""激情周末""社区天天乐""百姓大舞台"等一大批特色群众文化活动内涵，弘扬具有江苏地域特色的优秀传统文化活动，既保留更多民间艺术精华，又能在有效保护的过程中创新发展。如溱潼会船、秦淮灯会、庙会等民间艺术活动，因其社会公认度比较强，代表了广大劳动人民的审美心理和价值取向，人们参与往往是自觉主动的。充分利用丰富的文化资源，组织开展"文化下乡""文化进社区""高雅艺术进校园"和群众文艺精品巡演、展示等公益文化活动，支持、爱护、引导各种群众性文化团队参与群众文化活动的热情，尽可能给予更多的辅导、指导，为他们参与公益文化活动搭建平台（图2）。

购买文化服务产品不可"任性"。惠民文化产品，既然"惠民"，一定是雪中送炭锦上添花的好事，是群众真正想得到的。政府及文化部门应当通过需求进行定制"可以给予"的文化服务产品。各级文化馆站、图书馆、博物馆、展览馆、美术馆、体育馆等公共文化单位，应当充分发挥其人才优势、专业优势，挖掘潜力开发紧随时代发展、适合群众身心健康的延伸服务产品，满足老百姓不同层次的文化需求。要进一步发挥国家和省级艺术精品工程的引导带动作用，把那些体现社会主义核心价值观、体现中华文化精神、反映中国人审美追求，思想性、艺术性、观赏性有机统一的优秀文化作品，通过低价惠民等方式，使普通百姓共享改革成果。优化政府购买渠道，调整集中配送的方式，把演出、图书、电影、展览科技等优质公共文化资源送到农村、送进社区，重点加强对各类特殊群体的优惠供给。同时要及时进行绩效评估，多方倾听民意，了解民情，准确掌握老百姓的意见，确保公共文化服务供给符合公众意愿有效配置（图3）。

库房里的藏品要"活"起来。江苏文化遗产极其丰富，全省拥有各类博物馆、纪念馆180多家，馆藏文物90余万件（套），国家和省级非物质文化遗产保护项目200多项。这些宝贝是江苏人民乃至世界人民的共同财富，应当突破"被保护"的藩篱，挖掘藏品内涵，让这些

图2 宿迁宿豫区"小镇客厅"

图 3 南京图书馆作家作品馆

图 4 2016 年南京博物院首次上映"南京博物院奇妙夜"

承载历史文明的珍品走出"象牙塔"，帮助人们提升人文和科学素养。其实博物馆零门槛进入仅仅是开放形式的变化，真正考验博物馆的是否能源源不断地吸引观众走进来，最理想的办法就是要让沉睡在库房中的文物走出来，且"生动"地与百姓零距离对话，让文明历史与科学在交流接触中潜移默化有所受益。南京博物院通过改扩建形成"一院六馆"除历史馆、艺术馆、特展馆之外，数字馆以网络参观和现场体验相结合的方式，带给观众全新感受；在民国馆一条街有活态展示内容的非遗馆和小剧场、老茶馆；在儿童体验区、古代智慧体验室内，孩子们可以与"文物"近距离接触。为方便残疾人士参观，馆内可以提供语音解读、手感触摸、助残车等个性化服务。观众除了参观展览、体验互动活动外，还可以参加文化活动，享受更多的休闲服务。这是南京博物院将文物最大化地服务公众的有效实践，成为颇具人气的文化殿堂（图4）。

原载《群众》 2015年第6期

文化干部当以学养德

修身立德、廉洁自律是中国文化的优良传统，作为一名文化干部，特别是党员领导干部，严守思想道德防线，坚持用法律法规约束和规范自己的言行，真正做到既对得起时代，又有所担当。作为廉洁自律的好干部，必须慎而思之，谨而行之，注重以学养德、立身清俭，切实提高抵御各种风险的能力。

纯洁心灵，勤学多思，不断提升人生境界。读书可陶情、益智、进德，博览群书不仅不会荒废政务、事务、业务，而且是提高理论思维能力、决策能力、研究能力、工作能力的提前与基础，这是文化干部长期坚持要做的事。正所谓"政事之暇，省览经籍，此亦士君子之大务"。因为人的才能、修养、品行都要靠知识来营养。处于新时期的文化干部，无论是从党的执政能力要求出发，还是自身服务社会、服务人民的需要，都要把提高自身学习能力作为明事理、修道德、正身影的自觉行动。在文化部门不管从事什么职业，掌握什么专业技能都需要主动营造善于学习、勤于学习、崇尚学习的良好氛围，并以此来增长知识、开阔视野，达到增强服务中心、服务大局，提升干好本职工作的能力和水平。

防微杜渐，自我约束，正确行使人民交给的权力。业内人士常常觉得文化系统是"清水衙门"，靠求人"过日子"，缺的是经费，少的是像有权部门那样的"阔气"。现在时过境迁，党和政府对文化建设、对公民文化权益的保护，其重视程度已属"史无前例"。各级政府对文化的财政投入增加了，公共文化设施变美了，文化产业扶持项目增多了，惠民文化活动可选择的余地更大了，公益性的博物馆、图书馆、美术馆、文化馆等事业单位的各种专项资金越来越多，数字也越来越大，几十万、几百万，甚至上千万元的文化项目不在少数，文化部门领导干部的权力明显"看涨"。此时的文化干部尤其是领导干部，更应当以《廉政准则》为要求，慎之又慎地对待人民赋予的权力，真正为人民掌好权、用好权，绝不能把手中的权力商品化、私有化、家庭化。腐败的本质是权力腐败，要害是以权谋私。重庆"文强"事件，既对公安系统造成了极大的损害，也毁掉了自己的前程和家庭；"我爸是李刚"事件的出现，正是官二代长期被特权思想所左右，而无视法律法规的存在。如果依靠公开、透明、有效的权力监督方式，先遏制住"官爸爸"的特权，儿子们自然也就无法嚣张。因此，身为党员领导干部能廉洁从政、勤政于民，无疑就是爱事业、爱单位、爱家庭、爱自己的最佳表体。

宁静致远、淡泊名利，保持乐观豁达的心胸。我们且不论"人之初，性本善"，还是"人之初，性本恶"孰是孰非的问题，人性中的贪欲、妒忌、逢迎、暴躁等弱点，多多少少总是存在的。这些弱点常常让人的心态失衡、行为失常，稍有不慎就会私欲膨胀，甚至滑向罪恶的深渊。在众多领导干部违纪违法案件中，经济类腐败居高不下，其主要原因往往是心态失衡，被奢靡之风所左右。只有坚定信念、淡泊名利，树立正确的利益观，才能胸怀大局，善待人民，拒绝干扰，舍弃浮华。如果对钱财有贪婪之心、不能做到"勿以恶小而为之"，在利益面前迷失方向，那不仅难以做到廉洁从政，而且还极容易使自己的行为准则和价值观念扭曲变形。

有为有守，感恩社会，多为人民谋利益。荀子曾经说过，"义胜利者为治世，利克义者为乱世"，意思是道义胜过私利就是安定的时代，私利胜过道义就是混乱的时代。追求高尚的生活道德，很好地把握自己确实很难，也正因为难，才要坚守不断倡导。"弃小利，求大义"，保持文明健康的道德情操，时刻拥有一颗感恩的心，是人们通向事业成功、引领社会走向和谐之门的钥匙。感恩可以让世界充满温馨的气息，让生活充满明媚的阳光。每位党员干部都有自己成长的经历，无论职务高低、权力大小，都是党的培养和栽培，都是人民的支持和信任，要发自内心地感恩组织、感恩社会、感恩群众、感恩父母。文化干部是"人类灵魂工程师"，当以弘扬民族文化为己任，努力为江苏的文化强省建设、为百姓文化生活水平的提高、为公民素质的全面提升不断进取有所作为。

一个懂得从政之德、懂得感恩图报、懂得律己之心、懂得贪欲之害的人，一定是具有忧他人之忧，乐他人之乐的人格正气。文化干部当以《廉政准则》为准绳，既要依靠外在的制度约束和强力监督，更要有凭内在的主观能动性，在思想意识的源头上，筑起一道牢固的"防火墙"，守护自己的精神家园。

2011年在"省市机关党组织负责人培训班"上的发言，原载《江苏文化周讯》2010年12月23日

演讲与致辞

李庄：南博人不可忘怀的地方

今天，非常荣幸地来到长江之源头，美丽的宜宾，出席宜宾市人民政府举办的"同根同源两岸情 文化抗战李庄行"系列文化交流活动，在这里我代表南京博物院向主办方表示衷心的感谢！向英雄的李庄和李庄的父老乡亲们致敬（图1）。

在伟大的抗日战争中，李庄人用他们的智慧和纯朴，在历史艰难的重要关头，成就了中国的文化教育，也成就了这一名不见经传的长江上游小镇。深厚的传统文化陶冶了李庄人的爱国情怀，抗战精神又铸就了李庄的抗战文化。1939年同济大学、中央研究院、中央博物院筹备处、营造学社等机构陆续前往李庄，一个仅有3000人的小镇，竟接纳了11000多名"下江人"。李庄一时大师云集，成为与重庆、成都、昆明比肩的"战时文化中心"。

抚今追昔，我们忘记不了曾经为创建中央博物院的仁人志士，忘记不了为保护文化传承大批专家学者的爱国壮举，忘记不了李庄的父老乡亲热情、开放、包容的民族情怀。抗战时期的前辈们，胸怀天下，以特有的方式坚持文化抗战。李庄在国家处于最危险的时刻，为民族文化传承作出伟大贡献，其意义重大影响深远，永远值得我们追思和怀念。

1940年底，中央博物院从昆明来到李庄，驻进了李庄最大的张家祠，这里成了中央博物院的院部和文物库房。在李庄的6年，学人们在短暂的安宁环境中不辱使命，不废研求，以学术报国，他们在考古、传统建筑、文物保护、学术研究、民间手工艺等多方面研究，取得了开创性的成果，使中国博物院在李庄留下浓重一笔。李庄精神是伟大民族精神的体现，是源远流长的爱国主义精神在抗战中锤炼和升华，燃起的是中华民族文化不灭的熊熊薪火，激发的是国人的民族自信与责任担

图1　出席"同根同源两岸情 文化抗战李庄行"大型交流活动

图 2　　"同根同源两岸情 文化抗战李庄行"交流活动开幕式现场

当。重温这段短暂的历史，让后人油生敬意。

宜宾是一座文化底蕴深厚，有着2200年之久的国家历史文化名城，不仅有李庄古镇，还有大量历史文化遗存，这些丰富的文化资源是当地经济社会协调发展的宝贵财富。习近平总书记对文物保护工作提出这样的要求，要让收藏在禁宫里的文物、陈列在广阔大地上的遗产、书写在古籍里的文字都活起来，让文物说话，讲中国故事。宜宾与南京地处长江两端，源远流长，感情深厚，南京博物院与宜宾近年来往来密切，并开展多方面文化合作。我们将一如既往共同保护好、利用好"李庄文化抗战中心"这块金字招牌，不断增强它的辐射力、影响力，让这段历史永远被铭记（图2）。

因为李庄的情结，让今天的南博人无限感慨。南京博物院自1933年中央博物院筹备处成立至今已经82个春秋，这座首家综合博物馆，经过二期改扩建工程后，以"一院六馆"的整体风貌于2013年底对外开放。展陈文物由改造前的5000件，扩大到4万多件，日均观众流量达8000人，欢迎各位领导专家学者及各位嘉宾，到南博参观指导！

最后祝"同根同源两岸情 文化抗战李庄行"交流活动圆满成功！

2015年9月22日，在"同根同源两岸情 文化抗战李庄行"交流活动开幕式上的致辞。经国务院台办同意，2015年9月21～25日，宜宾市政府举行"同根同源两岸情 文化抗战李庄行"大型交流活动，共同纪念中国人民抗日战争胜利70周年。从李庄走出去的傅斯年、李济、董作宾、李霖灿等文化名人植根心底里的李庄情结，使他们难以忘怀一直关注李庄。其后人董敏、李在中等秉承父辈之愿望，用行动保持对李庄的联系，支持和关心李庄的发展和抗战文化的传承

资源共享　活化典藏

　　北京画院、上海画院、江苏省国画院是全国成立最早的画院。北京画院群英荟萃，人才辈出。先后有120余位画家聚集在这里，成为新中国美术事业中一支引人瞩目的重要力量，为社会主义美术创作的繁荣与发展做出了积极贡献。其藏品丰富包括齐白石、李可染、于非闇、周思聪以及其他京派画家的作品。令人惊叹的是北京画院仅齐白石藏品就有2000余件，成为全球收藏齐白石作品最多的机构（图1）。

　　近几年，北京画院在王明明院长的领导下，为了进一步拓展展览及研究的空间，画院成立了"齐白石艺术国际研究中心"和"传统中国绘画国际研究中心"，先后与全国多家博物馆及国外的一些美术馆展开交流合作，在学术研究方面取得了丰硕的成果，多层面的研究工作全面展开，并推向了一个新的高度。2015年北京画院有两个重要展览产生了不小的影响，有效增进了国际、国内馆际交流合作。一是"天然之趣——北京画院藏齐白石精品展"在匈牙利国家美术馆举办，为进一步推进对海外收藏的齐白石作品的研究，增强学术交流与艺术发展提供一个更加宽广的平台；二是"可惜无声——齐白石草虫画精品展"在北京

图1　全国政协常委、北京画院院长王明明（左二）先生致欢迎辞

画院美术馆举行，此次展览除了北京画院收藏的作品外，还汇集了包括中国美术馆、辽宁省博物馆、湖南省博物馆、中央美术学院美术馆、广州艺术博物院、荣宝斋、朵云轩和龙美术馆等国内重要收藏单位的齐白石草虫画精品，更为完整地呈现出齐白石草虫画的发展脉络，使观者更全面地认识齐白石草虫画的艺术魅力与价值。

2015年7月，由北京画院、南京博物院共同主办的"唯有家山不厌看——明清文人实景山水作品展"也在北京画院美术馆举行。展览以实景山水题材为切入点，聚集了文徵明、石涛、髡残、龚贤、王翚等三十余位明清画家的书画佳作，希望通过对实景山水题材的研究与展示，为当前绘画创作中的写生问题提供一些启发与深省（图2）。

今天，贵院又在这里举行"中国传统书画研究与展示——北京画院与博物馆交流合作座谈会"，根据本次座谈会主题要求，我就中国传统书画的研究与展示，加强院际之间交流合作问题，谈几点想法：

一是北京画院是"中国传统书画研究与展示"这一平台上的引领者、开拓者，必须继续将这一品牌活动搭建好维护好。充分利用院馆之间人才资源，在选题、策展、制作上力求有新的突破，更好地展现其主题性、引领性、学术性，展览的质量是衡量"中国传统书画的研究与展示"的特色与定位。在北京画院的带领下，各博物馆、美术馆同仁一起，在团队、出版、展览、研究等方面开展开放性交流，做到优势互补，让中国传统书画研究迈上更高一层台阶。

二是弘扬经典，共建共享，美育大众。全国各大博物馆、美术馆传统书画藏品浩如烟海，资源丰厚。但重收藏，轻研究，展览陈设疏于策划的现象，都是我们面临的问题。北京画院为我们带了好头，指引了方向，如果各博物馆、美术馆把现有馆藏的书画家底理理清、分分类，利用各自的

图2　中国国家博物馆副馆长陈履生（左），南京博物院党委书记、副馆长嵇亚林（右）先后发言

优势和特点，加强研究，成为各单位之间互动合作的坚实基础。最终形成藏品共享、研究成果共享、数据资源共享、专业人才共享的良好局面，这就是非常了不起的贡献。

三是讲好中国故事，让"经典"走向世界。优秀传统书画体现了中国人的价值观、中华民族精神和中国人的审美追求。举办国际交流展，是让世界了解中国的重要途径。中国自古以来书画名家巨匠辈出，传世精品在世界很有影响，视觉艺术是世界性语言，没有地域性，走出去的目的既是推动中国传统艺术在国际社会的推广，也是为了让中华民族文化成为人类文化的共同财富。当然，优秀传统书画"走出去"并不容易，仍有许多制约在影响着对外交流的进程，需要方方面面共同面对和解决。

四是真诚真心，对待交流合作。我院与北京画院已经合作了多次活动，如"妙于陈馨——于非闇、陈之佛精品展""踪迹大化——傅抱石艺术回顾展"以及"唯有家山不厌看——明清文人实景山水作品展"成效非常显著。从实践经验来看，合作仍有很大的空间，不仅仅是藏品资源的使用，还可在内容策划、研究等方面，让合作双方的专业研究人员参与进来，发挥群体智慧，这样也许会更加精彩。对于即将启动的2017年北京画院与南京博物院等单位合作举办的"明清人物画展"，我们将在以往取得很好交流合作经验的基础上，竭尽全力积极做好研究和各项筹备工作。

2015年11月18日在北京画院"中国传统书画的研究与展示——北京画院与博物馆交流合作"座谈会上的发言

优势互补　共建共享

——努力打造博物馆联盟

近年来，为提升博物馆综合服务能力，南京博物院联合省内各级博物馆，成立了江苏省博物馆商店联盟、江苏省博物馆展览联盟、江苏省博物馆社会教育联盟和江苏省博物馆信息技术联盟。南京博物院作为联盟建设的牵头单位，不仅在办馆理念、专业技术、人才培养等方面发挥引领和示范作用，也为各联盟馆之间的优势互补和资源共享，拓展了更为广阔的空间。

商店联盟融入交易市场。目前，在全省范围内设立的博物馆商店联盟，采用连锁运营的模式，以"博苏堂"为统一的品牌形象进行设计包装，整合开发全省馆藏文物资源，成为真正意义上的"博物馆联盟店"。截至目前商店联盟共有20家加盟店，10多家博物馆加盟店在积极筹备中。2015年9月，"盛世华彩——南京博物院藏文物复制品"展览在南京禄口国际机场T2航站楼开展，今年南京博物院青铜器复制品展也将在机场开展。另外，2家联盟商店也在机场正式开外运营。为了加快联盟店发展，先后组织6批人员开展业务培训班，并组织加盟单位赴国内先进单位参观学习文创产业开发经验，共享经营销售之道，形成良性互动，品牌影响力迅速扩大。在2015年"全国博物馆文化产业示范单位"评选活动中，南京博物院已研发出2000多件文创产品，开设的12家省博物馆商店联盟获得市场认可，全省联盟年销售文创产品达10余万件，取得了良好的社会效益和经济效益。

展览联盟追求创新发展。博物馆展览联盟在加强省内博物馆

图1　2015年2月15日，"博苏堂"连云港市博物馆店正式开业

交流，培养陈列设计专业人才，提升我省博物馆展览质量中发挥了积极作用。一是将南京博物院的经典原创展览推出省内巡展，促进我省馆际间展览资源共享。例如"多彩生活——木刻年画巡展""福如东海——南京博物院藏文物展""宫中月圆——南京博物院藏明清官窑瓷器展""金色江南——江南地区藏金银器"以及每年推出的生肖展，均在联盟馆之间展出，获得良好的社会反响。二是加强陈列艺术实践基地建设，展览制作技术不断创新。如复杂光源在展陈中的照明设计和特殊材质在展览制作中的应用研究成果，被我省多所博物馆成功借鉴。为地方博物馆设计方案出谋划策，赠送可循环利用的展览用具用品。三是强调学术研究，多次邀请省内外博物馆馆长和陈列设计专家开展学术研讨，其中包括2012年召开的"博物馆的改造与提升研讨会"、2016年"光顾南京博物院——中国博物馆协会陈列艺术委员会高层研讨会"等，为推动我省乃至全国的博物馆展陈水平提升，打下坚实的理论基础。此外还先后培训无锡博物院、扬州博物馆的展陈设计专业人员。

社教联盟让文物说话。社会教育是博物馆的重要职能，其传承优秀历史文化等作用日益凸显。去年江苏省社会教育与服务联盟，围绕"博物馆教育与服务在公共文化服务体系中的重要作用"的主题进行研讨，并就"教育理念的转变""服务方式的创新""增强教育辐射力""长效机制的建立"以及社教人才队伍建设等问题进行广泛交流，为寻求解决当前我省博物馆教育工作中的突出问题建言建策。联盟还邀请国内外有关专家进行统一培训，介绍当前国际博物馆的先进教育服务理念和新做法。社教联盟还遴选出42个优秀教育案例，建立了"江苏省博物馆青少年教育项目库"，一方面通过形成全省共联共享的资源库，使各馆能够相互学习、彼此借鉴；另一方面将有力引导我省博物馆更好地利用文物资源开展乡土教育，展示江苏地域文明的独特魅力。

新技术联盟立足高远。江苏省博物馆新技术联盟通过博物馆、高校、研究所、技术企业间的合作交流，整合省内数字技术力量，在满足当前博物馆新技术专业需求的同时，促进全省博物馆新技术应用和推广。成立之初举办以博物馆建设中的"信息化、数字化、智能化"新技术为主题的研习班，邀请来自博物馆、高校、研究所的多位专家进行授课。省内32家文博机构的60余名博物馆信息化技术骨干参加。与会人员结合博物馆信息化、数字化、智能化新技术应用实践与案例进行了深入的交流与探讨，还就日后的资源共享、互利互惠以及信息化发展思路达成了基本共识。新技术联盟还为省内博物馆信息化、智慧化建设出谋划策，多次参与、主持各地博物馆的建设，以及各地博物馆信息化建设方案的策划和工程项目的验收。

此外，为了确保非国有博物馆在资源、条件和设立上能够享有与国有博物馆

图2　南京博物院展馆内的民国主题文创产品

同等待遇，我院还对常州戈小兴中外烟标烟具博物馆开展定向帮扶。对该馆包括讲解、藏品保管与研究、陈列展览等方面的专业指导。

下一步我院将继续在博物馆联盟建设中发挥主导作用，充分利用江苏省博物馆联盟的整体力量，不断整合博物馆资源，完善管理机制，健全操作方式，规范运行流程，强化博物馆之间交流合作的计划性和统筹性。

未来几年，博物馆商店联盟力争超过100家，积极拓展联盟影响力，促进博物馆文创产品良性发展。展览联盟将创立江苏博物馆陈列展览项目库，其中包含省内展览200个、省外展览100个、国际展览50个展览方案，为中、小型博物馆提供展览建设资源。社教联盟将面对博物馆免费开放后观众人数不断增长的现实，充分利用先进的科技手段，提升信息化服务能力，促使社教联盟成为提高我省博物馆教育服务能力的推进器。新技术联盟将继续利用学术优势和与科研教学机构密切，从博物馆信息化建设的方案编制、实施指导、实例考察、学术交流、成果推广等方面发挥积极的作用，使博物馆在以互联网等新技术的助推下，快速融入到公众生活之中。

当然博物馆联盟如何高品质发展、均衡发展，大馆如何助力小馆，实现精准对接，仍然有许多值得探索和实践的问题，需要所有联盟成员单位的共同谋划、共同参与、共同建设，通过凝聚集体智慧和力量，最终达到大馆带小馆，小馆促大馆良性互动的理想格局。

2016年5月15日在江苏省"5·18国际博物馆日"活动上的发言

新时代　新使命　新作为

——基层文化工作者的时代责任

在江苏这片土地上，不论是过去还是当代，对中华文明都做出了卓越贡献。在文化日益繁荣的新时代，基层文化工作是神圣、光荣而又伟大，如果我国的文化事业是一道绵延至今的万里长城，那我们这些从事基层文化工作的同志就是长城上的一块块砖，倘若没有基层文化工作者打下的坚实基础，就不会有群星璀璨的艺术家们的荣耀与风光。尽管人们的物质生活有了极大提高，电视手机普及，网络火红，图书馆、文化馆、博物馆、美术馆等公共文化设施拔地而起，但提高文化建设高质量，满足公民文化需求还是离不开广大基层文化工作者，你们是文化强省建设的有力推手，你们是精神家园的守护神。

一　新时代基层文化工作的新变化

2016年《中华人民共和国公共文化服务保障法》经全国人大常委会审议通过。《公共文化服务保障法》共6章65条，对公共文化设施建设与管理、公共文化服务提供、保障措施、法律责任等分别作了详细规定，首次以法律形式明确了各级人民政府是承担公共文化服务的责任主体。

《保障法》中明确规定了基层综合文化服务中心的主要职能（第三十条），应当加强资源整合，建立完善公共文化服务网络，充分发挥统筹服务功能，为公众提供书报阅读、影视观赏、戏曲表演、普法教育、艺术普及、科学普及、广播播送、互联网上网和群众性文化体育活动等公共文化服务，并根据其功能特点，因地制宜提供其他公共服务。

随着社会发展和科技的进步，文化工作日新月异，必须顺时而变。如与新科技结合，利用大数据、云平台公共文化服务手段和方式更加快捷、方便；与乡村振兴和美丽乡村建设结合，深度挖掘当地文化底蕴、内涵、价值，积极探索文化资源转化模式，带动乡村旅游业发展；与文化产品开发结合，更好满足人民精神文化生活新期待，提升文化品牌的影响力，打造彰显地方的文化特色的金名片。

除了传统的精神调剂、宣传教育、普及知识、协调安定之外，新时代基层文化工作还体现在综合性、现代性、人本性上，同时又融入自然之美、人文之美、社会之美，作为对公民实施美育的内容。

引入自然环境之美。将自然环境作为实施美育的场所，并不需要对它进行美化，只需要将它保护起来；在自然环境中实施美育，并不仅仅让人从中寻找美的景色、欣赏美的景致，而是体会自然的多样性和独特性。自然物之所以是美的，不是因为它们符合人类确立的美的概念，而是因为它不符合任何概念，自然界比概念世界丰富和生动得多。能够沉浸在自然之中的人，一定懂得设身处地理解他者，从而不仅可以抛弃一己之见，而且能够越过"道德境界"，直抵审美境界。

强化人文环境之美。建筑是人居环境重要组成部分，既有实用功能，也有审美功能，因此我们既可以从工程学角度看待建筑，也可以把它归入艺术学范畴。贝聿铭说过："艺术和历史才是建筑的精髓"，古城、古镇、古村落、古民居、古遗址，都是我们保护、利用、守护的对象。随着信息技术、材料技术、生物技术等突飞猛进，物质世界不再是铁板一块的硬件，而变成可以塑造的软件，我们的审美理想可以渗透其中，出现所谓日常生活的审美化，即日常用具与艺术作品之间的边界逐渐变得模糊，日常用具具有越来越高的审美价值，不仅成为实施美育的主要工具，有的佳作也许是经年后的文化遗产。

拓展更多艺术之美。坠子绘画、雕塑、音乐、诗歌、舞蹈、戏剧、建筑等传统艺术科目外，后来增加了摄影、电影、设计、游戏，以及丰富的民间传统非物质文化形态，而3D打印技术更是给艺术创作带来巨大的变革。不管艺术的科目、形态、风格、功能有多大变化，艺术始终没有摆脱模仿或者再现的特质。因为艺术包含虚构，因此能够最大限度地释放我们的创造力。艺术再现包含想象和理想的成分，能够激发我们的移情或同情，作为创造和移情的结果，自然就是审美愉悦。

二　新时代基层文化工作者的责任与使命

文化是凝聚人心的精神纽带，也是增进民生福祉的关键因素，发展文化不能背离文化的根本。在文化多样化的今天，简单低端初级的文化产品已不能满足人民对美好生活的文化需求，只有不断繁荣文化艺术生产，才能够在当代文化创造创新中增强文化自信，体现以人民为中心的文化情怀。

（一）"以人民为中心"——新时代提出新要求

基层文化工作者直接植根在人民群众之中，人民需要艺术、艺术也需要人民，这是社会主义文艺的本质，也是文化工作明确的方向。毫无疑问基层文化工作者的一切工作，就要始终坚持以人民为中心的工作导向。

我们基层文化工作者要始终怀着对人民群众的深厚感情，根植于人民群众之中，把人民作为服务对象和表现主体，为人民群众提供更丰富更优秀的公共文化服务产品。基层一线是大舞台，人民群众是最好的评委。要把基层公共文化工作标准化、常态化，落实到人民群众参与的具体活动中，坚持面向基层、服务群众，完善群众急需的文化基础设施，组织一批群众乐于参与、便于参与的群众文化活动，提高供给质量，不断满足群众文化生活新期待。

"以人民为中心"不是一句空洞的政治口号，而是一个彰显人民至上的根本价值取向，它的出发点和落脚点都在人民群众。

2008年，江苏省率先在全国推行公共美术馆、博物馆、图书馆、文化馆、综合文化站全部免费开放，在传播中华文明、丰富百姓文化生活方面取得了实质性效果。2008年是南京博物院免费开放第一年，南博参观人数65万，2017年南博共接待了近330万人，10年增长了5倍，而2018年共有366.8万人参观南京博物院，观众量比2017年又上升了11%，再创历史新高。但持续增长的观众量以及超负荷运转，也带来了观众舒适度、体验度的降低。

文化惠民便民"以人民为中心"具体体现，党的十八大以来，各地文化建设驶入快车道，公共文化服务体系框架基本建立，公共文化设施网络覆盖城乡，公共文化服务的均等性、便利性和普惠性显著提高，人民群众接受文化、参与文化、享受文化的观念和主动性空前增强，文化已成为群众幸福指数的重要风向标。以往尤其是苏北公共文化场馆建设面积不足、设施陈旧，以及缺少电子图书、文化科技的投入相对较少等问题，现在都得到了解决，据统计江苏拥有国家一级图书馆、文化馆、博物馆的总数居全国领先地位。

强银娣是无锡市惠山区洛社镇文化站退休站长（图1）。自1970年起的30多年，一直在基层从事文化工作，30多年里她没有周末、没有年休，一心钻研业务，集结了一帮"交心"的文化挚友，通过"以商养文"，把一个仅有几间屋子的文化站发展成为"金三带"文化翘楚，更是走上全国农村文化工作交流会进行交流发言。退休后，她热心于公益文化事业和慈善事业，筹资32万元排练大型锡剧《焦裕禄》

图1　全国先进文化工作者强银娣

《江姐》并在全区巡演，巡演所得酬劳全数存进洛社镇文体联账户。多年来，她资助多名贫困学生完成学业，帮助他人筹集善款治病，帮助了更多的人实现梦想，帮助他们精神致富。2018年7月，因"成立老年艺术团献余热、帮扶失学儿童返校园"事迹，入选中国好人榜。强银娣先后被评为全国先进文化工作者、江苏省劳动模范、江苏省优秀社区志愿者，其家庭也被评为无锡市十佳书香家庭。我省有着一大批这样乐于奉献，一心为民的优秀文化工作者，值得我们敬仰，值得我们学习。

（二）文化供给高质量——新时代赋予新使命

文化是衡量美好生活的一个重要尺度，坚定文化自信、打造文化标识、讲好江苏故事、建好精神家园，以高质量的文化供给增强人民群众的文化获得感觉幸福感。同时又充分发挥文化对人的教化功能，在大力推动优秀传统文化传承发展过程中，用中华传统美德成风化人，从而构筑当代人的道德风尚高地，这是新时代赋予基层文化工作者的新使命。

江苏省委办公厅、省政府办公厅《关于推进现代公共文化服务体系建设的实施意见》（苏办发〔2015〕49号）提出明确要求，公共图书馆、文化馆（站）、博物馆（非文物建筑及遗址类）、美术馆等公共文化设施免费开放，基本服务项目健全。未成年人、老年人、现役军人、残疾人和低收入人群参观文物建筑及遗址类博物馆实行门票减免，文化遗产日免费参观。2016年省政府按照中央和省关于构建现代公共文化服务体系的部署要求，着眼于打通公共文化服务的"最后一公里"，全面提升乡镇（街道）和村（社区）综合性文化服务中心建设、管理和服务水平，促进基本公共文化服务标准化均等化，下发了《关于推进基层综合性文化服务中心建设的实施意见》（苏政办发〔2016〕98号）。"十三五"时期，在全国率先建成基层综合性公共文化服务中心。到2020年，实现乡镇（街道）综合性文化服务中心全覆盖，村（社区）综合性文化服务中心覆盖率达到98%以上，形成一套符合实际、运行良好的管理体制和运行机制，建立一支扎根基层、专兼职结合、综合素质较高的基层文化队伍（图2）。

2018年，江苏省委作出实施乡村振兴战略的决定，把推进"强富美高"新江苏建设的作为全省重大而紧迫的任务。就江苏而言有这样的基础和条件，也应当有这样的担当和作为，要让乡村尽快富起来、美起来，努力形成田园乡村与繁华都市交相辉映的城乡发展形态，让美丽幸福乡村成为江苏发展的鲜明标志，这是江苏上上下下共同的奋斗目标。无论是美丽乡村、特色小镇、乡村振兴，都离不开文化的振兴，因为文化的振兴是实现经济发展、产业兴旺、生活富裕的重要动力，也是实现乡风文明、生态宜居、治理有效的重要支撑。

图 2　吴江盛泽文体中心

作为基层文化工作者究竟干什么，如何才能抓住重点有序地开展工作？这些问题早就在省委省政府的有关文件中有非常明确的表述，概括起来主要有三大方面：

1.传承发展农村优秀传统文化

实施农村文化保护、传承和提升行动，加大对民间文艺和文化产品的扶持力度，深入挖掘优秀传统农耕文化蕴含的思想观念、人文精神、道德规范，彰显农村优秀传统文化凝聚人心、教化群众、淳化民风作用。培育乡村文化人才，传承乡土文脉，保护优秀非物质文化遗产，加强农耕文化、民间技艺、乡风民俗的挖掘、保护和传承。引进现代文明要素，不断赋予时代内涵，丰富表现形式，打造平原地区、丘陵山区、沿海垦区、里下河圩区等各具特色的农村文化标识。加强农村文物古迹和古黄河、古运河等农业遗迹保护，着力保护历史文化名村、传统村落和传统建筑组群。

2.加强农村公共文化建设

统筹城乡公共文化设施布局、服务提供、队伍建设和资金保障，推动公共文化资源向农村倾斜。实施农村公共文化服务阵地建设行动，按照有标准、有网络、有内容、有人才的要求，健全乡村公共文化服务体系，以村民学堂、道德讲堂、文化礼堂等阵地建设为重点，全面推进村级综合性文化服务中心建设，完善服务功能，提升管理水平。

3.深入推进农村精神文明建设

实施社会主义核心价值观进村入户行动，坚持教育引导、实践养成、制度保障

"三管齐下"，深化中国特色社会主义、中国梦和爱国主义、集体主义宣传教育，大力弘扬民族精神和时代精神。围绕爱国守法、遵德守礼、平等和谐、敬业诚信、家风淳朴、绿色节俭、热心公益等内容，深入开展江苏省文明村镇创建活动。

（三）基层文化工作怎么干——新时代要有新方式

文化工作是民生工程、民心工程的一部分，我们要对人民日益增长的美好生活需要和不平衡不充分，这一社会主要矛盾的变化有正确而清醒的认识。作为一名基层文化工作者，我们对当地文化工作所处的地位、优势、差距等要心知肚明，切实抓住新时代公民对文化的新要求、新期待，坚持系统谋划，强化工作保障。

1.理清思路，明确目标

知己知彼，方能百战不殆。首先要对本地的经济、人文、历史、自然、特色、风俗民情等有一个深入的了解，在分析研究的基础上，确定文化工作的方向和目标，并集中精力把握工作的着力点：挖掘好、维护好、利用好本地区历史文化遗产；整合盘活文化资产资源、培育扩大文艺人才、组织各种类型的文化志愿者队伍；协同推进与部门联动，统筹所属地区各单位、团体以及周边地区文化优势，形成上下齐动员、多方合作的良好局面；培育地域特色鲜明、加强文旅融合发展、创作生产更多受群众欢迎的高质量文艺作品、文创产品和喜闻乐见的品牌文化活动。基本原则应当是因地制宜，扬长避短，拓展特色，优质供给。

2.讲好故事，传唱文明

讲故事是一种比较有效的方式方法。争取领导重视、社会支持，你的故事越精彩、越能打动人，就越能得到支持。还有就是基层文化工作者大力挖掘和传承古村落古民居背后的故事，按照有价值、有形态、有文脉、有人脉的标准，以全方位的视角、促发展的眼光寻访传统故事，以历史文化村落为载体，以乡愁为情感基础，深入挖掘农耕文明、乡村传统、特色文化、民族风情，从中找寻传统故事、构建精神家园。常熟蒋巷村围绕"农"字创特色，积极整合乡土文化资源。先后推出"生态田园观光游""农家生活乐趣游""农耕文化体验游""未成年人社会实践游"等旅游产品，出现了旺季游客车辆爆满的兴旺景象。

3.活化传统，留住乡愁

增强文化自信，必须让各种文化资源活起来，让他们说话。历史文化村落承载着博大精深的文化内涵、丰富多彩的乡土历史信息、意境深远的乡村人文景观和独具特色的地方民风民俗。我省各地有众多的历史文化村落，它们或古韵悠远，或景观独特，折射出乡村积淀深厚的历史文化，构筑起人们共同的乡愁记忆和心灵故乡。目前，一大批历史文化村落正以崭新姿态向世人展示悠久、独特的历史文化，成为美丽乡村建设的文化窗口，增强了农村经济社会发展的文化软实力。

2017年12月1日起实施的《江苏省传统村落保护办法》规定，凡符合下列条件之一的村落可以认定为传统村落：

（一）选址、布局保留着传统格局和历史风貌，与自然有机融合，环境自然，尺度宜人，体现人和自然共生的建造智慧；

（二）历史建筑、传统建筑保存良好，体现一定历史时期或者特定地域的建造传统和建筑风格；

（三）能够承载乡愁记忆和归属感，具有地域影响的祠堂、牌坊、古桥、戏台、古井、老树等历史遗存保存较好；

（四）具有传统特色和区域代表性，能够体现农耕文明时期的地域特点和生产生活方式的种植、养殖、捕捞、手工制作技艺和加工制造工艺等；

（五）具有较为鲜明的地域乡土文化特征的民俗活动、传统技艺等非物质文化遗产仍保有活态。

江苏历史文化总体上南秀北雄、吴楚分明，使江苏历史文化名城名镇名村呈现出文化的多样性。尤其是历史文化名镇名村呈现多种类型，比如乡土民俗型（周庄、淳溪等），传统文化型（溧潼、凤凰等），革命历史型（黄桥、沙家浜等），商贸交通型（孟河、窑湾、礼社等），名人故里型（吴中陆巷村等）等。作为我们做文化工作的人，要有强烈的责任意识，及时发现、维护传统村落的历史风貌，切实保护好江苏历史文化名城名镇名村的特色，延续好江苏历史文化名城名镇名村的传统格局和历史风貌，为我们的家园情怀留下栖息之所（图3）。

常熟市古里镇文化站长钱惠良，在农村基层文化战线上辛苦耕耘了40多年，获得江苏省优秀文化站长殊荣，2011年获"罗哲文奖"

图3 名人故里吴中陆巷村

图4 常熟市古里镇铁琴铜剑楼

图5　2002年《红楼梦大观园微型景观》参加第二届中国家庭文化艺术节展出，全国妇联副主席顾秀玲（中）江苏省委副书记任彦申（左三）与作者高大中先生（右二）及其夫人夏云英（右三）在作品前合影

十大杰出人物提名奖。在他的带领下不仅全面修缮了清代四大藏书楼之一的铁琴铜剑楼，还发掘了已有280多年历史、但在镇志中无记载的清代名人刘德斋的故居——敦厚堂，同时对"十八烈士墓"进行调研。经申报，两处均列入常熟市级文物保护单位。这样包括瞿启甲墓、徽州会馆，古里镇区有四处市级文物保护单位（图4）。

　　东台市时堰镇文化站长高大中，是一位受省政府表彰的群众文化先进工作者，在基层工作48年。1984年全国开展文物普查，得知清代水利学家冯道立出生在时堰，开始查资料、访老人、找遗物。调查中发现"务本堂水龙会所"的石碑，"文化大革命"期间被抬去做了水码头。上面的字迹被捣衣摧残得面目全非，好不容易用水泥板换了上来，第二天石碑又躺到了码头。后来通过镇政府和文化局支持下，才得到应有的保护。当初无人知晓的名人，在他锲而不舍的努力下，如今冯道立故居和冯道立墓均被作为省级文保单位。他创作的《红楼梦大观园微型景观》参加第六届中国艺术节展出，并被省文化馆收藏（图5）。

　　4. 创新特色，贵在坚持

　　传承是创新的基础和条件，创新是传承的深化和升华。多年来基层文化工作者们，在美丽乡村建设中坚持一镇（乡）一品、一村一特色上下足了功夫。传承创新道路不会一帆风顺，也不会人人凯旋，唯有春风化雨方可成大气，唯有苦心孤诣方可风光无限，唯有淡泊名利方可修成正果。文化传承创新需要我们有世界眼光和改革思维。未来世界的较量，很大程度上是文化发展质量的较量，是文化软实力的大比拼，我们的文化创新既要着眼于本民族的社会文化需求，又要有意识对外塑造我们的文化魅力，使中华优秀文化为人类共享，并以此共同应对人类面临的生存发展问题，一同建构人类命运共同体。

四川省广元市柏林古镇，瞄准游客新需求，主打露营特色化。白天在爱情时光步道上漫步、欣赏樱花，夜晚在一旁的田野绿地上扎营休息。柏林古镇地处古蜀道要冲，至今古风犹存，古建民居保存完好。柏林古镇以"浪漫爱情"为主题，打造了一条彩色的"爱情时光步道"，路面采用3D彩绘，以图画方式呈现1年至60年婚龄的生活经历，展现从相识相知到相伴相守、从青丝走到白发的岁月。吸引着众多露营者在步道旁扎营赏景。

5. 抓住机遇，乘势而上

基层文化工作者要始终跟紧时代发展的脚步。在众多的实践经验中，有一条重要的经验就是将生态文明建设与乡村文化建设相结合，将农村人居环境整治与农民文明素养提升相结合，从而既增强农民物质获得感，又提升农民精神幸福感，推动乡村文明提升和环境整治互促共进。浙江省2003年开始，大力推进"千村示范、万村整治"工程，坚定不移践行绿水青山就是金山银山理念。在美丽乡村建设中，秉持以人为本、文化为魂的理念，坚持物的美丽与人的美丽并重，注重将教育引导与实践养成相结合。在全域开展垃圾处理、污水治理、厕所革命和违建管控等人居环境整治的同时，以农村文化礼堂建设为抓手，发挥村落历史文化陈列馆、传统农耕文化和非遗文化传艺馆、思想道德教育馆、乡村群众性文化大舞台的作用，弘扬文明乡风，建设人文乡村，使农村文化建设成为"千村示范、万村整治"工程的重要组成部分和推动力量。目前，浙江全省已建成7916个农村文化礼堂，成为传承乡村文脉、加强农村文化建设的重要平台和载体，对培育爱护环境、积极向上的淳朴乡风发挥着重要作用。

6. 完善自我，不断追求

修养通常是一个人文化、智慧、知识和行为所表现出来的一种美德。我国古代对文人就有"修身齐家治国平天下"的说法，对当下的文化人仍然有醒世作用。对于一般有修养的人至少具备渊博的知识、良好的道德和高尚的情操，但对于一名文化工作者显然不够，还需要有政策水平、管理才能、文化专业技能、文化境界等方面。人生之路是一个不断自我完善的过程，也是伴随着足与不足的过程，足与不足一切尽在认识自我、战胜自我之中。因此，对文化工作者来说加强修养，长期培育，躬身实践，增强素质是一辈子的事。

基层文化工作者身处社会基层，与百姓朝夕相处，却肩负时代重任，我们工作的责任就是要充分体现文化艺术在稳定社会、凝聚民心、创造和谐社会的作用，体现更多的人文关怀，保障全体公民的基本文化权益。谦虚、感恩、正直、真诚、诚恳、忍耐，这些都是文化人良好修养的重要基石。文化人修养的深浅决定着对其认识事物、作出判断能力的高低。

乔新谔是常熟市文化馆老馆长，他之前曾在梅李镇当过好长一段时间文化站长。在20世纪80年代，镇上有一座宋代的聚沙塔，古塔附近有两颗800多年的银杏树，当时镇上社办企业一位农机厂的职工奉厂长之命去把两棵古树锯掉。在当时文物保护意识普遍缺失的现状下，乔新谔本能地感到这两棵古银杏是无价之宝，立即骑车前去制止。可等他跌跌撞撞地赶到时，其中一棵已经轰然倒下，他见状泪水止不住流了下来。另一棵被他死死的救了下来。为了幸存的古银杏不再遭遇不测，他说服镇领导围着古塔和古银杏圈起了一块78亩的地。如今这块地已经成为农民公园，这两件古物已经成为梅李百姓的精神象征。我想如果一个文化人达不到一定高度的修养程度，在那个年代一个小小的文化站长是不可能做得到这种事的。他后来在文化馆长岗位上仍然不断进取，无论是文化产业探索，还是培训工程开辟阵地活动；无论是白茆山歌收集、整理出版，还是传承发展古琴艺术传，我们看到一位基层文化工作者拳拳之心。

人的一生是一个不断割舍、不断拿得起放得下的过程，既要有拿得起勇气，又要有放得下的豁达。一名优秀基层文化工作者，往往是领导在文化建设决策的前前后后最想倾听意见的人，是善于将个人魅力放大并带领一群人共同奋斗的人，是有着无穷创意，常有灵感显现的人，是坚持真理刚直不阿甘于守护一方文化的人。

2019年在全省乡镇综合文化站长培训班暨各市基层文化干部培训班上的演讲，有删改

讲古代女性故事　融时代浪漫风华

今天，我们非常荣幸地邀请到来自党政机关、企事业单位精英，著名专家学者、艺术家、媒体人，以及各行业成就突出的女嘉宾，出席"温·婉——中国古代女性文物大展"开展暨"女人故事会"活动，我代表南京博物院，对各位的到来表示热烈的欢迎和衷心的感谢（图1）！

此次展览由我院古代艺术研究所曹清老师主持策划，展览既有汉唐时期女性彩绘陶俑及明清时期绘画作品中的女性形象，也有古代女性日常生活配饰、劳作器具等珍贵文物；既有古代女子留传下来艺术作品，也有历代杰出画家笔下所推崇的女子形象。我认为举办这次展览和故事会的意义至少有这样几点：

一是对传统礼教下古代女子生活状态的深入探寻。展览把零散的有关女性的文物，通过"温、婉、雅"这条主线，集中呈现出来，让观众从这一侧面了解古代女子的生活状况和环境，以及她们那种优雅精致、温婉善良的品德，并能够从中感受出中国古代妇女在历史发展的长河中所发挥的重大作用。如权倾天下的吕后、武则天、慈禧，驰骋疆场的花木兰、穆桂英，出塞和亲的王昭君、文成公主，才华横溢的卓文君、蔡文姬、李清照、柳如是等等，深得后人赞叹。

二是让文物讲述古代女性自己的故事。我院创意设计的这次主题展，共展出230件（套）文物，是从南博42万余件馆藏文物中选取出来的，其中一级文物近50件，每一件都有其丰富内涵和独特魅力。党的十八大以来，

图1　"温·婉——中国古代女性文物大展""女人故事会"特色活动

图 2 "温·婉——中国古代女性文物大展"序厅

习近平总书记在多个场合就推动中华优秀传统文化传承和创新提出要"让收藏在禁宫里的文物、陈列在广阔大地上的遗产、书写在古籍里的文字都活起来,让文物说话,讲中国故事。"南博这次举办大展就是一次生动的实践,同时也为进一步宣传博大精深的中华优秀传统文化,增强人们保护意识,提高文化自觉,培育民族精神,建设中华民族共有的精神家园,起到良好推动和促进作用(图2)。

三是增长知识、启迪人生、珍惜当下。这次大展和故事会活动均由女性策划、女性设计、女性雅集,是南博在办展和办活动上的新亮点。希望当下的"新式女性"通过大展了解古代女子在那种特定的社会制度下能够创造保存下来的艺术作品的不易,感叹她们富有灵性、温雅、智慧和充满柔情的光彩,在穿越"大展"这座"时光隧道"时能与"传统女子"对话,诉说情怀;也希望透过展览让每一位观众、我们的媒体人、艺术家、研究人员对文物所包含的信息、负载的联想,能够得到更多的启迪,激发人们担负起弘扬和继承优秀文化传统之责任,珍惜当下,创造生活,追求幸福,使当代女性在秉持传统涵养和融合时代浪漫中,散发出中华民族之女性特有的温雅和柔美,灵性和才情。

最后,祝此次大展和故事会取得圆满成功!祝各位女士青春永驻、健康幸福!

2015年8月10日在"温·婉——中国古代女性文物大展"开展暨"女人故事会"雅集活动上的致辞

花开见佛

为纪念陈之佛先生诞辰120周年，由南京博物院特别策划的"花开见佛——陈之佛的艺术世界"纪念展览，今天在这里隆重开幕，我代表南京博物院对前来参加今天开幕仪式的各位来宾、艺术家和新闻界的朋友们，表示热烈的欢迎和衷心感谢（图1）！

陈之佛先生是20世纪中国最为杰出的美术家之一，以图案设计和工笔花鸟画驰名世界，可谓中国现代工艺美术和工笔花鸟绘画的先驱和导师。陈之佛先生早年留学日本研习工艺图案，归国后从事美术教育。他读画、临画、观察、写生，探索花鸟画技法及艺术规律。先生继承了宋元花鸟画的精妙之风，又吸收了图案的表现手法，作品往往在现代图式中流露出精致秀逸、淡雅明丽的古典气质。中华人民共和国成立之后，时代的变化给他晚年花鸟画带来了新生机，在追求唯美的同时，表现出活泼开朗的时代风貌，给人以生机勃勃的审美情趣。此次展览以时间为序，通过"工写之初""冷逸之韵""热烈之象"三个单元，立体回顾陈先生在工笔花鸟画领域的探索历程，生动再现先生深邃的美术思想。

图1　在"花开见佛——陈之佛的艺术世界"纪念展上的致辞

图2　陈之佛《秋塘露冷》轴　纸本设色　纵82、横45厘米　1948年　南京博物院藏

陈先生一生坚持艺术的真善美，兢兢业业，不遗余力。他对艺术追寻、探索，在艺术教育、艺术理论、绘画创作、书籍装帧设计和传统工艺保护发掘等方面都取得了卓越的成就，展现了极高的艺术天分和全面的学术才能，为中国现代美术事业的发展做出了卓越的贡献。尤其是他在长期致力于工笔花鸟画创作过程中，广取博收，独创"观、写、摹、读"之法，开创了现代工笔花鸟画的新天地。

1996年，正值陈先生百年诞辰之际，南京博物院有幸接受先生家属的慷慨捐赠，成为收藏陈之佛绘画作品最为集中的机构。先生家属的善举得到了社会各界的赞誉，江苏省人民政府专门颁发奖金人民币40万元，而陈先生家属又全数捐出，其中20万作为南京博物院"陈之佛艺术研究基金"。

为了弘扬先生家属化私为公、服务大众的精神，南京博物院于1999年在新落成的艺术馆内，设立"陈之佛艺术陈列馆"，作为陈先生遗作的永久陈展空间，以彰显先生的卓越成就和独特魅力。2013年，南京博物院二期改扩建工程竣工，陈列先生作品的专馆也修葺一新，并改名为"陈之佛绘画馆"（图2）。

近年来，我们策划了若干先生的绘画专题展览，积极传播陈先生的艺术精神，取得了良好的社会反响。我相信，人们在欣赏陈之佛先生工笔花鸟画和图案作品，获得美的享受之时，也能缅怀先贤，感悟、发扬其"尚美"的艺术精神和思想境界。今天的展览既是纪念先生诞辰120周年，也是对先生家人无私捐赠的善举表示感谢！

2016年12月28日在南京博物院"花开见佛——陈之佛的艺术世界"展览开幕式上的致辞

海棠依旧

　　春风习习，杨柳依依。在这海棠花盛开的时节，由两岸故宫和南京博物院联合主办的"海棠依旧——两岸三院同人书画交流展"在这富丽堂皇，气魄雄伟的紫禁城内开幕了，这是两岸三院的一件喜事、盛事，可喜可贺！（图1）。

　　博物馆是艺术的殿堂，收藏着中华历代书画艺术经典作品，这是中国传统文化最宝贵的精神财富。灿烂和厚重书画艺术千百年来闪烁着耀眼的光芒，吸引了无数文人雅士"为伊消得人憔悴"，就在于她那看似简单的笔墨线条里，隐含着丰富的人类情感和人生体验。优秀的书画作品必定饱含着作者浓烈的思想感情，因而总是生动活泼，神采焕发，并交织着生命力的节奏，使人感到意味不可穷极。两岸三院有着深厚的历史渊源，也聚集着一批艺术精湛的创作人才。他们怀着对中华传统艺术的敬重，以传承与弘扬博大精深的书画艺术为己任，博采古今，砥砺前行。他们把书画艺术作为博物馆人提高修养，涵养品德的一种自觉行为，正是这种文化自觉，使得自己的艺术实践在博物馆工作中起到了很好的促进作用，成为博物馆征集、展览、研究的利器，彰显出艺术创作与博物馆工作之间

图 1　"海棠依旧——两岸三院同人书画交流展"开幕式

图2　2016年3月18日"海棠依旧——两岸三院同人书画交流展"在故宫博物院武英殿开幕，故宫博物院院长单霁翔（右一）、原院长郑欣淼（右二），台北故宫博物院副院长何传馨（左二），南京博物院党委书记、副院长嵇亚林（左一）在展览大厅外合影

相互促进的正能量。

"两岸三院同人书画交流展"这一平台的创立，是基于博物院传统文化特性，以及老一辈博物馆先贤们倡导开展的半个多世纪的书画创作活动，在北京故宫博物院的发起下，首届交流展于2012年正式开展。第二届适逢南京博物院新馆落成暨八十周年院庆，2013年以"渊源情深——两岸三院书画创作雅集"在南京博物院举行；2014年推出了"双溪雅集——两岸三院同人书画交流展"在台北故宫博物院。今年是北京故宫博物院建院九十周年，举办"海棠依旧——两岸三院同人书画交流展"，且安排在重要的特展空间武英殿举行，不仅体现了故宫领导对展览的高度重视，也体现了两岸三院同根同源的那份浓浓之情（图2）。

今天，两岸同人济济一堂，其乐融融，全面展示书画艺术作品，或绘画，或书法，或篆刻，题材广泛，品位高雅，主题鲜明，以笔墨会新老朋友，畅谈创作感受，就书画创作实践与博物馆书画文物工作之间的互补关系进行交流探讨，用当代博物馆人饱含深情的特有方式，向故宫博物院九十周年献上一份贺礼！

2016年3月18日在北京故宫博物院"海棠依旧——两岸三院同人书画交流展"开幕式上的致辞

浩荡画卷　光照千秋

1921～2016年，中国共产党走过95年光辉历史。

悠悠岁月，沧桑巨变。中国共产党和中国人民用鲜血、汗水、泪水写就的充满着苦难和辉煌、曲折和胜利、付出和收获，这是中华民族发展史上不能忘却、不容否定的壮丽篇章。不是任何一种文字或语言，能向党旗畅快淋漓地表白我们心中对党的敬意，但艺术家饱蘸景仰之情的画笔，可以让观者看到时代对历史遗迹和壮丽诗篇的重现。

为庆祝中国共产党成立95周年，由南京博物院、江苏省国画院、江苏省美术馆共同主办的"风展红旗——革命浪漫主义书画展"，今天在南京博物院开幕。展出的近百件作品，是从三家单位丰富的书画馆藏中精心挑选出来的精品佳作，均出自江苏20世纪名家之手（图1）。

革命圣地山水画和毛泽东诗意山水画，是现代中国美术史中国画改造和革新的突破口之一。它不仅显现了中国现代思想史新的发展历程，反映了中国社会政治结构和文化生活的变化，也意味着中国美术发展史中某种趣味、语言和风格的发展。从中国共产党诞生之地上海，到革命摇篮井冈山，到中国革命转折地遵义，到革命圣地延安，再到解放全中国的最后一个农村指挥所西柏坡等，这些地方为中国共产党成立、农村革命根据地的创建、中国革命的胜利，建立中华人民共和国做出了不可磨灭的贡献。画家们把创作的题材聚焦在革命圣地和毛泽东诗意上，不仅拓展了中国山水画创作样式新题材，更重要的是反映了画家们接受革命历史教育和思想改造获得的巨大进步。

图1　在"风展红旗——革命浪漫主义书画展"开幕式上致辞

图2　与江苏省国画院院长周京新（左）、江苏省美术馆副馆长张兴来（右）
共同检查布展情况

图3　"风展红旗——革命浪漫主义书画展"展厅

从《南湖》到《虎踞龙盘》，从《韶山》到《延安》，从《农民运动讲习所》到《安源煤矿》，从《橘子洲头》到《红岩村》，特别是傅抱石与关山月以毛泽东《沁园春·雪》为意合作《江山如此多娇》，其气势宏伟，意境深远，将创作毛泽东诗意画推向了高潮。这一幅幅豪情般的诗意画卷，笔墨精湛、寓意深刻，是艺术创造和革命题材的完美结合，是对中国革命与建设事业的概括和浓缩（图2、3）。

中国共产党的诞生，深刻改变了近代以后中华民族发展的方向和进程，深刻改变了中国人民和中华民族的前途和命运，深刻改变了世界发展的趋势和格局。

"风展红旗——革命浪漫主义书画展"，是我们以特有的方式、特别的情感、进行的一次特别的策划，作为献给建党95周年的一份厚礼。我们希望"风展红旗——革命浪漫主义书画展"这份圣洁的花束，代表着广大艺术工作者对党的热忱和崇敬。我们更希望，通过这样的馆藏作品展览，让博物馆、美术馆真正成为滋养人们精神和灵魂的乐园，成为涵养文化、栽培文明的一方沃土。

2016年6月29日在南京博物院"风展红旗——革命浪漫主义书画展"开幕式上的致辞

乱坠天花

　　今天，"乱坠天花——雨花石与金陵风韵特展"在这里隆重开幕，首先，我代表南京博物院向出席今天开幕式的各位嘉宾、各位朋友表示热烈欢迎，向为此次展览成功举办付出努力的收藏家、策展人、制作者和其他工作人员表示衷心的感谢（图1）。

　　雨花石是古都金陵特有的天然物产，被誉为"华夏一奇""天赐国宝"。雨花石与南京深厚的文化内涵融合，不仅造就了诸多脍炙人口的诗词歌赋，也产生了诸多生动的美丽传说。

　　1955年至1958年南京博物院先后四次对南京鼓楼岗一带距今5000年的"北阴阳营人"文化遗址进行考古发掘，出土有大量的"花石子"，即雨花石。有的放在人口中，有的放在人体附近或陶器内，出土的雨花石共有76颗，现在有部分还陈列在南京博物院。也就是说，早在5000年前南京的古人们就开始赏玩雨花石了。

　　而本次展览取名"乱坠天花"也是有着深厚的文化底蕴。相传梁天监六年

图1　在"乱坠天花——雨花石与金陵风韵特展"开幕式上致辞

（507年），梁武帝好友高僧云光法师，在金陵城南门外高座寺后的高台上设坛说法，讲得生动绝妙，五百余僧侣则听得如痴如醉，此事感动了佛祖，使天上落花如雨，并化作遍地绚丽的石子。"天花乱坠"由此而来。

雨花石晶莹剔透，其绚烂的色彩和无可比拟的图案，犹如石中生花一般，是大自然赐予我们的天然作品，有的如泼彩写意，有的则形神兼备。雨花石的美是人们想象出来的，或者说是人们将自己的主观意图，通过题名或组合，赋予这方寸间的彩色石头以灵魂和生命。征争先生，从军人、艺术家到"金陵玩石人"，他不仅是雨花石的收藏者，也是发现者与研究者。他不仅是中国书法家协会会员，中国舞蹈家协会会员，也是江苏省观赏石协会艺术顾问，从事藏石艺术45年，是他给了这些彩色石子灵魂和生命。

征先生巧妙地运用雨花石美丽的色彩和图案，和他深厚的文学修养，通过艺术想象和创造，形成"景""梅""钗""禅"四部分组成的"雨花石与金陵风韵特展"呈现在我们面前。

当这些石子的图案，通过石子之间的组合与衔接，并与历史传说、文化传统，与文人美意融合在一起的时候，这一块块冰凉的石头，转瞬之间被活化出生命的体征和中华传统的人文精神。让我们不仅看到了雨花石的美，还看到了雨花石背后的南京：金陵的景观、金陵的梅花、金陵的美裙钗、金陵的清雅禅意。这些代表南京的石子，其实是收藏者也是作者征争先生对艺术的感悟、对南京的诠释和对传统文化的深厚理解，以及在此背后他数十年执着的追求。征争先生把一个简单的雨花石收藏上升艺术再造的新境界，使单一的雨花石组合成了无数饱含人文意义的理想空间，让"乱坠天花"成了本次展览最响亮的名字。

2016年9月10日在南京博物院"乱坠天花——雨花石与金陵风韵特展"开幕式上的致辞

《草木有情》序言

　　广东潮汕地处东南沿海粤闽交界处，襟山带水，气候宜人，自古成为南迁汉人生息繁衍之地。20世纪初，潮汕一带逐渐发展成为城镇密集，市场繁华的商埠之地。经济的发展密切了潮汕与上海的联系，同时受到海派文化"海纳百川，兼容并蓄"的影响，大批学子开始远赴上海求学。

　　受海派名家任伯年、吴昌硕等人的影响，方若琪先生成为赴沪学习中国画的潮汕学子之一。1916年10月，方若琪出生于广东省惠来县，1931年就读于潮州韩山师范专科学校，1936年考入上海美术专科学校中国画科，1937年抗日战争爆发，回家乡组织银河剧团和惠来银河木刻，宣传抗日。1941年回上海美专继续学习，毕业后回惠来家乡任中学教师，继续宣传抗日。1950年作品《荷花》入选第一届全国美术作品展览。1957年被错划为"右派"，遣送回乡劳动。1969年再度蒙冤，被强加上"反革命"的罪名，送劳动改造。1979年得以平反昭雪。

　　方若琪的美术启蒙老师王显诏（1902～1973年）毕业于上海大学美术科。方若琪15岁起跟随学习中国画，受其老师影响，20岁时考入上海美术专科学校中国画系，成为潘天寿和王个簃的弟子。吴昌硕作为"海派"的首领，是20世纪中国画坛影响深远的名家大师，而王个簃和潘天寿均是吴昌硕赞赏有加的得意门生，在艺术史上同样有着他人不可替代的地位。方若琪有幸师从二位学习花鸟画，深得海上画派之精髓，我们从先生的作品中，可以看出无论笔墨结构程式还是色彩铺陈经验均与吴昌硕有着极其密切的血缘关系。方若琪先生在其人生最好年华身陷囹圄，身心备受折磨22年之久。置身社会底层的他犹如小草野花，屡遭践踏，但他能泰然处之，依然保持着旺盛的生命力，终于等到拨乱反正之时。痛苦的生活经历磨练了他的意志，丰富了他的积累，为他日后创作储存了最大能量。

　　大凡经历风浪的人，更加珍惜生命的价值。晚年的方若琪先生以平和之心潜心书画。所捐75件绘画作品均为自然界常见的菊花、桃花、茶花、荷花、牵牛花、海棠花、石榴以及更多不知名的花果，一切那么自然、随性。他的作品骨格劲健，姿态横逸，气格雄厚、赋色浓重，不仅继承了吴氏风骨，而且形成了先生自己的艺术风格并有自己独特的创新之处。

　　方若琪是一位对世事淡然于胸的老者，他的花鸟画代表了岭东地区，在中国画坛上独树一帜，其风格特点大致有三：第一，他在继承传统海派的清丽多姿，鲜艳浓烈色彩的基础上，常以青绿色叶片用浓墨勾出叶脉，在强化艳丽色彩和写实造型的审美意蕴中挖掘艺术活力；其二，借以自然界颇具生命力的花花草草入画，在枝叶图式的处理上采用没骨复加墨线双勾的笔法，在写意传统中抒发性灵和个性自由、人文关怀的精神情感；第三，方若琪以"乱头粗服""渴笔干墨""老辣生拙"的用笔，以及灵动布局的开合，使之成为他区别于其前辈及同辈海派画家的重要标志之一。这种以拙入巧是他无心自达的笔迹流露，有着老而弥坚、率真随意、生涩尚生的意味，由此开拓出属于他自己的艺术世界。

在收藏的这批作品中，有25件是他的书法作品。中国画讲究骨法用笔，以书法入画。方先生常以魏碑、汉隶笔法入画。这与他平生"三石"为宗（即石鼓文、石门颂、石门铭），以爨宝子碑结缘，即使到了晚年他还每天坚持临写。在方先生的书法作品中，多以方笔为主兼用圆笔，别有一番韵味。

方若琪先生是具有中国传统文人特点的人，对艺术沉潜入静、心无旁骛，始终保有一颗敬畏之心。他认为艺术不仅要让自己感动，还要能够温润别人心灵，启迪人生。书画可以用于修身养性，结交同道之人，但不可用于买卖。尽管这种观念有些"迂腐"与现时有距离，却是先生保持心灵纯洁和对艺术的理解。从另一角度说，在当下"名人""大师"充实社会市场的情况下，先生不屑于市场的铜臭、喧嚣的炒作和华丽的包装，"小隐在山林，大隐于市朝"。先生是一位真正的隐者，以物我两忘的心境，以自己审美思想进行创作，自得其乐。这种儒雅且倔强的秉性，实在难能可贵。

基于现代潮汕地区美术发展历程、风格与成就的特殊性，有学者将这一个"源自外埠而兴于本土"的绘画流派，称之"广东海派"或为"岭东画派"。方若琪无疑是广东海派的代表画家之一，其艺术正逐渐被人们所认识。2002年，广州艺术博物院为方若琪先生举行首次个人画展，并接受部分作品的捐赠，这在当年以岭南画派一统天下的广东美术界绽放出了一道新的光彩。13年后，方若琪先生的长孙方之家，带着其祖父书画作品来到南京，亲自捐赠给南京博物院作永久收藏（图1）。选择南京博物院作为捐赠对象是方家人心愿，用方铝教授（方若琪之子）的话说，一方面南京博物院是中国具有历史渊源、最好的博物馆之一，可以让先生作品有一个可以信赖和放心的归宿，使后人在认识近现代广东画坛除岭南画派之外的另一种艺术面貌；另一方面，先生求学的上海美专是南京艺术学院之前身，作品被南博收藏，不仅是对先生艺术成就的肯定，也算是先生跟随他的母校而叶落归根吧。

今年是方若琪先生诞辰100周年，为了纪念先生澹然高远、道艺并进人的格魅力，弘扬先生在岭东地区绘画艺术的研究、展示和传播的探索精神，发掘现代广

图 1　向方若琪先生家属颁发捐赠证书

东画坛上除岭南画派以外的其他艺术流派的现代意义和价值，我院特将方若琪先生捐赠的作品结集出版以示纪念。

　　本文为《草木有情——方若琪先生捐赠书画作品集》序言，南京大学出版社，2016年

创作随感

大师，永远的艺术魅力

——观江苏美术作品特展有感

　　作为江苏省美术馆新馆落成典礼的开馆之展——美术作品特展，在迎接虎年新岁的钟声中与观众见面了。美展以作品容量之大、艺术水准之高、跨越历史之长，而成为南京春节最为亮丽的新景致，吸引了数以万计的观众流连忘返。

　　置身艺术殿堂，静心欣赏江苏近现代和古代的名家名作，你会情不自禁地被大师大家艺术作品中散发出来的那种生命情怀、文化雅趣和审美意蕴所陶醉。这正是艺术本身的魅力所在，它再次表明中国传统艺术不仅给当代人生活以抚慰、启示和感动，而且仍然充满旺盛的生命力（图1）。

　　超越时空传承久远的精品之作，往往让人赏心悦目、心灵和谐，情感得到滋

图1　徐悲鸿　《三奔马图》　纸本　设色　纵81、横103.7厘米　1941年　南京博物院藏

养。"大师大家——新金陵画派江苏书画家"在美术作品特展中尤显光彩夺目。
既有我国现代美术运动的拓荒者、中国现代美术教育的奠基人徐悲鸿、刘海粟的
作品，也有吕凤子、朱屺瞻、吴湖帆、李可染等艺术大师的作品。徐悲鸿是古为
今用，洋为中用的典范，他的《三奔马图》作于1941年。此时，抗日战争正处于
敌我力量相持阶段，他正在南洋、云南、贵州等地多次办艺展募捐，以此来表达
自己的爱国热情。刘海粟是二十世纪最有影响的中国艺术家之一，他的《黄山烟
雨图》《荷花》等作品，既吸取了西方现代艺术中表现主义的成分，又从民族传
统之中撷取精华，在自然观中凸显自己的情感和审美理念。其他展出的在江苏工作、生活，或江苏籍艺术家的作品，也都是闻名遐迩的经典之作（图2）。

图2　傅抱石《春风杨柳万千条》轴 纸本 设色 纵67、横46厘
米 1963年 江苏省美术馆藏

贴近时代的现实主义作品，往往更能感染人、打动人。20世纪50年代末至60年代初，在中国传统绘画人文积淀最为丰厚的江苏大地上，崛起了以傅抱石、钱松喦为首，亚明、宋文治、魏紫熙为中坚力量的新金陵画派，创造了二万三千里写生的壮举，既实现了以中国画这一古老画种反映新时代现实生活的命题，又实现了中国画笔墨语言与时俱进的创新发展。大师们那一幅幅至臻至美的艺术真迹，有着巨大的视觉冲击力。我们从新金陵画派领军人物傅抱石的《芙蓉国里尽朝晖》《虎踞龙盘今胜昔》《春风杨柳万千条》《西陵峡》等作品中，感受到先生笔、色、

墨、皴、染，浑然一体，粗中有细，虚中有实的豪放与洒脱。钱松嵒的《钢城秋晨》《红装素裹》《波澄万顷渔满千舟》，不仅表现人们劳动热火朝天建设新中国的场景，而且在构图和用色上极力创新，特别是大胆用朱砂、胭脂、紫色产生新效果。亚明的山水画，笔法变化比较多，他善于应用泼墨和大小斧劈皴，表现出山水的苍劲与雄浑，十分耐看。他在《争分夺秒》的创作中，以精巧的构思、创新的意境，用水墨渲染表现出欣欣向荣的工业建设。宋文治的作品清秀细润、宁静雅致，画法似乎没骨，而又有骨。他的《太湖之晨》《运河新装》，以丰富的层次感，清俊的色彩和气氛，反映出祖国建设日新月异，现代化设施遍布城乡角落的新景象。魏紫熙是一位具有深厚传统功力的大家，在用笔上追求细微变化，用色上善于用浓重的颜色点醒画面。他的《万山红遍》《报矿》《曙光》等作品，将人物与山水结合起来，人景并茂，意境深邃（图3）。

图3　魏紫熙　《万山红遍》轴 纸本 设色 纵143.4、横82.2厘米 1974年 江苏省美术馆藏

　　其实，江苏每位书画大师既是中国传统艺术的继承者，又是"笔墨当随时代"的开拓者和创新者。他们在长期的艺术创作生涯中，始终如一地创新求变，使其真善美融于作品本身。他们在大环境、大气象相同的时代背景下，有着共同的理想追求：注重继承传统的笔墨手法，将民族文化的精髓引向深入，发扬光大；主张写实，将笔墨与现实生活、时代发展紧紧结合在一起；不断创新，在绘画技法上，或引入西洋画派、或创造新的技法。虽说共处同一时代，信奉中国书画艺术传统，但创新风格各不同，即使面对同一景物，也都能表现出景物的美，且意境不同，风格不同、神韵不同。

　　江苏书画艺术源远流长，波澜壮阔，文脉不断，在中国美术史上享有重要位置。早在唐朝画坛上继大小李将军（李思训、李昭道）的青绿山水之后，吴郡（今苏州）人张璪成为水墨渲淡山水画法的创始人。至明代中叶江苏画坛产生了著名的"吴门画派"，影响极其深远。到了清代中国画坛上江苏的绘画成就尤为突出。有活跃在吴中一带的"四王"，金陵地区的"金陵八家"，扬州、金陵一带的"四大高僧"和"扬州八怪"等，他们共同把江苏绘画艺术推向了高峰。此次美术作品特展"传世经典"典藏作品，就有宋、元、明、清历代书画珍品，涉及各个流派名家名画，比较完整地反映了江苏书画艺术的发展脉络，让我们直观地领略到名家辈出，群星争辉的历史奇观。

　　江苏自古崇文重教，文风昌盛，璀璨夺目的艺术成就，一直绵延至现代当代，这为江苏大地为何能产生如此众多的大师大家，给予了一个较好的诠释。

原载《江苏文化周讯》2010年3月11日

召唤"灵感"

——有感于笔墨新旅·江苏省万里写生作品展

"笔墨新旅·江苏省万里写生作品展",正在江苏省美术馆展出,引起美术界的轰动。这是2007年江苏组织的28位优秀中青年画家,走出画室行程数万公里开展写生活动之后,创作的首批艺术成果。展出的110幅作品形式丰富多彩,充满时代气息和艺术独创性,令人振奋、惊喜和感叹(图1)!

现实生活最能激起人的高涨情绪,激发创作热情,激活创作者的思维能力,引发灵感的产生。万里写生是人与自然的对话,是艺术家对自然事物的感知与审美。画家在现实生活中感悟人生,感受人与自然、人与社会的和谐之美,感受当代祖国繁荣昌盛之美,同时又在寻找那瞬间的灵感,以产生新的激情、新的冲动,创作出适合表现形式的艺术作品。那种缺乏生活、情似涸泽、重复古人的闭门造车之作,是不可能创作出精品佳作的。

艺术家最为本质的特征是艺术创造,没有创造也就谈不上艺术。万里写生带给画家们的不仅是清新的世界、开阔的视野,更多的是带给画家们那种无限的艺术创造力。当然艺术创造力的形成靠的是一种"主动"和"自觉",靠的是一种意志的磨炼。这就需要艺术家们甘于寂寞、心无旁骛,置身于痴迷忘我的艺术境界,努力追求非功利性的、纯粹性的艺术创造,这对当代市场经济条件下的画家们的确是一种考验。纵观每一位有作

图1 "笔墨新旅·江苏省万里写生作品展"颁奖现场

图2　徐建明　《龙腾虎跃锦屏开》

为的艺术家，无一不具有深厚的生活积累、丰富的人生经历并勤于思考和实践。生活作为艺术的源泉，使艺术家们在艺术创造上能够获取高质量和高价值的灵感，也让其作品不仅不会出现"曲高和寡""应者寥寥"的境地，反而会得到广大民众的审美共鸣（图2）。

创作灵感来自现实世界的真实体验。万里写生正是为有丰富生活体验的人、为有扎实艺术实践的人、为与时代同行的人而准备的一条通往"灵感"的神奇之路。

原载《江苏文化周讯》2007年12月20日

《神灵之面》（组画）创作随感

2016年，南京博物院引进的"神灵的艺术——来自中部非洲的面具特展"中大量的稀有奇珍，除一部分曾在美国、法国等重要博物馆展览过，大多数是首次面世。面具的艺术造型、结构层次、色彩组合让人心醉神迷流连忘返。我以此为写生对象，创作了《神灵之面（组画）》，就是想从中得到更多的审美感受，并挖掘和扩散面具的审美内涵。这组作品在江苏省美术馆展出时，引起不同凡响，吸引了不少眼球（图1）。

面具艺术所表达的含意极其深刻。面具在非洲有着悠久的历史，在南非的史前岩画中，就发现有佩戴面具跳舞的妇女形象。造型最丰富、艺术表现力最强的面具主要集中在撒哈拉沙漠以南的中非和西非地区，古往今来，这里也是面具普遍盛行的地区。或祈雨、或婚丧嫁娶、或播种丰收、或成年、或巫术等各种神秘的宗教仪式，非洲人民创作了各种各样的面具。正如法国著名作家罗曼•罗兰所说，"艺术的伟大意义，基本上在于它能显示人的真正感情、内心生活的奥秘和热情的世界"（图2、3）。

面具艺术所刻划的神秘而怪异的神情，是希冀人类超越自然的神力表达。远古时代人们几乎每天都与动物接触，崇拜动物，祈求所依赖的动物支持。于是常常把自然界以及动物都看成了与人类一样有感情、有意志的物种，并赋予大自然人的品格与外在形象，进而使自然界的一切事物神秘化。随着时代的发展，社会分层日益细化，各层次不同人脸成为了面具的主要特征。人类出

图1　嵇亚林　《神灵之面》（组画）　纸本　设色　2016年

图 2   图 3

于对神灵鬼怪和大自然的敬畏，在模仿的基础上创造性地制作了动物、妖魔等各种面具，反映了人们在恐惧心理和神秘感的支配下所产生的对动物的理想寄托，也体现了人与动物的密切关系。因此人们戴着面具起舞，希望能够驱走鬼神，祈求免灾。法国文艺批评家马尔罗说，"非洲面具不是人类表情的凝固，而是一种幽灵幻影……羚羊面具不代表羚羊，而代表羚羊精神，面具的风格造就了它的精神。"

我用中国传统绘画手法来绘制这些面具，一方面通过勾、染、皴、擦等表现手法，结合笔墨达到的画面气象和西洋画的明暗观念，力求表现面具的形状、颜色、质感及意境；另一方面也表达我的一些主观想法。

在我所画的这组面具中，大都为中非最大的现代国家刚果（金）面具。东部乌宽果风格的面具简单稳重，动物的形象仅仅作为面具的一部分出现，主要使用在成人仪式中。尖顶面具通常形态较大，充满戏剧性和色彩感，主要佩戴在头顶，头饰装有新奇而昂贵的材料，暗示佩戴主人不凡的地位。头盔面具象征部落里已逝去的长者们，尤其是母系氏族的女性首领，这款面具无论是在祈福还是避凶仪式上都象征着强大的巫力（图4、5）。

乌库巴风格的面具按照地理区域大致可以分为中北部和南部两大类型。面

图 4　　　　　　　　　　　　　　　　　　　图 5

具的角色主要有无坚不摧的战士、占卜者和不同类型的森林动物。面具有等级之分，尽管最简陋的面具也会被严肃虔诚对待。面具角色大部分为男性，但也有少数女性面具。这枚大而长的女性面具，表面涂有两种颜色，一边白一边红，为一般葬礼上的表演。

乌润达位于刚果与安哥拉和赞比亚交接的南部边界。这一地区面具的艺术风格显著影响了中部非洲其他地区。面具眼球凸出，前额、嘴和嘴唇被"柔和地雕刻"，面具上没有羽毛首领王冠，保留了状况支撑结构的纤维头饰。这个风格区的面具被用在各种各样的典礼和仪式中，其中最重要的还是用在男孩的成人仪式上（图6、7）。

面具在世界各地有着广泛使用，是人类集体记忆的一部分。为了体现博大精深的中国面具，我在《神灵之面》（组画）中有意选择了贵州傩堂戏秦童面具、西藏鹏鸟面具等，把这类面具与中非面具放在一起，组合起来，就是要表达出面具的世界性与多样性。面具作为一种艺术形态存在，总是与该地区的民俗风情分不开，在其表演过程中反映出的是那里民间流传的观念、习俗，以及人们的理想、意愿。我们可以从这些造型奇特的面具中，感觉到那特定礼仪场合里的热烈、雄壮、狂野的气息，以及所传递的强大而神秘的威力。

图 6　　　　　　　　　　　　　　　　图 7

　　对远古先民来说面具是连接人和先祖或神灵之间的桥梁，而面具艺术作为一种原始文化现象的存在，且绵延数千年，实在令人叹为观止。尽管各民族审美观念、审美对象迥然有异，但其形神兼备，浑厚凝重的艺术造型赋予了面具以生命活力，尤其是面具艺术中蕴藏着的深刻文化内涵和独特艺术表现力，后人可以从中获得更多的灵感和养分。

2017年9月

闲话闲墨

我很幸运，因为我从事的职业与文化艺术紧紧联系在一起。20世纪80年代初，由于有在师范学习美术专业的背景，我从教育岗位调到文化部门工作，从此开始了我的文化之旅。调省城后因工作关系与艺术家们接触多了，书画的情缘也愈加深厚，这是苍天对我的厚爱，很少有人有这样的机遇。文化行政事务讲究程序、大局和服务意识，而绘画创作则是个人思想和情感的表达，是自由而灵动的，是对人精神世界的另一种表达，能够自由行走在这两种不同的境界，往往需要个人意志和长期坚持（图1）。

我非常羡慕专业画家，羡慕他们高超的艺术才能，羡慕他们精湛而生动的作品。其实当一名称职的专业画家并非易事，他们肩负着弘扬中华传统文化的道义，不仅要引领时代，为人民讴歌，还要有传世佳作，但作为一名业余画家可就轻松多了，你可以带着宏大的艺术抱负去勇登高原之峰，也可以默默地守着属于你的那份"一亩二分地"，自由耕耘，自享其乐。我属于业余中的后者，不指望成名成家，也不需要市场炒作图财谋利，我的目标非常之简单：充实自我、化烦去躁、怡情养性。

繁忙之余拿起画笔，你的心灵就会进入另一种放松而淡然的状态，它可以扫除种种烦恼和压力，荡漾在自由的思想和情感的表达空间，这种放松和调整又能为来日以最佳的精神状态投入工作积蓄能量。记得温斯顿·丘吉尔在谈到他与绘

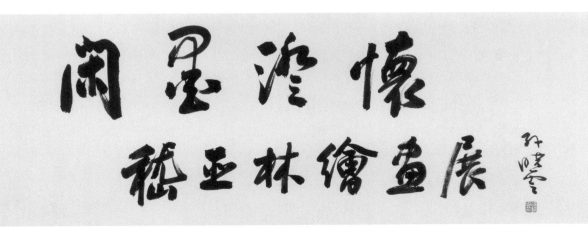

图1　中国书法家协会副主席、江苏省书法家协会主席孙晓云为嵇亚林绘画展题名

图 2　中国美术馆馆长吴为山（左三）、中国书法院院长管峻（右二）、江苏省文联主席章剑华（右三）、江苏省文化和旅游厅副厅长方标军（左二）、南京大学艺术学院美术与设计系主任陆庆龙（左一），参观"闲墨澄怀——嵇亚林绘画展"（东台巡展）

画的缘分时说过这样一段精彩的话，"作为一种消遣，绘画简直十全十美了。我不知道还有什么在不精疲力竭消耗体力的情况下比绘画更使人全神贯注的了。不管目前和未来面临何等的烦恼和威胁，一旦画面开始展开，大脑屏幕上便没有它们的立足之地了。"在中国将绘画看作是在道德、功业、文章之余的游心活动由来已久，正如苏轼所说："画以适我意而已"，元四家之一的倪瓒更有绘画"聊以自娱"之说而影响后人，到了明清对绘画创作主体的修养、学识、情趣的追求渐成风气。我认为绘画不仅仅是"雕虫小技"，更是一种美的创造，闲暇之余操弄几笔，以寻求心灵归栖，何乐而不为。

我给人的印象是厚道有余，圆滑不足，加上不会喝酒、不会打牌、不会K歌，不会以言媚人，实属无趣之人，而这一人生缺憾却使我从更多应酬中获得了自由空间。我喜欢保持简单的心态、简单的生活，在清静的时间里写点文章、做点研究、画点东西，一样享受人生快乐。简单是一种清新自然的境界，尤其是把工作与艺术创作、与自然世界、与性情修造有机结合时，会使你产生很多感悟、灵性。以画画的方式娱乐休闲，以画画的活动交朋结友，在墨戏中度过工作之余的美好时光，既是非常惬意的事，也是修心、修身的过程。

在我工作过的单位中，南京博物院是我值得留念和珍重的地方，这里珍藏着数以万计的历代绘画精品，无不令今人感叹；这里历史传承有序，一代又一代先贤学者为了中华传统文化殚精竭虑；这里是藏龙卧虎的地方，有更多的能工巧匠能够让受损器物华彩重生。南博以宽广的胸怀充分激发人的潜能，倡导岗位之外艺学兼修，鼓励师傅带徒、鼓励策划展览、鼓励自立科研项目，并形成风气。今承蒙院领导和专家们的推许，举办此次个人画展，内心总是惴惴不安，本为孤芳自赏的拙作，唯恐有损大雅之堂。好在南博一直有倡导员工奋进求学一专多能的惯例，加上龚良、高云、孙晓云、周京新、喻继高等领导和著名艺术家的鼓励，让我有了点胆量和信心（图2）。

真诚希望通过这次展览能够得到各位方家同道的批评指正，以求日后有所长进。特别感谢院领导，古代艺术研究所、陈列艺术研究所及其他各位同仁在展览活动中付出的辛勤劳动！

原载《闲墨澄怀》，南京博物院编，2017年

心血倾注"红楼"中

——高大中和他的《大观园微型景观》

  这里是他"营造"古典建筑的工场——一间极普通极普通的房间：一张旧学桌是他的工作台，一顶橱子装满他平时手工制作的工艺美术品，再就是他疲倦后休息的简易板床。在这弹丸之地，他用一双灵巧的手，历经900多个日日夜夜，建起了一座气势恢宏的"皇家林苑"。

  高大中，江苏东台人，1988年退休，虽年近古稀，两耳失聪，却精神矍铄。在文化这片"土地"上勤奋耕耘四十多个春秋的他，集多种艺术才能于一身，特别是他的手工制作艺术造诣非常之高。

  1991年，他酝酿一项大胆的创作计划，设想用最常见的材料，通过艺术加工将脍炙人口的中国古典文学《红楼梦》所描写的大观园直观地表现出来。创作的激情越来越强烈，于是他开始系统地研读《红楼梦》，悉心体会小说中关于描写大观园的情节。为了使作品更具有科学性和艺术性，他自费去北京、上海等地参观大观园旅游景点，搜集有关古典建筑方面的资料，研究明清营造法。对大观园的布局设计数易其稿，反复推敲。从制作初期，他就把追求作品的完美统一作为艺术标准，严格要求。仅"红楼"这一主建筑，他连续做了5次，直到满意方甘罢休。

  大凡搞艺术的人，深知创作的艰辛。不管是骄阳似火的夏日，还是数九严寒的冬日，只要你到高老的家，都会看到他撑着老花眼镜，聚精会神地进行创作。功夫不负苦心人，历时三载，一组颇具规模的《大观园微型景观》终于制作成功。

  作品确实妙极了！总面积12平方米的《大观园微型景观》由大观楼、怡红院、潇湘馆、蘅芜苑、梨香院等20多个景观组成，共有大小建筑物200多个。高老凭着精湛的技艺运用雕、刻、镂、镶、贴、磨、绘、漆等中国传统工艺手法，融诗意、画意为一体。其布局严谨，造型各异，亭台楼阁金碧辉煌，水榭回廊曲径通幽。高低疏密有致，房屋穿廊互抱，五脊六兽，雕龙画栋浑为一体。闻之有管竹丝琴之意，观之有身临其境之感。作者匠心独运，巧辟蹊径，饮料盒、夹板角料、竹针、铁丝、甚至牙签等极常见的材料，经过他加工制作都成了精巧秀丽、玲珑剔透的民间艺术品，令人叹为观止（图1）。

图1 高大中《红楼梦大观园微型景观》江苏省文化馆藏

　　《大观园微型景观》的创作成功，是《红楼梦》艺术的再现，不仅具有较高的艺术价值，同时，也为"红学"研究提供了直观的实物参考。如此规模仿古建筑微型景观，是一件不可多得的艺术珍品，为传统民间工艺美术增添了新光彩。

　　最近，高老和他的这一作品被省市电视台、中央电视台相继报道，高老并不满足，他表示要继续对《大观园微型景观》进行艺术加工，丰富大观园的内涵，以进一步提高作品的艺术品位。

　　　原载《江苏工人报》1996年3月29日，《盐城文化晚报》1996年5月1日

　　注：高大中制作的首套《大观园微型景观》1996年最先在东台博物馆展出，后用两年多时间，进行修改补充，最终完成了总面积15平方米、景观30多个的大观园全景。2000年9月在南京参加第六届中国艺术节·江苏省民间工艺作品博览会，2002年参加在南京市艺术中心举办的第二届中国家庭文化艺术节·江苏家庭文化艺术展，其作品被江苏省文化馆永久收藏。第二套作品于2005年4月制作完成，总面积达18平方米，景观50多个，人物160多个，建筑物1000多个，2015年11月参加在南京博物院举办的第二届江苏省文物节·江苏绝技展。

仁者爱人　德高为范

——忆吴耀先先生

一

　　时堰古镇在苏北里下河地区虽僻处一隅，却有着"小桥流水人家"的江南意境，这里流淌着水乡的清秀，古镇的恬静，雨巷的幽深，乡贤的灵慧。

　　镇上有一条小河贯穿南北，北段与太东河连接，河面较宽，越往南河面越窄。吴耀先先生的家就坐落在古镇小河之西的南端。

　　吴老先生是时堰远近闻名的中学国文教师，惊才风逸，满腹经纶，尤喜诗词箫笛。他教学严谨，谈吐风趣，桃李满枝，深受人们的爱戴。遗憾的是我未能受教于先生，然却有缘相识。恢复高考时我考取盐城师范学校学习美术专业，也因这样的背景，1984年我从教育岗位调到时堰镇文化站工作。当时时堰街头画有不少宣传壁画，高大中站长指着镇东头靠牛桥口的一幅画对我说："这是吴为山的作品，他可是我们时堰走出去的青年才俊，画画得非常好，街头上有不少壁画都是请他画的，他的父亲是时堰中学吴耀先老师。"吴家父子的名字就这样进入我的脑海。

　　不久，我和高站长一起上班，在镇前街的供销社门口，遇见吴老先生，老站长立即向我介绍起先生，言谈中我看出两位老人是同道好友。先生上下打量着我这个后生，询问起我的家庭、学业情况，话语中充满了至诚的关爱。先生个头不高，儒雅恭谦，衣着整洁，清瘦的脸庞总是带着微笑，我想这不就是中国传统文化中的君子形象么。

　　从此再见到吴老先生我们也就成老熟人了，或驻足寒暄或问道百姓文化之需，其实聆听先生的暖声细语，你会被他深厚的文化学养而感染。

二

　　教育源于爱，源于师者的责任，虽然其过程是艰苦的，但最终的结果是甜蜜而幸福的。常言道君子有三乐：一乐家庭平安，二乐心地坦然，三乐教书育人。吴老先生就是这样的君子，一生把"得天下英才而教育之"作为毕生最大的快乐。

　　1983年吴老先生从时堰中学离休，此时"尊重知识，尊重人才"的春风正席卷中国大地。先生急国家、社会、家庭之需求，毅然联合几名退休骨干教师，利用时南村村部闲置的会堂，创办腾飞补习学社。偌大的房子课桌一直排到门口，足足容纳上百号的学生。正是这所简陋的"草堂"，让多少有志青年走进自己理想的圣殿之门，既改变了个人的命运，也为国家输送了大批栋梁之材。

　　高考放榜是吴老先生最为开心的时候，一份份录取通知书，犹如献给他的一束束鲜花，让他兴奋不已："堰口虹桥，春光烂霄。巍巍腾飞，兴学施教。……喜见人才之丰蔚兮，如雨后之春潮。宏开学社，乐育群茔，中华腾飞，端赖吾曹。"是啊，又有谁能感受到先生内心的那份激动呢。

　　我相信所有从这里走进大学的青年学子，"腾飞补习学社"一定是他们青春时期充满激情的难忘记忆。

三

　　父母德高，子女必受良教，作为父亲，最为感慨和骄傲的就在于在其有生之年，能够以自己的德行影响和启发自己的子女。

　　令郎吴为山天资聪颖，有着过人的艺术才能和顽强的意志。1998年，为山君从南京师范大学调任南京大学创建了雕塑艺术研究所，随后又成立了南京大学美术研究院。与此同时，他的"写意雕塑"在"为时代造像"的呐喊中，畅响全国、走向世界。

　　记得新世纪之初，南京博物院确定在新建的艺术馆内，为刚满38岁的吴为山设立文化名人雕塑馆，这在当时可谓惊天动地的大事。按惯例要在这样一个全国知名博物院设个人专馆，只有傅抱石、陈子佛等已故艺术大家，才能有资格享有此誉。时任院长徐湖平先生慧眼识珠，力排众议，促使吴为山文化名人雕塑馆在南京博物院正式设立。

　　布展期间，作为乡友我专程去现场拜望为山君，只见他和夫人吴小平女士，正在做最后的布局调整，虽然满脸疲惫，目光中却闪烁着坚定和自信，我的内心充满敬意。此情此景让我忽然想起他父亲那充满激情和刚毅的神情，猜想为山君如此年轻就在江苏这片文化高地上脱颖而出，既缘于他的艺术天赋、立足高远的志向和勤奋不懈的攀登，也一定与吴老先生的遗传基因、家学熏陶，以及从小对他严格训导和言传身教分不开。

　　父爱如山，深沉而含蓄，严厉、威严中饱含温暖，鞭策、鼓励中赋予坚韧。难怪曾有许多年，我们几位在宁乡友每逢春节，彼此总要见个面，互致问候，为山君常乐于参加。大家在分享这位赢得国际声誉的大艺术家的辉煌成就时，为山君会情不自禁地讲述父亲为自己"种下"的童年故事：看望弥留之中的"和尚爹爹"、带着耄耋老人"下放谢庄""帐内说作文""二适伯祖逛时堰"……，这大概就是子女对父亲那种厚重的爱，以及其独特教育方式的深深眷恋吧。

四

一个有梦想、有抱负、有家国情怀的人，一定会用他全部人生来奉献，那怕进入垂暮之年也不言退。2008年吴老先生将自己的庭院住宅改建成"吴为山雕塑艺术苑"，无偿向社会公众开放。在社会各界的关心下，艺术苑不仅成为东台的旅游点，还成为当地的爱国主义教育基地。

2009年，我从南京回来省亲，老站长高大中欣然带我前往吴为山雕塑艺术苑参观。几年不见吴老先生仍然神清气爽，身板硬朗，他声情并茂地把建苑的前前后后仔细向我介绍，自始至终洋溢着浓浓的亲情和对中国优秀传统文化的热爱，俨然就是一位恪尽职守的老艺术馆长形象。

时隔两年，我带着刚结婚不久的女儿女婿再次回到故乡，为了让他们感受古镇深厚的文化底蕴，先参观了清代水利学家冯道立故居、老镇石板街，再来到雕塑艺术苑。吴老先生笑脸相迎，虽身体有些羸弱，步态迟缓，但思维清晰，介绍时仍旧娓娓道来，临别还邀我们一起拍照留影，让小的们好生感动。

最后一次见吴老先生是2015年。那年春节，我和我爱人回到时堰，并借此机会去看望他老人家，一进大院便见吴老先生正蜷缩在展厅门前的轮椅上晒太阳，显然老人家的精神状态大不如前。见我来访欲起身招呼，我赶紧上前一步，让他坐好，并祝先生新年吉祥安康。老人家让家人泡上茶水，交谈中我把刚刚出版的个人画集拿出来，请吴老先生指点。他翻开画册，看到为山君为我题写的"境若清泉，画为心音"，非常开心。我说这是在南大读书之后创作的部分作品，结集出版既是向老师汇报，也是对前一阶段的总结吧。谈到书画艺术老人家的精神好像振奋了许多，神情也舒朗起来，为了不太打扰先生，我稍坐片刻便起身告辞。

走出院门，我的脚步有些踌躇。蓦然回首，小河在阳光的照射下，泛着粼粼波光，小院内弥漫着生生不息的文化气息，仿佛正升腾着、散发着，静静的你会听到吴老先生吟哦诗稿的声音在上空回荡……

2017年7月16日于南京

原载《瘦箫诗馆艺文集》2019年

艺术对话

几分闲余墨　一纸生活情

——与雅昌网记者房卫对话

　　嵇亚林调侃自己不会喝酒，不会打牌，不会以言媚人，实属无趣之人，但却使自己获得了更多的自由空间。工作之余，嵇亚林寄情于写作和绘画中，"写点文章、做点研究、画点东西，一样享受人生快乐。"他说自己的绘画是"闲墨几点"，他用清淡平正的工笔，将所见所闻描绘在卷帙中。

　　傅抱石先生说"笔墨当随时代"，然而工笔花鸟这一传统题材要反映时代似乎不易。在南京博物院举办的"闲墨澄怀——嵇亚林绘画展"中，嵇亚林历时数年创作的一百余幅绘画，却带给人们一种新的认识。上至南京博物院收藏的国宝重器，下至厨房内不起眼的日常果蔬，在嵇亚林的笔下，都包含着对物品的珍惜，对生活的热爱，这些都是从画家的人生经历中生发出来的。

　　1957年，嵇亚林出生于江苏东台，物产丰饶的里下河地区给嵇亚林留下了"小桥流水人家"田园牧歌式的视觉记忆，使他的画中溢满生动的气息。

　　嵇亚林的人生一直与文化事业、美术事业有关，从基层文化站到东台市文化馆、东台市文化局，再到江苏省文化馆、江苏省文化厅，他转益多师，不断学习中国画的理论与技法，并且把日常的点滴思考融入绘画，在强化笔墨语言本体功能的同时，以自己独特的眼光与思维，拓展绘画题材，体现了画家自身的审美情感和时代的大美之气。

　　雅昌艺术网：在"闲墨澄怀——嵇亚林绘画展"中，我们看到了一大批具有专业水平的工笔画作，江苏文化界对您的印象大多是一位性情温和的领导，您的绘画生涯是从什么时候开始的？请分享一下经历。

　　嵇亚林：此次在南博展出的作品时间跨度大约是六年，近三年的作品多一些，以工笔为主，也有少量写意画。

　　其实我一开始就是学美术的，从成长经历来说，我出生于盐城东台的农村，那时候无论是国家还是家庭经济都很困难，高考恢复之后，我的愿望也非常现实，就是想通过高考改变人生、改变自己的生活状况，能获得一个吃商品粮的城市户口，一个月享有二十九斤大米。1978年我考上了盐城师范美术专业，这个专业我很喜欢，因我家邻居高大中先生是从县文化馆下放到我们生产队的美术干部，小时候受他的影响最大，也是我学习美术的启蒙老师。毕业后当了几年美术教师，后来因会画画被文化局调到文化站工作。文化站主要负责当地的群众文化、民间艺术、文化市场以及文物工作的组织与管理，和老百姓走得最近。文化站长除具备组织协调才能之外，必须是多面手，画海报、出橱窗、写会标、拍照片、办展览，甚至编戏文、写歌词，都要自己动手。后来担任东台市文化馆馆长，我们利用本地拥有在漫画、连环画、国画等资源优势，精心打造这三支队伍，组织开展各种美术活动，推动群众美术的广泛普及，使东台成为国家文化部命名的全国书画艺术之乡。在省文化馆工作期间，我主持创办了江苏省社会艺术教育中心、江苏省老年文化大学、江苏省美术（业余）考级评审委员会，应当说自从走上工作岗位之后，我就和美术如影随形从未分开（图1）。

图1 嵇亚林 《浓情寄语》 纸本 设色 纵64、横66厘米 2015年

2007年，为了开阔眼界，提高技艺，决定报考南京大学美术研究院艺术硕士，我整理笔记，认真备考，参加全国艺术硕士统一招生考试，与许多年轻人同场竞技，没想到竟然考取了。在南大学习期间，是我收获最大、最难忘怀的岁月，不用碍于身份，不问长幼，可以向不同的老师求教，聆听吴为山、高云、喻继高、聂危谷、丁方、萧平等老师的教授，让你的视野拓展，让你的感悟深刻，更让你增加弘扬传统文化的一份责任和自信。

雅昌艺术网：您的工笔花鸟总以笔墨淡雅的风格出现，并没有古代宫廷花鸟的雍容华贵，在《翎羽飞花》《莲叶田田》《草木情深》三个系列中，却能感受到扑面而来的田园气息。

嵇亚林：我的家乡时堰镇地处东台、兴化、姜堰三地交界处，虽然属于苏北里下河，但却是美丽富饶的鱼米之乡。小时候在农村经常下河摸螺蛳、踩河蚌、钓鱼。盛夏到来的时候，荷花都开了，池塘中一片蛙鸣。梅雨季节抓鱼捉蟹，到了秋天，菱角满塘，芦花飞舞。童年的生活印象深刻充满诗意，这些都存在记忆里，我喜欢画这些。

在我的绘画里色彩比较素净沉穆，喜欢内敛含蓄地表达，轻松赋色，略施烘染。素雅而清丽，往往给人有一种高洁端庄的韵致感，这可能与我简单的心态、简单的生活和不爱张扬的性格有关。

我喜欢观赏品读历代古人的传世精品，从古人那里学习掌握笔墨技巧，我常常被古人高深的艺术造诣所叹服。20世纪70年代末，我在盐城新华书店看到一本《芥子园画谱》，系统介绍梅兰竹菊、花卉草虫翎毛走兽的画法，让我爱不释手。我从身上掏出所有的零钱买了这本书，并成为我日后的良师益友，陪伴我好多年。

宋代是花鸟画发展的鼎盛时期，笔迹柔美，设色艳丽，我也时常临摹古代名画，从古人用笔、用墨、构图中吸取营养，理解和掌握古人的笔墨语言，我发现古人画画不像当今那种浮躁之气，有些画没有层层积染的功夫是达不到效果的。古人绘画有一种深情，是有生活来源的（图2）。

雅昌艺术网：说到生活来源，在《史痕悠悠》这个系列中，你用兼工带写的方式绘画了一批南京博物院的镇馆之宝，还有非洲面具、中国西南地区的傩戏面具，这种题材让人耳目一新。

嵇亚林：在南博工作期间，只要有空闲我都会去展厅看看，看多了我就想能否通过画家的笔，以另一种方式也能"让文物活起来"？于是心血来潮，就选择了一些具有独特艺术性的南博院藏国宝，包括乾隆转心瓶、金兽、铜牛灯、玉琮、流金

铜驯犀俑、人首鱼身俑、甲骨文等，用国画的方式画了出来，题跋不是文人画的自作诗，而是简要记述这些文物艺术价值及出土过程（图3）。

《神灵之面》这个系列，源于2016年8月南博引进的"神灵的艺术——来自非洲中部的面具特展"，大量的稀有奇珍是首次面世。非洲木

图 2　稽亚林 《叶展影翻》 纸本 设色 纵 47、横 68 厘米 2014 年

雕本身就闻名于世，而非洲面具更有着悠久的历史，或祈雨、或婚丧嫁娶、或播种丰收、或成年、或巫术等各种神秘的宗教仪式，非洲人民创作了各种各样的面具，是希冀人类超越自然的神力表达。这些生动的面具，无论是艺术造型、结构层次，还是色彩组合让人心醉神迷流连忘返。你会从这些神秘而怪异的神情上，感受到这种艺术的伟大，它能显示出人的真正感情、内心世界的热情和生活中的无穷奥秘。

于是我想用中国画进行表现，做了一次跨文化的题材探索，写生创作了《神灵之面》（组画），就是想从中得到更多的审美感受，并能够挖掘和扩散面具的审美内涵。为了体现博大精深的中国面具，我有意选择了贵州傩堂戏秦童面具、西藏鹏鸟面具等，把这类面具与中非面具放在一起，组合起来，就是要表达出面具的世界性与多样性。

雅昌艺术网：除了国宝级文物之外，《史痕悠悠》系列中还有对一些寻常老物件的表现，例如一口老井。

稽亚林：一次带着父亲推着坐在轮椅上的老母，到南京老门东游玩，看到许多老井，井口被绳子磨出了很深的印痕，让我感受颇深。于是有了创作的冲动，我画了一面斑驳的墙壁，一口饱经沧桑的老井，透过墙壁的花窗，树枝抽出的新芽，新与旧在此相逢。这件作品叫作《岁月有痕》，希望人们在大拆大建中，不要对历史文化和地方特色文化弃之不顾，要守住城市和乡村的文脉，留住乡愁。

雅昌艺术网：很多人说工笔花鸟画很难反映时代，您的工笔却有一种对时代的思考，对自然生命的尊重。

嵇亚林：我出访加拿大的时候，看到当地人动物保护意识很强，例如他们开车看到大雁在公路上走，一定会平心静气地停车避让。我画了一组画叫《生命的旋律》，两只大雁从"相识相爱"开始，到生蛋，孵蛋的呵护过程，再到养育雏鸟，看着小鸟们慢慢长大，展翅飞翔，又开始了新一轮的生命循环。与其说讲述的是大雁的故事，不如说是反映人与自然和谐相处的美好，因为自然界各生命体之间是相互依存、彼此平等的，我们应当尊重生命的价值。

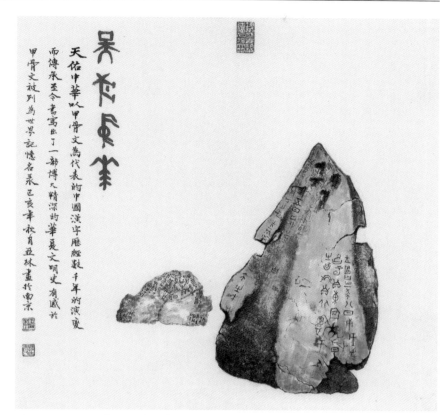

图3　嵇亚林　《天佑中华》纸本　设色　纵70、横70厘米　2019年　中国宣纸博物馆藏

雅昌艺术网：您平时会去写生吗？

嵇亚林：写生是一个画家最基本也是最重要的创作手段。通过写生可以拓宽视野，很多题材和视角是在不经意中发现的，画家需要留心观察周围事物，与观察对象"平等交流"，才容易发现和创造美。

《肯将金色撒故园》中的这棵大银杏树原型，就在省文化厅大院里。根深叶茂，苍劲多皱的龙干虬枝布满金黄色银杏叶。每年到了初冬时节，寒风劲吹黄叶飘落，一地金黄，这风景至少也得保留数日而舍不得扫地。我在陶醉之余，把它画下来，画面中又加了几只唧啾的小鸟，扑腾翅膀，正欲起飞。《醉在四月天》是我办公室前的一株棕榈树。当春日我发现它竟然开出了难得一见，形如桑葚的黄花很是惊讶，这幅画的意念就在我心中开始孕育。在物象组合与色彩营造上，我经过了一番推敲和艺术处理，在枝叶空隙处小鸟唧喳，给画面以生灵气息。《芳洲拾翠》是一种很罕见的北欧小鸟，白嘴白头，脚趾很鲜亮，我偶然见到后，跟踪观察了很久，从它在水中游弋，到走上岸边吃草的神态，感到很奇特，它姿态优雅，恰好用淡墨来表现（图4）。

图4　嵇亚林《吉祥图》纸本 设色 纵66、横44 厘米 2018年

雅昌艺术网：其中还有很多土豆、竹笋、萝卜这样大众化的，大家每天都能见到的果蔬，也能拿来入画。

嵇亚林：一幅画有了生活才能有味道，才能生动感人。美好的东西就在我们身边，关键是你能否发现它和表现它。《蔬果系列》就是厨房当中常见的南瓜、茄子、萝卜、苦瓜、土豆之类，司空见惯。我爱人从菜市场上买菜回来，我会先拿来观察，先画一画，再下厨。《农家小蔬》则是把刚从田里拔出来的红萝卜，放在案头现场写生创作出来的作品。

雅昌艺术网：因而您的画中有了丰收的喜悦感，对物的珍惜感，寻常之物也可以显得很惊奇。正如周京新院长所评论，您的选材来源于生活体验，都是表现与生活息息相关的感受，无论是禽鸟花卉，瓜果蔬菜还是文物器具，都有凭有据真实鲜活，让人欣赏作品的时候能真切感受到活灵活现的生活气息。

嵇亚林：艺术源于生活这是真理。画家一旦脱离生活，脱离对大自然的深切感悟，就会成为无源之水，无本之木，那是很难画出好作品的。我对作品的追求是雅俗共赏，在"物我相融"的精神境界中，充分表达画家自己的情思和美学理想。

雅昌艺术网：谢谢。

原载雅昌艺术网2017年11月，《中国艺术月刊》2017年12月（记者房卫）

作品在物我相融的境界中

收藏投资导刊：此次在中国美术馆举行的《天地大美——新时代中国艺术名家邀请展》中，您参展的三件作品《风雪江渚》（图1）《醉在四月天》（图2）和《壮志凌云》，在创作中所要表达什么重要的意义？

嵇亚林：《醉在四月天》棕榈树不择土地、不择环境、随遇而安，自欢自喜，一年四季郁郁葱葱。那年春日我发现它竟然开出形如桑葚的黄花很是惊讶，这幅画的意念就在我心中开始孕育。在物象组合与色彩营造上，我经过了一番推敲和艺术处理，在枝叶空隙处小鸟唧喳，给画面以生灵气息。

《风雪江渚》我创作的《芦雁图四条屏》之一，分春夏秋冬，表现大雁在自然环境下的生活状态。《风雪江渚》在严冬岁月里，大雁在白雪皑皑的芦荡里，脚踏冰雪、头顶严寒，泰然处之，无所畏惧，表现出大雁不仅有极强的生命力，而且富有傲霜凌雪的意志与品格。

《壮志凌云》渚清沙白，云海苍茫，两只展翅翱翔在芦荡上空的大雁，一前一后，聚神凝眸，迎风搏击，奋力前行。那富有张力的翅膀，有如力拔万钧之弓的气势。庄子有言："鹏之徙于南冥也，水击三千里，抟扶摇而上者九万里。"大雁虽不是大鹏却有着壮志凌云、力挽狂澜之势，有着超脱万物无所依赖、绝对自然的精神境界，也有着庄子淡泊名利、宁静致远的人生观。

收藏投资导刊：您的创作生涯中创作风格有什么变化，其中影响您风格变化的创作思想是什么？

图1 嵇亚林《风雪江渚》纸本 设色 纵173、横46厘米 2017年 建湖美术馆藏

图2　稽亚林《醉在四月天》纸本
设色　纵173、横92厘米　2012年

图3　稽亚林《远古的文明》纸本　设色　纵
105、横66厘米　2018年　北京鲁迅博物馆藏

稽亚林：笔墨淡雅清丽，是我作品的主要特点。在我的绘画里色彩比较素净沉穆，喜欢内敛含蓄地表达，轻松赋色，略施烘染，这可能与我简单的心态、简单的生活和不爱张扬的性格有关。我喜欢观赏品读历代古人的传世精品，从古人用笔、用墨、构图中吸取营养，理解和掌握古人的笔墨语言。我的家乡东台属于苏北里下河，那里有"小桥流水人家"的江南意境，童年生活的印象留给我深刻的记忆，在我创作的许多作品中，往往有一种扑面而来的田园气息。

艺术源于生活这是真理。艺术家有了丰富的阅历和生活积累，加上悉心的观察与体验，才有可能创作出内涵丰富、风格鲜明的精彩作品来。我的绘画题材也有一个不断拓展的过程，无论是禽鸟花卉，瓜果蔬菜还是文物器具，都源于我对生活体验，这些作品不仅充满活灵活现的生活气息，亦有我的所思所悟。画家一旦脱离生活，脱离对大自然的深切感悟，就会成为无源之水，无本之木，那是很难画出好作品的。我对作品的追求是雅俗共赏，在"物我相融"的精神境界中，充分表达自己的情思和美学理想（图3）。

收藏投资导刊："笔墨当随时代"，在您的创作中如何体现当代精神的？

嵇亚林：人们普遍认为工笔花鸟要反映时代不太容易，尤其难以直观表达，但作品毕竟是画家自己情感的流露，是从画家人生经历和体悟中生发出来的，一定留有时代的烙印。近年来经常见到越冬候鸟遭到猎杀的报道，这让人痛心不已。我联想到出访加拿大途中见到的场景，加拿大大雁很多，那里的人们都有关爱与保护大雁的自觉，行人和司机见到大雁在公路上走，一定会平心静气地停车避让，等待它们离去才会通行。于是我创作了一组《生命的旋律》，两只大雁从"相爱"开始，到生蛋，孵蛋的呵护过程，再到养育雏鸟，看着小鸟们慢慢长大，展翅飞翔，又开始了新一轮的生命循环。与其说作品讲述的是大雁的故事，不如说是反映人与自然和谐相处的美好，因为自然界各生命体之间是相互依存、彼此平等的，我们应当尊重生命的价值。

收藏投资导刊：您觉得如何在中国画中建构新时代的中国美学？

嵇亚林：中国画是中华民族智慧的结晶，具有安顿心灵、振奋精神、启迪智慧、愉悦心情等作用，蕴含有深厚的中国传统美学精神，至于进入新时代中国画如何发展、建构中国美学，我觉得还是傅抱石先生的那句话"笔墨当随时代"。一是坚持文化自信。中国画历史悠久，积淀深厚，具有自己鲜明的民族特色，新时代中国画完全有能力去表现中国精神、中国价值、中国力量。二是画家本身要有新时代的责任和使命意识。画家要对美情高趣至境有着不懈的追求，既要有热度更要有情怀，决不可以过分强调笔墨技巧，而忽视画作的文化内涵和精神思想的提升和挖掘。三是在继承的基础上不断创新。在中国画中建构新时代中国美学，必须立足中国人自身的审美传统，同时还要有开放的胸襟进行吸收与创新，始终保持独特的面貌与当今多元文化并存于人类世界。中国画要从金钱化、功利化的迷途中知返，中国画在构建新时代中国美学的出路，就在于在传承的基础上依时代发展的要求创新。当然传承创新这是一条充满艰辛的道路，不是所有人都能凯旋，唯有苦心孤诣、淡泊名利、默默耕耘者，才有可能修成正果，为时代创造中华文化新的辉煌。

收藏投资导刊：在当今画坛，您觉得我们举办此次展览有何意义？

嵇亚林：去年年底，由《收藏投资导刊》主办的"第二届艺术品市场价值建设奖，在国家博物馆举行，活动视角新、品位高、引领性强，在社会上产生很大影响。这次主办方又推出《天地大美——新时代中国艺术名家作品邀请展》，并在代表国家艺术殿堂的中国美术馆举办，足以体现杂志社"高端、高雅、高效"的服务宗旨。今年恰逢改革开放40周年，举办这样一个题材多样，艺术形式丰富

图4　"2014～2017第二届艺术品市场价值建设奖颁奖盛典"在中国国家博物馆举行，嵇亚林荣获本届"最具收藏价值艺术家奖"

作品邀请展，正是献给纪念改革开放40周年的一份厚礼，意义深远，况且参展艺术家都是改革开放的参与者、见证者，他们创作的这些作品，无不充满浓郁的时代气息、体现着中国精神和中国价值。同时，展览汇集国际名流大家、美术界前辈、行业界的精英，以及新生代艺术家的参与，既体现了《收藏投资导刊》的凝聚力和向心力，也体现杂志社五湖四海的情怀（图4）。

　　天地有大美，美在自然，美在百花争艳，美在艺术的春天。

原载《收藏投资导刊》2018年第8期（记者李坤凝）

画为心音 境若清泉——嵇亚林

JSBC艺术百家: 他的每一幅作品都蕴含着他对生活的思考和对人生的感情，而他的笔墨则一如他的为人，温和，温情，温润。他说："笔墨不仅是一种艺术语言，更是一种能够表达作者情感，传达审美判断的精神载体。"他所画不仅立意不俗，并且在画面物像组合与色调营造诸方面，皆经过了一番用心推敲和艺术处理，文采斐然，趣味高雅。应当要以现代人的眼光和思维写当代之形，以自己的感悟与情怀来造本体之象"。欢迎收看本期故事人物"画为心音 境若清泉——嵇亚林"。

嵇亚林，1957年出生，江苏东台人，南京大学美术研究院艺术硕士（美术）专业毕业。现为南京博物院研究馆员、中国美术家协会会员、中华文化促进会中国书画专业会员、江苏省美术家协会会员、《东南文化》编辑委员会副主任委员、中国现代文化出版社书画院艺委会委员。曾担任过东台市文化馆馆长、江苏省艺术教育中心常务副主任、江苏省文化馆副馆长、江苏省文化厅副巡视员等职。近年来出版的著作有《文化行迹》（江苏人民出版社）、《嵇亚林水墨画集》（中国文联出版社），主持并参与编写的著作有《文化建设在江苏》（中共党史出版社）、《和谐文化与文化江苏》（南京出版社）等。绘画作品曾多次参加全国、省级展览并获奖（图1）。

JSBC艺术百家: 嵇亚林出生在水乡东台，并在那里生活和工作了许多年。水乡的生活给他留下了深刻而美好的记忆。他的画作多取材于故乡自然风貌、身边风物以及所经历过的场景。他的每一幅作品都蕴含着他对生活的思考和对人生的感情，而他的笔墨则

图1 嵇亚林《和风清穆》纸本 设色 纵132、横66厘米 2013年

一如他的为人，温和，温情，温润。他所创作的大部分作品主要以水乡自然风貌为题材，其画面优美、纯朴、恬静、和谐，主题和意境谐调，笔墨和意趣统一，让人看了既赏心悦目，又对回归自然生出无限向往之情。

　　嵇亚林：作为当代画家既要突出对生活对自然的尊重，善于在司空见惯的生活当中捕捉到可以入画的题材，并赋予生动的意境，同时也要体现现代人文情怀和审美的需求，这本身也是一件不容易的事情。创作的过程是发现和创造美的过程，所以我力求将自己的审美情趣融入到画面之中，以抒发自己对大自然那种幽静、恬淡、温煦的美好回忆与向往，力求表达人与自然的那种相依相生、和谐共存的超然境界。

　　JSBC艺术百家：文如其人，画如其人。一个人的作品，常常是一个人人格、思想、专业素养和情感的综合体现。嵇亚林的作品也是。欣赏他的画作，心中有一种特别的意会和亲切。这种意会与亲切，来自于嵇亚林的画所传达的思想与情感，也来自于嵇亚林自身的人格魅力与追求。能够从中看出他善良、温和、敦厚的性格，看出他朴素、真诚、执著的品格，看出他对文化、艺术、人生、社会深刻而全面的思考，看出他所具有的深厚、良好的美术创作和美术理论素养，

图 2　嵇亚林 《声声唤雏归》纸本 设色 纵64、横66厘米 2016年

看出他对乡土、对生活、对人类、对万物饱满、丰富、真挚、细腻的感情，同时，还能看出他强烈的社会责任感和明确的艺术追求（图2）。

嵇亚林：要成就一名画家至少具备三个条件。一是热爱和追求，这是画家个人因素，包括他的天赋、勤奋、个性、修养，而且是毕生的热爱和执著，几十年如一日。二是发现和创造，画家发现美，创造意境，需要对自然有敏锐的观察力，并从中能够真切的感受到，在物我相融的精神境界当中，融入画家的情思、美学思想、艺术追求。三是积累和修养，画家只有不断地从生活中寻找发现，令自己感动的东西，才能为自己的艺术注入新的生机，激发创作的灵感。

JSBC艺术百家：作为一位既注重理性思考又注重实践探索的水墨画家，嵇亚林在水墨画创作上有着自己鲜明的观点和明确的艺术追求。他认为，当代水墨画创作要想获得新的生命力，作品必须具有时代气息，紧扣时代脉搏，在继承发展中创新，以其特有的笔墨意象，反映时代精神和审美品格。因此，他的作品，在题材上反映现实，表现形式上注重构成布局，艺术品位上注重修炼色彩，笔墨技法上体现创新精神，力求做到思想新、意境新、图式新、技法新、情调美（图3）。

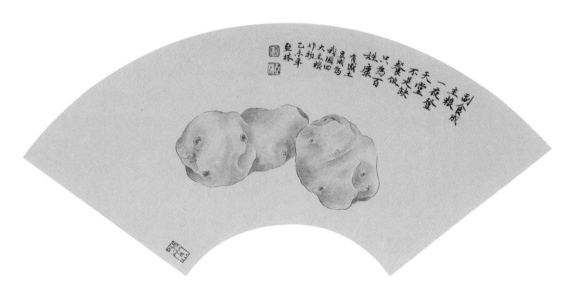

图3　嵇亚林《果蔬之五》纸本 设色 纵19、横49厘米 2017 年

嵇亚林：当今艺术家如何在创新的过程中，体现出与时代相随的笔墨语言，是我们值得思考和研究的问题。事实上笔墨不仅是一种艺术语言，更是一种能够表达作者情感，传达审美判断的精神载体。在强化笔墨语言本身功能的同时，应当要以现代人的眼光与思维，写当代之形，以自己的感悟与情怀来造本体之象。

JSBC艺术百家：嵇亚林日常工作比较繁忙，但他能长期坚持美术创作，坚持理论研究，殊为不易。他对创作精益求精，其作品也体现了正大气象、时代心象和澄怀味象，有思想、有筋骨、有道德、有温度。相信他今后一定还会出更多更好的作品。

江苏卫视教育频道《艺术百家》栏目分别于2015年12月5日、 2015年12月12日、2017年5月27日播出

附　录

丹青毓亚林

周京新

亚林兄一直在文化系统工作，至今已经37年，从文化站、文化馆、博物院到文化厅机关，无论岗位和职务如何变化，工作任务如何繁杂，始终不变的业余爱好就是画画。与他相识多年后才知道，他原是学美术的，从他的作品中就能看出他有比较扎实的绘画专业功底。近些年他的作品水平尤显提升，画路越来越宽，无论花鸟鱼虫、蔬菜水果、器物雕塑等皆有入画，创作题材和表现方法既实实在在又不拘一格（图1）。

在亚林兄的作品中我首先能感受到一种"静气"，他的作品画意沉稳，趣味端庄，没有轻浮之气。与他的工作节奏对照来看，他的绘画状态是很沉静的，这也体现了他与之相应的综合素养。在日常生活中，他是一个待人处事宽厚的人，诚实做事，与世无争。虽然平时工作繁忙，事务纷杂，但他始终坚持创作，从不懈怠，这一点其实很不容易做到。他的绘画创作中工笔作品占多数，我看得出来，他画画是很用心思的，每一幅作品都有自己的生活体验，有自己的真切感受。

亚林兄是一位举止文雅的人，因此他的作品中亦有一股子"文气"，画面布局一丝不苟，制作到位且不急不慌，内敛而淡定。细读他的画作，能体会到他的本色流露。无论是较大尺幅的作品，还是扇面、册页小品，他皆用意自然，细心营造之外，不徐不疾，无造作之气。比如他所创作的《生命的旋律》，是一幅纯水墨的作品，从组合式构图到笔墨立意表现，都颇有自己的用意，画面效果则显得野趣、丰富而文雅（图2）。

亚林兄的作品里还有一种"活气"，他的选材均来自于生活体

图1　2012年12月1日参加第三届南京图书馆阅读节系列活动"笔墨水浒"——周京新水浒人物画邀请展

图3　嵇亚林 《残荷》 纸本 设色 纵33、横33厘米　2017 年

验，都是表现与生活息息相关的真实感受，无论是禽鸟花卉、瓜果蔬菜还是文物器具，都有凭有据且真实鲜活，让人在欣赏这些作品的时候能够真切感受到活灵活现的生活气息。我尤为惊讶的是，他还将自己在博物院工作之余接触到的文物——素材化，将青铜器物、神灵面具等有厚重历史感和域外特色的东西引入自己的创作中，向我们展现了他绘画艺术创作的生命活力。

图2　嵇亚林 《故乡雪霁》 纸本 设色 纵171、横92厘米　2018 年　金陵美术馆藏

　　虽然创作了不少好作品，亚林兄依然"隐藏得很深"，依然很谦虚，从不自恃，他总强调画画是自己的业余爱好，不争名利。但我一直认为，他的水平算得上是"非专业的专业画家"了。有良好的绘画基础，有殷实的生活积累，有平淡的创作状态，我相信亚林兄从繁冗的行政工作中解脱出来之后，会用更多的时间与精力投入到绘画创作上来，在怡养性情且充实自我的同时，他的丹青之旅定会迎来一个新的天地。让我们一同期待他创作出更多更好的作品来（图3）。

　　周京新，中国美术家协会副主席、江苏省美术家协会主席、江苏省国画院院长，此文为"闲墨澄怀——嵇亚林绘画展"所作展览前言

心有独创　敢标一格

——品赏嵇亚林画作

任愚颖

去年盛夏，画家嵇亚林在南京博物院以"闲墨澄怀"为题举办了一个画展。画展为期两个月，每天都有观众前去观赏、品鉴，络绎不绝的人流使这个画展在南京绘画界掀起了一个不大不小的波澜。画展由"翎羽飞花""莲叶田田""草木情深""史痕悠悠"四部分100多幅作品组成，以工笔为主，兼有小写、大写。展标"闲墨澄怀"由书法家孙晓云题写，工笔花鸟画大家喻继高题写的"清雅质朴画如其人"道出了嵇亚林画作的风格和特色，江苏中国画学会会长高云题写的是"怀文抱质神闲意趣"，既说明嵇亚林是一个举止儒雅的人，又点出画作的神韵和意趣。江苏国画院院长周京新以"丹青嵇亚林"为题写了一篇文章，开门见山地指出嵇亚林的"作品画意沉稳，趣味端庄，没有轻浮之气"。诸位大家或题或文，都说到了一个最核心的问题，就是嵇亚林的画作恬静、沉稳，富有情趣和生机（图1）。

当时，我去南京公干，顺便也去看了展览，而且还和嵇先生做了一次愉快的长谈。嵇亚林原是南京博物院的党委书记、副院长、研究馆员，单从画展四个部分的命题以及各部分之首的小诗等等，就可以看出他的文学造诣和扎实的基本功

图 1　嵇亚林　《壮志凌云》　纸本　设色　纵 66、横 132 厘米　2015 年

底，这也正是他的作品能够给人以美感和启迪的重要原因。衡量一个画家作品质量的高下，当然技巧是重要方面，然而寓于技巧之中的思维和文化学养是与之相辅相成、相得益彰的，嵇亚林在这两方面做得都很到位。比如在一张四尺竖幅整纸上，他会这样安排：一束芭蕉占据整个画面，徐徐坠落的花瓣、蕉叶之下栖息的几只鸳鸯，闲适而安然。画家营造的这个诗意浓郁的意境，给了人们许多遐想和感悟。人们以平常心看到把生活中最常见的普通物象融入了画面，便会觉得画家的作品接地气，有扎实的生活基础，在表现手法上质朴、淡雅、不造作，恰到好处。

嵇亚林笔下出手了许多芦雁。清人边寿民、近人陈之佛都是画芦雁的高手，看得出来，他从二位前辈的高超艺术中汲取了丰厚的营养。他塑造出来的芦雁，形象饱满，生机勃勃，或独游，或安卧，或仰视，或侧觑，或俯首，或翱翔于九皋，或嬉戏于清波，一只只与芦花相伴、富于诗情画意的芦雁是那样可人而清纯。其中，《壮志凌云》一幅应该看作是他的代表作。画面上，两只芦雁张开羽翼在空中奋力拼搏的动人瞬间，使人感受到了鼓舞和振奋。人们从画作中也悟出了这样一条哲理：生活中只有这样使尽全力奋起拼搏，才能飞得更加高远，才能创造出骄人的成绩。

除了荷、鸟、蔬、果等画作恬淡清雅的特色使人看了久久难以忘怀之外，我以为他的具有强烈色彩、敢标一格的"史痕悠悠"系列，更能使观众震撼。这个系列有两个内容，一是"中华珍宝"（图2、3），一是"神灵之面"。这些画作的产生，也正是基于嵇亚林干一行爱一行，干就要干得好，爱就要爱得深的结果。嵇亚林曾说他从事的文博事业与文化艺术紧紧联系在一起，特别是珍藏着数十万计的历代文化珍品和国宝器皿的南京博物院，更使他留恋和珍惜。面对一件件富有深厚文化底蕴和价值连城的国宝，他经常思考这样一个问题，如何艺术地把它们捕捉到自己的画面里。他绞尽脑汁，昼思夜想，一次次实验后终于茅塞顿开。一件居世界灯具领先地位的"云纹铜牛灯"，比意大利科学家达·芬奇发明的"铁皮导烟灯"还要早一千五百年，这件令人叹服的凝聚先人智慧的古灯，照亮了他的灵感，他以万分崇仰的心态对这件国宝凝神细思。画面上，他把灯具放在最右端，栩栩如生的铜牛、炯炯有神的眼睛、牛身上的浑元灯座和云纹穹形灯罩，和谐一体。他以赭石、墨色调成的单色敷彩，平放在古朴的深灰色几案上，凝重、端庄，千年古物在一张宣纸上复活了，嵇亚林使这件国宝闪射出熠熠光辉。他还以类似手法完成了西汉的"鎏金铜驯犀俑"，也颇引人注目。不同的是，他以人们意想不到的题跋内容使观众产生了好奇之想。题跋中他对古物的出处一笔带过，先是从古代的犀牛皮说起，接着引用三闾大夫屈原《九歌》中的《国殇》："操吴戈兮披犀甲，车错毂兮短兵接……"而后又叙述因气候变化、

图 2　嵇亚林　《中华珍宝之二》　纸本　水墨　纵 44、横 66 厘米　2015 年

图 3　嵇亚林　《中华珍宝之七》　纸本　水墨　纵 44、横 66 厘米　2015 年

严重捕杀，使犀牛日渐大减……人们对这件"犀俑"唏嘘慨叹的同时，对画家以形象逼真的艺术呈现这件国宝的高超手法，更是点赞不已。

随着时光的流逝，嵇亚林出手的画作日渐增多。为了使自己能够向着更高的层次攀登，他曾向一些同道和老师虚心请教。当今著名雕塑大家吴为山是他的同乡，看了他的一些画作后，诚恳地提出了意见和建议，使他获益甚多。嵇亚林年刚花甲，从十几岁接触绘画和文学艺术到拿起画笔已有四十余年时间。他出生在盐城东台县时堰镇，这里是里下河的鱼米之乡。小桥流水，花木扶疏，如诗如画的地理环境是他在童年时对艺术产生梦幻和浓厚兴趣的土壤。从小学到大学、研究生，从市

图 4　嵇亚林 《企盼》纸本 设色 纵 33、横 33 厘米 2016 年 爱涛艺术馆藏

文化馆到省城文化馆，到南京博物院，再到省文化厅……在悠悠的人生旅途，他有很多安逸享乐的机会，但都义无反顾地舍弃了。

书画艺术之道就是寂寞之道，在这条寂寞的路上，他写文章，搞研究，勤奋作画，就是为了感悟、享受人生的最大快乐。从1989年开始参加全国性画展，此后或联展或个展，他把自己对艺术的执着追求，把人间的五彩缤纷都写进了恬淡、淳朴、生机勃勃的画作（图4）。

去年12月28日，他携画作100余幅在故乡盐城举办了"闲墨澄怀——嵇亚林绘画展"。从这里起步的游子如今以一个著名画家的身份回到养育自己的桑梓之地，嵇亚林感慨万千。乡亲们以最大的热情观看他的一幅幅佳作，殷切地祝愿他在艺术的峰峦永远不断攀登。

任愚颖，人民日报《环球人物》江苏（淮海）记者站站长，原载《中国书画报》2018年1月29日

略施丹粉　神气迥出

黄　戈

在中国画的艺术门类中，恐怕花鸟画是传播性最广、最有受众群体的画题了。它不仅有通俗易懂的题材内容、喜闻乐见的形式表达、率性畅快的情感抒发，同时也具备了源远流长、复杂深刻的文化象征、传统寓意，这种以自然中动植物为主题的绘画门类早已成为东方文化中特有的精神符号，成为民族文化的优秀成果，为广大喜爱艺术的人们津津乐道。所以在我看来，花鸟画不是单纯的熟练性的技艺或者类型化的图式，它更是画家表达内心真实状态的一种手段，是广大观者在审美愉悦的同时寄托、宣泄情感最坦诚、最真挚的一种途径和媒介。无论何种阶层或者地位，每个人都能在此获得发自内心的审美寄托，都能获得创造美的权利，花鸟画题材的宽泛性及形式的大众化为更多人带来视觉上的幸福感，使得他们的精神获得深层释放，使得他们的思想有了自由翱翔的栖息地。在一幅动人的花鸟画前，让作画者与观画者的心灵产生共鸣，绽放出最丰富、最炽热的情感花朵，享受着大自然的沐浴与抚慰，我想这也应该算是花鸟画创作的"初心"之一吧。只不过在艺术商品化的今日，已经让人越发难以看到真诚的作品，炫技般的笔墨游戏似乎总是游走在江湖的鼎沸喧嚣中，遮蔽着花鸟画本真的色彩与光泽。或许是麻木已久，在看到嵇亚林先生的花鸟画后让我感受到一种久违的质朴、单纯和生气（图1）。

图1　嵇亚林《生命的旋律》　纸本　水墨　纵168、横100厘米　2013年

图2　嵇亚林《情意枝头》 纸本 设色 纵138、横57厘米
2017 年

嵇亚林花鸟画难能可贵的地方，是没有被高度娴熟技艺、高度程式化套路掩埋内心本性。画家的注意力更多体现在描绘对象上的传神达意，或者说画家本人执着地做着"走心"的绘画。为此我的目光驻留在嵇亚林花鸟画上许久，感受着画中悄然透出的讯息，慢慢沉浸在他的花鸟世界中。以我个人的偏好，我喜欢嵇亚林墨笔淡彩一路的风格，质朴而纯粹的笔墨略施烘染，不纠结、不做作，坦坦荡荡的描绘、轻轻松松的赋色。我特别喜欢嵇亚林所画的大雁，素雅而清丽，鲜活生动的神态彰显出气质上的高洁与端庄，仿佛谨言讷行的智者在苍茫天地间怡然自得、从容自信。莫不是画如其人？我与画家本人接触不多，不敢妄言，仅仅读画阅人，略有所感，隐隐中感知画面背后的气息与韵致。山水画中常讲山川代言、笔墨传情，花鸟画何尝不是？一草一木总关情，画家睹物兴情，不同的自然外物或外物的不同变化都会触动画家微妙而丰富的艺术神经，反映在嵇亚林画的大雁中，它们不仅形态各异、神情多样，而且灌注了画家自己的想象与情感，超越了直对自然的描摹和被动的抄写。所以嵇亚林画作的可贵在于花鸟之中有"我"，有画家自己"情"的伸张与倾诉，而没有陷入技术至上的迷思与困顿，在物我之间超越时空的横亘，自由的驰骋、交融和幻化，正如王国维所言："以我观物，故物我皆著我之色彩。"（图2）。

我喜欢作品自内而外生发出的熠

熠光彩，尽管它不总是光鲜悦目、夺人眼球，但其涌动欲发的内在势能会随着时间的推移和历史的检视显露出沉厚而丰沛的力量。就如我喜欢嵇亚林的花鸟画，无关画家个人的身份和资历，只是在嵇亚林的画中，我看到了一种执着坚定的艺术信念，一种恬淡自然的生活态度，一种含蓄内敛的审美取向，我相信画家的梦想与希冀已经深深的嵌入他精心所绘的一幅幅充溢着鸟语花香的画作里，这是与他现实生活完全不同的世界，一个可以让他沉醉流连、无忧无虑的精神天地。由此看来，无需我再诠释嵇亚林的花鸟画如何笔精墨妙，不必习惯性的追溯宋元名迹以显其师承有脉，他的画保持着简简单单、明明白白、实实在在的天然气质，远离名利的卖弄与炫耀，不再自我的掩饰与隐藏。翻看嵇亚林的画集，一帧帧佳构在行笔落墨间略施丹粉便天机流淌、神气迥出，好似一扇扇窗，观者只需在窗前静静地看，默默地想，时间久了必有所思、所悟。其画已能至此境地，格调高低、品位高下，方家自知，观者自晓，这里就勿须我的赘言了。

黄戈，傅抱石纪念馆馆长，原载《扬子晚报》2016年9月4日

肯将金色洒故园

——嵇亚林与他的工笔淡彩画

聂危谷

　　坐落在南京市鼓楼区龙蟠里的江苏省文化厅，原为光绪年间兴建的江南图书馆所在地，那种略加雕梁而无画栋的中西合璧风格，显得庄重凝神而洒脱大气。自从文化厅从新街口搬迁到这里，我每次到来，那种幽幽袭来的雅韵暗香深获我心。现为文化厅副巡视员、办公室主任的嵇亚林，虽然工作繁忙，但身处养心的文脉故地，受益于潜移默化的滋养涵容。此中之乐，只可与道中人分享意会。

　　嵇亚林与我同岁，他在南大美术研究院攻读艺术硕士主修中国画期间，彼此论艺无忌，亦师亦友。亚林早年学过写意花鸟画，据其基础和发展风格的可能性，我建议他从小品入手，并对清末海派虚谷画风略加吸收籍以促进个人风格之形成。果然他在繁忙工作之余，集腋成裘，毕业前夕带来一批花鸟蔬果小品，汇总为组画方阵，于毕业画展中崭露头角。

　　将近两年没看到亚林作品。偶然遇见问起，他说抽空抓紧时间在画，还参加了好些展览。直到十天前与会文化厅，会后亚林请我到会议室隔壁他的办公室小坐，只见迎面壁上赫然悬挂着一幅6尺整纸工笔淡彩大画《醉在四月天》。坐在对面客座上细细品画：片片轮辐状的棕榈叶婆娑多姿，棕榈根部饰以分叉的龟背蕉叶，两种植物叶片，既以深浅、大小、曲直、刚柔形态相衬托，又以轮辐与分叉形态产生同构与变奏的形式节律；整体的灰绿色调与小面积的淡金黄色棕榈花相得益彰；枝叶空隙处小鸟唧咋，平添了画面的生灵气息。亚林原先只画小写意花鸟小品，如今呈现我眼前的不仅是工笔大幅，而且构思布局，行笔用色皆已不同寻常。亚林告诉我，画中棕榈原型就在办公室外，当夏日看到树上开出了难得一见的棕榈花，这幅画的意念就在他心中俳徊流连。打量画里画外两棵棕榈，亚林所画不仅立意不俗，并且在画面物像组合与色调营造诸方面，皆经过了一番用心推敲和艺术处理。于是显见文采斐然，趣味高雅。

　　亚林另一件6尺整幅的工笔画《肯将金色洒故园》，所绘银杏树原型也在文化厅院内。画中老树根深叶茂，苍劲多皴的龙干虬枝布满了饱满的金黄色银杏叶。未免使人联想到这座院落深厚的文化底蕴，想到了百年树人的文脉传承，自然也想象着亚林身在此中的陶冶、收获与回馈。身处雅境只是外因之一，归根结底还

图 1　嵇亚林《肯将金色洒故园》　纸本　设色　纵 173、横 92 厘米　2011 年

是亚林本人拥有着高度的文化自觉，虔心为艺百忙不废，因此我相信亚林的花鸟
画创作必将结出更加丰硕的艺术成果（图1）。

聂危谷，南京大学美术研究院副院长，原载《嵇亚林水墨画集》，中国
文联出版社，2014年

理性之思　温情之墨

戴　珩

欣赏嵇亚林的画作，心中有一种特别的意会和亲切。

这种意会与亲切，来自于嵇亚林的画所传达的思想与情感，也来自于对嵇亚林的理解和熟悉。

文如其人，画如其人。一个人的作品，常常是一个人人格、思想、专业素养和情感的综合体现。嵇亚林的作品也是。

看嵇亚林的画，能够从中看出他善良、温和、敦厚的性格，看出他朴素、真诚、执着的品格，看出他对文化、艺术、人生、社会深刻而全面的思考，看出他所具有的深厚、良好的美术创作和美术理论素养，看出他对乡土、对生活、对人类、对万物饱满、丰富、真挚、细腻的感情，同时，还能看出他强烈的社会责任感和明确的艺术追求（图1）。

嵇亚林的画作多取材于故乡自然风貌、身边风物以及所经历过的场景。他的每一幅作品都蕴含着他对生活的思考和对人生的感情，而他的笔墨则一如他的为人，温和，温情，温润。

嵇亚林出生在水乡东台，并在那里生活和工作了许多年。水乡的生活给他留下了深刻而美好的记

图1　嵇亚林《飞红点点》纸本　设色　纵69、横66厘米

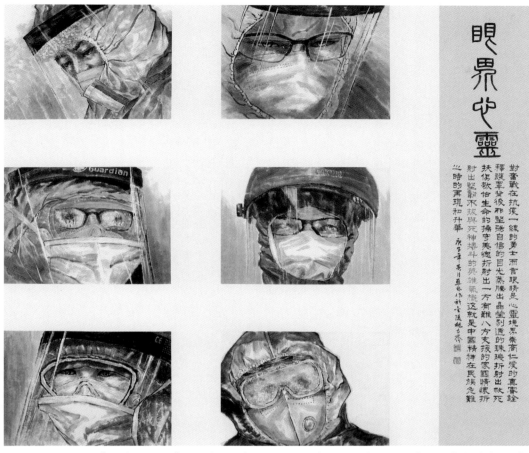

图 2　嵇亚林 《眼界·心灵》 纸本 设色 纵120、横130厘米 2020 年 江苏省美术馆藏

忆。他所创作的《水乡情韵》系列作品主要以水乡自然风貌为题材，由15幅充满田园野趣的小品组成，其画面优美、纯朴、恬静、和谐，主题和意境谐调，笔墨和意趣统一，让人看了既赏心悦目，又对回归自然生出无限向往之情。

他的《生命的旋律》的创作灵感则来自嵇亚林出访加拿大时途中所见到的场景。加拿大地广人稀，水资源丰富，自然生态良好。加拿大大雁很多，这里的人们都有关爱与保护大雁的自觉，行人和司机只要见到大雁蹒跚着过马路，都会平心静气等待它们离去后才会通行。受此启发，嵇亚林画了一组大雁，这些大雁或在水中自在地游弋，或在洲上静静地伫立，或在空中尽情地飞翔，或以深情的姿势凝视生命的希望，或以安然和放松的姿态和谐相处，所有的画面都极具美感，表达出画家对自然的热爱，对自然界所有生命的尊重和自然界各生命体之间相互依存、彼此平等的观念。

《岁月留痕》系嵇亚林在南京老门东见到几口老井后触景生情而作。在现代化的进程中，由于文化自觉的缺乏，很多具有文物价值的古建筑一夜之间在挖土机的轰鸣中化为废墟，这让嵇亚林痛心不已。嵇亚林以一口老井、一堵旧墙入画，提醒和呼吁人们在"大拆大建"中，不要对历史文化和地方特色文化弃之不顾，要护住城市和乡村的"文脉"，留住乡愁。

《醉在四月天》取材于他现在办公室窗外的一颗棕榈树。这颗棕榈树不择土地、不择环境，随遇而安，自欢自喜，一年四季郁郁葱葱。每到春天，树干中间就会冒出嫩绿的新芽，并迅速成长，开出一串串淡黄的花蕊，向世界展示她生命的充实、饱满、美丽与灿烂。嵇亚林以棕榈树入画，不仅画出了棕榈树的外形，更画出了棕榈树的品格和精神。棕榈树上那几只安然、恬适的小鸟，让人倍感宁馨、纯净、安适、和谐之美，让浮躁的心顿生几分安妥与沉静。

作为一位既注重理性思考又注重实践探索的水墨画家，嵇亚林在水墨画创作上有着自己鲜明的观点和明确的艺术追求。他认为，当代水墨画创作要想获得新的生命力，作品必须具有时代气息，紧扣时代脉搏，在继承发展中创新，以其特有的笔墨意象，反映时代精神和审美品格。因此，他的作品，在题材上反映现实，表现形式上注重构成布局，艺术品位上注重修炼色彩，笔墨技法上体现创新精神，力求做到思想新、意境新、图式新、技法新、情调美（图2）。

嵇亚林日常工作繁忙，但他坚持理论研究，坚持美术创作，殊为不易。他的作品体现了正大气象、时代心象和澄怀味象，有思想、有筋骨、有道德、有温度。相信他今后一定还会出更多更好的作品。

戴珩，作家，诗人，文化学者，原载《共沐阳光》，南京师范大学出版社，2016年

编后记

  经过几代博物馆人的努力，南京博物院形成了富有特色的学术传统。为了集中展示学术研究的综合性成果，南京博物院于2009年启动《南京博物院学人丛书》编纂、出版工程，通过整理与评价前辈学人的学术成果与传承脉络，介绍他们的研究方法，弘扬他们的学术精神，使之作为系统的历史文献资料保存下来，流传开去，成为后人获得灵感的重要源泉。

  就在当年，值故院长曾昭燏先生百年诞辰纪念，编者受命整理、编辑《曾昭燏文集》，依内容编成"考古卷""博物馆卷"两卷，力求全面展现她在不同时期思想、学术的发展历程。记得当时，我搜索文献、收集资料，仅是复印大致经历两周有余，后慎重考证，仔细提陈，编订按语，倒是忙得不亦乐乎。作为《南京博物院学人丛书》首例，《曾昭燏文集》理所当然地成为曾昭燏研究的重要文献，受到文博界的欢迎与关注，次年《曾昭燏文集·考古卷》还荣获首届"紫禁城杯"（2009年度）全国文化遗产最佳文集奖。当然，这是个意外的收获。

  白驹过隙，一晃十年，留下了些许美好的回忆。今年，我再次受命《南京博物院学人丛书》之《嵇亚林文集》的编辑之务，着实感慨不小。嵇亚林先生常年从事社会文化工作，工作之余追求适意，研治工笔花鸟画，遣兴自娱。2015年，他调任南京博物院首任党委书记、副院长，分管古代艺术研究所，2017年再次回任江苏省文化厅副巡视员。在近两年的时间里，他时常对我进行工作上的指导，答疑解惑，令我获益匪浅。

  2017年8月，我有幸策划"闲墨澄怀——嵇亚林绘画展"，分门别类，以"翎羽飞花""莲叶田田""草木情深""史痕悠悠"等四个单元，综合介绍、全面展现了他的工笔花鸟画创作历程。策展之时，这种策划思路得到了他的肯定，工作之余，我也得到了美的享受。

  在繁忙的文化行政工作之余，嵇亚林先生始终勤于思考，乐于文字，多年间著述不断，曾出版《文化行迹》等。如今，《嵇亚林文集》则汇集他近年来关于社会文化的观察与研究、治艺思考与心得，大致分"艺术研究与鉴赏""博物馆与公共文化服务""调研考察与思考""创作随感""艺术对话"等内容，或叙述、或阐理、或立论、或抒情，其中不乏真知灼见，充分体现了一个文化人的责任担当、一个艺术家的精神追求。

"文字是思想的呈现",古人每有通过选编文章来体现自己学术观点与思想观念的传统,所以,《嵇亚林文集》亦能彰显他的文化行旅和探索轨迹。这里,我仅作简介,聊以感叹,真诚希望读者能以此窥察他的执著追求和睿智思考,并能从中感受到他对社会、自然、人生的人文关怀。

最后,希望本文集能为广大读者带来一些启迪。

万新华

庚子仲夏于钟山南麓